Gernot Dern

Management von IT-Architekturen

Edition CIO

herausgegeben von
Andreas Schmitz und Horst Ellermann

Der Schlüssel zum wirtschaftlichen Erfolg von Unternehmen liegt heute mehr denn je im sinnvollen Einsatz von Informationstechnologie. Nicht ob, sondern WIE die Informationstechnik der Motor für wirtschaftlichen Erfolg sein wird, ist das Thema der Buchreihe. Dabei geht es nicht nur um Strategien für den IT-Bereich, sondern auch deren Umsetzung - um Architekturen, Projekte, Controlling, Prozesse, Aufwand und Ertrag.

Die Reihe wendet sich an alle Entscheider in Sachen Informationsverarbeitung, IT-Manager, Chief Information Officer – kurz: an alle IT-Verantwortlichen bis hinauf in die Chefetagen.

Konsequente Ausrichtung an der Zielgruppe, hohe Qualität und dadurch ein großer Nutzen kennzeichnen die Buchreihe. Sie wird herausgegeben von der Redaktion der IT-Wirtschaftszeitschrift CIO, die in Deutschland seit Oktober 2001 am Markt ist und in den USA bereits seit 20 Jahren erscheint.

Chefsache Open Source
Von Theo Saleck

Chefsache IT-Kosten
Von Theo Saleck

IT-Controlling realisieren
Von Andreas Gadatsch

Outsourcing realisieren
Von Marcus Hodel, Alexander Berger und Peter Risi

Optimiertes IT-Management mit ITIL
Von Frank Victor und Holger Günther

Führen von IT-Service-Unternehmen
Von Kay P. Hradilak

Von der Unternehmensarchitektur zur IT-Governance
Von Klaus D. Niemann

IT-Management mit ITIL® V3
Von Ralf Buchsein, Frank Victor, Holger Günther und Volker Machmeier

IT für Manager
Von Klaus-Rainer Müller und Gerhard Neidhöfer

Management von IT-Architekturen
Von Gernot Dern

www.viewegteubner.de

Gernot Dern

Management von IT-Architekturen

Leitlinien für die Ausrichtung, Planung und Gestaltung von Informationssystemen

3., durchgesehene Auflage

Mit 151 Abbildungen

PRAXIS

VIEWEG+
TEUBNER

Bibliografische Information der Deutschen Nationalbibliothek
Die Deutsche Nationalbibliothek verzeichnet diese Publikation in der
Deutschen Nationalbibliografie; detaillierte bibliografische Daten sind im Internet über
<http://dnb.d-nb.de> abrufbar.

Höchste inhaltliche und technische Qualität unserer Produkte ist unser Ziel. Bei der Produktion und
Auslieferung unserer Bücher wollen wir die Umwelt schonen: Dieses Buch ist auf säurefreiem und
chlorfrei gebleichtem Papier gedruckt. Die Einschweißfolie besteht aus Polyäthylen und damit aus
organischen Grundstoffen, die weder bei der Herstellung noch bei der Verbrennung Schadstoffe
freisetzen.

1. Auflage 2003
2. Auflage 2006
3., durchgesehene Auflage 2009

Alle Rechte vorbehalten
© Vieweg+Teubner | GWV Fachverlage GmbH, Wiesbaden 2009

Lektorat: Sybille Thelen | Walburga Himmel

Vieweg+Teubner ist Teil der Fachverlagsgruppe Springer Science+Business Media.
www.viewegteubner.de

Umschlaggestaltung: KünkelLopka Medienentwicklung, Heidelberg
Druck und buchbinderische Verarbeitung: MercedesDruck, Berlin
Gedruckt auf säurefreiem und chlorfrei gebleichtem Papier.
Printed in Germany

ISBN 978-3-8348-0718-2

An investment in knowledge pays the best interest.

Benjamin Franklin

Vorwort zur 3. Auflage

Seit der ersten Auflage dieses Buches im Jahre 2003 hat das unternehmensübergreifende Management von IT-Architekturen deutlich an Bedeutung gewonnen. Mittlerweile wird eine Vielzahl von Seminaren und Konferenzen angeboten, die die Gestaltung von IT-Architekturen in den Vordergrund stellen – häufig unter der Überschrift „Enterprise Architecture Management". Hochschulen bieten Lehrveranstaltungen im Umfeld des Management von IT-Architekturen an. Die Neuauflage des EAM Tool Survey der TU München zeigt, dass sich ein echter Markt für die Werkzeugunterstützung entwickelt und der Reifegrad der Werkzeuge deutlich zugenommen hat.

Kurz, IT-Architekturmanagement liegt auch 2009 im Trend. Dies ist vor allem darauf zurückzuführen, dass von der Unternehmens-IT verlangt wird, mit bestenfalls gleich bleibenden IT-Budgets die Flexibilität der Unternehmens-IT zu erhöhen und das Leistungsangebot zu verbessern. Diese Steigerung der Kosteneffizienz der IT ist nur möglich, indem die Kosteneffizienz der Anwendungslandschaft verbessert wird. Kosteneffizienz ist in der IT jedoch untrennbar mit der Beherrschung der Komplexität der Anwendungslandschaft verbunden, sind doch Kosten in der Systementwicklung vor allem durch Komplexität bedingte Integrationskosten.

In den vergangenen Jahren hat sich daher die Erkenntnis durchgesetzt, dass Komplexitätsbeherrschung die übergreifende, gesamtheitliche und mit IT-Projekten eng verzahnte Gestaltung von IT-Architekturen zwingend voraussetzt. Auch das Paradigma Service Orientierter Architekturen wird daher mittlerweile unter dem Blickwinkel eines ganzheitlichen Management von IT-Architekturen umgesetzt, da es nur dann nachhaltig Nutzen generieren und dabei helfen kann, die Komplexität der Unternehmens-IT beherrschbar zu machen.

Die Auseinandersetzung mit der Forderung des Management nach strategisch ausgerichteten, flexiblen und kosteneffizienten IT-Architekturen bleibt also aktuell – die Konkretisierung und Erfüllung dieser Forderung in der Praxis aber ebenso. Die oft schwer zu überwindende Kluft zwischen der Unternehmens- und der Projektsicht führt auch heute bei IT-Projektleitern, IT-Managern und IT-Architekten zu Konflikten und Ernüchterung. Das mit der ersten Auflage entwickelte Gesamtkonzept zur Gestaltung von IT-Architekturen adressiert genau diese Situation und gibt den Beteiligten einen Leitfaden zur Hand, um ein erfolgreiches IT-Architekturmanagement zu gestalten.

Auch nach dem Erscheinen der zweiten Auflage erhielt ich zahlreiche Rückmeldungen von Praktikern, die das Buch als Leitfaden nutzen, um die Entwicklung von IT-Architekturen in Projekten so zu gestalten, dass der Spagat zwischen der Projektsicht und der ganzheitlichen Gestaltung der Anwendungslandschaft erfolgreich bewältigt wird. Erfolgsfaktor ist hier die Vorstellung der aktiven, übergreifenden Gestaltung eines Bündels aufeinander abgestimmter IT-Architekturen. Ein Meilenstein bei der Entwicklung des Gesamtkonzeptes des Buches war daher der Entwurf eines eingängigen Bildes, das diese Kernidee vermittelt. Es entstand das zentrale Konzept der Architekturpyramide, das die abgestimmte Entwicklung von IT-Architekturen mit Hilfe ordnender Architekturprinzipien symbolisiert. Dieses Konzept hat sich auch nach dem Erscheinen der zweiten Auflage bewährt und wurde unverändert in die dritte Auflage übernommen.

In der zweiten Auflage wurde der in vielen Unternehmen formulierte Anspruch aufgegriffen, das Management von IT-Architekturen mit der strategischen IT-Planung zu verzahnen. Daher wurde in einer Fallstudie beschrieben, wie die im Buch beschriebenen Konzepte in einem das IT-Architekturmanagement und die strategische IT-Planung integrierenden, konzernweiten Prozess umgesetzt und angewendet werden können. Seit dem Erscheinen der zweiten Auflage hat die Anwendung eines Domänenkonzeptes, wie es auch dieser Fallstudie zu Grunde liegt, zugenommen. Der Erfahrungsaustausch mit Architekten anderer Unternehmen zeigt den Bedarf nach einer kompakten Darstellung des Einsatzes eines Domänenkonzeptes bei IT-Architekturmanagement und strategischer IT-Planung. Die Fallstudie liefert eine solche kompakte Darstellung und rundet auch in der dritten Auflage das Management von IT-Architekturen ab.

Von den an der Erstellung des Buches Beteiligten möchte ich Herrn Winterhalder und Herr Dr. Noack von der Syracom AG hervorheben. Herr Winterhalder hat mit seiner Architekturkompetenz erheblich dazu beigetragen, dass ein durchgängiges Gesamtkonzept entstand. Auf ihn geht die Idee der Architektur-Workflows zurück. Herr Winterhalder und Herr Dr. Noack standen stets als Sparringspartner zur Verfügung, um die entwickelten Konzepte zu verifizieren und so zu verbessern.

Dank gilt der SEB Gruppe für die Erlaubnis, den länderübergreifenden, strategischen Planungsprozess zur Grundlage des 12. Kapitels zu machen.

Mittlerweile wird das Gesamtkonzept dieses Buches von einer Reihe von Unternehmen bei der Gestaltung des IT-Architekturmanagement berücksichtigt. Voraussetzung hierfür ist die Anpassung an die Sprache des jeweiligen Unternehmens. Dies sollte bei der Anwendung berücksichtigt werden.

Dem Leser wünsche ich den erfolgreichen Einsatz der dargestellten Modelle und Lösungen bei einer der spannendsten Aufgaben in der IT – der übergreifenden Gestaltung und Umsetzung von IT-Architekturen.

Idstein, im Januar 2009

Gernot Dern

Geleitwort zur 2. Auflage - Prof. Dr. Winter, Universität St. Gallen

Nach einer architekturfeindlichen Zeit im E-Hype, als Innovation und Geschwindigkeit weit wichtiger erschienen als Konsistenz und Integration, haben Architekturfragen in letzter Zeit wieder an Bedeutung gewonnen. Architektur im Sinne einer systematischen Entwicklung und laufenden Weiterentwicklung von Bebauungsplänen ist ein unverzichtbares Hilfsmittel, um vermeidbare Komplexität zu beseitigen (z.B. Erkennung redundanter Strukturen) sowie Konsistenz und Agilität zu erhöhen (z.B. Komponentenbildung „im Grossen"). Architekturen werden allerdings nur dann nachhaltig wirksam, wenn sie permanent fortgeschrieben werden und wenn die Initial-Architekturentwicklung durch einen permanenten Architekturprozess fest im Unternehmen verankert wird.

Zwar stellt die Entwicklung und Fortschreibung von Zielarchitekturen den Kernprozess des Architekturmanagements dar. Darüber hinaus muss Architektur jedoch auch organisiert, kommuniziert und durchgesetzt werden. Da ein systematisches und umfassendes Architekturmanagement oft noch nicht existiert, müssen alle diese Prozesse auf Grundlage vereinbarter Ziele und definierter Erfolgsfaktoren entwickelt werden. Architekturmanagement sollte schliesslich nicht isoliert betrieben werden, sondern muss definierte Schnittstellen zum (übergeordneten) strategischen IT-Management und zum (untergeordneten) Entwicklungs- und Betriebsmanagement haben.

IT-Architekturmanagement im Sinne der Entwicklung bzw. Fortschreibung, Durchsetzung und Kommunikation von IT-Architekturen ist für ein effektives und effizientes Informations- und IT-Management unverzichtbar. Allerdings besteht erfahrungsgemäss die Gefahr, den Nutzen des Architekturmanagements aufgrund zu starker Fokussierung auf methodische Fragen zu vernachlässigen; Häufig wird zudem beobachtet, dass die Klarheit und Wirksamkeit des Architekturmanagements unter zu grosser Detaillierung leidet. Deshalb ist es wichtig, Architekturmanagement zielorientiert und pragmatisch zu gestalten, sich auf die „Modellierung im Groben" zu beschränken und dann die Kommunikation in den Vordergrund zu stellen.

Der vorliegende Band beschreibt nun schon in der zweiten, erweiterten Auflage einen modernen, diese Anforderungen erfüllenden Ansatz für das IT-Architekturmanagement. Überlegungen methodischer Natur werden durch reichhaltige Praxiserfahrungen ergänzt. Besonderer Wert wird auf einen ziel- und nutzenorientierten Ansatz, auf die Beschreibung aller wichtigen Workflows, auf die Architektur-Umsetzung und auf die Illustration der Überlegungen durch praxisorientierte Beispiele gelegt. Angesichts der Notwendigkeit eines systematischen, umfassenden und integrierten Ansatzes auf der einen Seite, denen auf der anderen Seite oft partielle, isolierte und / oder veraltete Praktiken in vielen Unternehmen gegenüberstehen, wünsche ich diesem Band die gebührende Aufmerksamkeit und Verbreitung.

St. Gallen, im August 2006

Prof. Dr. Robert Winter

Direktor des Instituts für Wirtschaftsinformatik und des Executive MBA in Business Engineering der Universität St. Gallen

Inhaltsverzeichnis

1   Einführung   1

    1.1   Inhalte und Zielgruppen des Buches 3

    1.2   Überblick über die Inhalte 5

    1.3   Integration von Theorie und Praxis 8

    1.4   Wie sollte das Buch gelesen werden? 8

    1.5   Was sollte der Leser mitbringen? 9

    1.6   Notation und Konventionen 9

2   Grundlagen des Architekturmanagements 11

    2.1   Anwendungslandschaften und die Bedeutung von IT-Architekturen ... 12

    2.2   IT-Architekturen im Zentrum der Architekturpyramide 15

          2.2.1   Bestandteile von IT-Architekturen 16

          2.2.2   Business-Architektur, Informationsarchitektur und IT-
                    Basisinfrastruktur 23

          2.2.3   Bezug zum IT-Projektportfolio 30

          2.2.4   Abgrenzung zu anderen Begriffsdefinitionen 31

    2.3   Der IT-Architekt 32

    2.4   Architekturmanagement und Softwareentwicklungsprozess 34

          2.4.1   Zum Workflow-Konzept des Rational Unified Process 35

    2.5   Zusammenfassung 37

3   Die Anwendungslandschaft der Fantasia Versicherung 39

4   Architekturplanung und IS-Portfoliomanagement 47

    4.1   Ein Modell zur Architekturplanung 47

          4.1.1   Referenzarchitekturen, Anwendungstypen und
                    Architekturdomänen 50

          4.1.2   Übergreifende Architektur- und Architekturreleaseplanung 58

4.2   Die Architekturpyramide und zugeordnete Prozesse 62
    4.2.1 IS-Portfolio- und Architekturmanagement 65

4.3   IS-Portfoliomanagement 66
    4.3.1 IS-Portfoliomanagement im Überblick 66
    4.3.2 Schnittstellen des IS-Portfoliomanagement 69
    4.3.3 Dimensionen zur Analyse und Bewertung eines IS-Portfolios ... 71
    4.3.4 Werkzeugunterstützung für das IS-Portfoliomanagement 79

4.4   IS-Portfolioanalyse zur Multikanalstrategie der Fantasia Versicherung . 80

4.5   Architekturplanung bei der Fantasia Versicherung 82

4.6   Zusammenfassung 85

5   Erfolgsfaktoren, Architektursichten und Workflows 87

5.1   Erfolgsfaktoren des Architekturmanagement 87

5.2   Architekturmanagement und Ausrichtung an Sichten 92

5.3   Definition der Architektur-Workflows 99
    5.3.1 Charakterisierung, Abgrenzung und Zusammenspiel der Workflows 101
    5.3.2 Zusammenspiel von Software- und Architekturentwicklung 107

5.4   Zusammenfassung 110

6   Wege zur Einführung eines Architekturmanagements 111

6.1   Balancedreieck zur Einführung 111

6.2   Architekturpyramide – Landkarte der Einführung 113

6.3   Entwicklung eines Organisationskonzeptes 117
    6.3.1 Rollenmodell zum Management von IT-Architekturen 117
    6.3.2 Logische Einheiten der Organisation zum Management von IT-Architekturen 119

6.4   Fallbeispiele zur organisatorischen Einbettung 128
    6.4.1 Fallbeispiel 1 – Management von IT-Architekturen bei einem Versicherungskonzern 128
    6.4.2 Fallbeispiel 2 – Einführung der Architekturpyramide bei einer Bank 131

6.5   Stolpersteine bei der Einführung 138

6.6   Zusammenfassung 139

7   Der Workflow-Analyse- und Planungs-IS-Portfolio 141

　　7.1　Zur Darstellung von Workflows.. 141

　　7.2　Der Workflow im Überblick.. 142

　　7.3　Der Workflow im Detail 146

　　7.4　Zusammenfassung.. 146

8   Der Workflow zur übergreifenden Architekturplanung 151

　　8.1　Der Workflow im Überblick.. 151
　　　　8.1.1　Was ist ein Bebauungsplan? 156
　　　　8.1.2　Was ist eine flexible IT-Architektur? 157

　　8.2　Der Workflow im Detail 158

　　8.3　Architekturprinzipien bei der Fantasia Versicherung 163

　　8.4　Zusammenfassung.. 165

9   Die Initialisierung einer Architekturentwicklung 167

　　9.1　Der Workflow im Überblick.. 167

　　9.2　Der Workflow im Detail 173

　　9.3　Zur Initialisierung der Architekturentwicklung zur
　　　　Multikanalplattform 177
　　　　9.3.1　Ziele und Scope der Multikanalplattform.................................... 177
　　　　9.3.2　Die Referenzsoftwarearchitektur für die Multikanalplattform
　　　　　　　der Fantasia Versicherung 181

　　9.4　Zusammenfassung.. 183

10 Die Workflows der Architekturentwicklung 185

　　10.1　Sichtbildung als Prinzip der Architekturentwicklung............................ 186

　　10.2　Der konzeptionelle Zyklus 187
　　　　10.2.1 Der konzeptionelle Zyklus im Überblick 188
　　　　10.2.2 Der Workflow im Detail 193
　　　　10.2.3 Architekturentwicklung bei der Fantasia Versicherung............ 206

　　10.3　Der logische Zyklus 212
　　　　10.3.1 Der logische Zyklus im Überblick 212
　　　　10.3.2 Der Workflow im Detail 217
　　　　10.3.3 Architekturentwicklung bei der Fantasia Versicherung............ 232

10.4 Der physische Zyklus.. 240

    10.4.1 Der physische Zyklus im Überblick............................... 241

    10.4.2 Der Workflow im Detail 247

    10.4.3 Architekturentwicklung bei der Fantasia Versicherung............ 252

10.5 Zusammenfassung.. 265

11 Architekturentwicklung bei einer internationalen Bank 267

11.1 Geschäftlicher Kontext und Aufgabenstellung........................... 267

11.2 Die übergreifende Architekturplanung...................................... 270

    11.2.1 Architekturprinzipien 271

    11.2.2 Architekturszenarien 273

    11.2.3 Anpassung der übergreifenden Planung 277

11.3 Initialisierung Architekturentwicklung....................................... 280

11.4 Ergebnisse der Architekturentwicklung zu Release 1.................. 282

    11.4.1 Ergebnisse der Iterationen des Konzeptionellen Zyklus........... 283

    11.4.2 Ergebnisse der Iterationen des Logischen Zyklus................... 285

    11.4.3 Ergebnisse der Iterationen des Physischen Zyklus.................. 288

11.5 Zusammenfassung.. 292

12 Fallstudie Strategische IT-Planung...................................... 293

12.1 Strategische IT-Planung – Definition 295

    12.1.1 Aufgaben der strategischen IT-Planung......................... 295

12.2 Planungsmodell der Finanzgruppe 299

    12.2.1 Divisionale Organisation... 299

    12.2.2 IT-Planungsansatz der Finanzgruppe............................. 300

    12.2.3 IT-Target und Nutzung einer IS-Domain Map 303

    12.2.4 Die Ableitung strategischer Handlungsfelder................. 305

    12.2.5 3-Jahres-IT-Planung in der Finanzgruppe...................... 314

12.3 Zusammenfassung.. 318

Glossar   321

Literaturverzeichnis   333

Sachwortverzeichnis   337

1 Einführung

> **„Enterprises that adopt new architectural practices to deal effectively with the increasingly heterogeneous nature of software will have a significant competitive advantage over those who do not."**
>
> **Gartner Group 2002**

Würde man den Auftrag zur Entwicklung eines komplexen Informationssystems bei einem großen Unternehmen in einen Auftrag zum Bau eines großen, bedeutenden Objektes in einer historisch geprägten Stadt übersetzen, so lautete das Ergebnis in etwa folgendermaßen:

> *„Planen und bauen Sie eine neue Stadthalle für bis zu 1500 Besucher. Sie soll multifunktional sein und folgende Anforderungen erfüllen...*
>
> *Außerdem soll sie sich harmonisch in unser barockes Stadtviertel einfügen. Wir wollen jedoch keine Imitation des barocken Baustils. Vielmehr soll die neue Stadthalle die Zukunftsorientierung unserer Stadt und ihrer Jugend ausdrücken. Unsere neue Stadthalle soll Vorbild für eine Reihe nachfolgender Projekte in anderen Stadtvierteln sein.*
>
> *Die harmonische Einbettung in das barocke Stadtviertel darf die Gesamtkosten um nicht mehr als 5% erhöhen. ..."*

Bis zur Erteilung eines solchen Auftrages wurden im Rahmen der Stadtplanung verschiedene Projekte diskutiert, analysiert und entworfen. Alle dabei betrachteten, bereits bestehenden oder neuen Objekte können eigenständige Architekturen besitzen. Dennoch sollen die einzelnen Architekturen so aufeinander abgestimmt sein und so auf der vorhandenen Infrastruktur der Stadt aufsetzen, dass die Erstellung der Objekte den Prinzipien und Grundsätzen der Stadtplanung folgt.

Einer der wesentlichen Schritte der Verantwortlichen wird die Beauftragung eines kompetenten Architekten sein, der die Kommunikation mit den Stadtplanern und Stadtoberen beherrscht und gleichzeitig die Details seines Metiers kennt und einbringt.

*Situation des
IT-Projektleiters*

Ähnlich verhält sich häufig die Situation eines Projektleiters in der IT. Er soll ein Informationssystem[1] entwickeln, das vielfältige fachliche Anforderungen erfüllt. Neben der Erfüllung der fachlichen Anforderungen soll das System so strukturiert sein, dass es in die Anwendungslandschaft des Unternehmens integriert ist, indem es auf die IT-Architekturen bereits vorhandener oder noch geplanter Systeme abgestimmt ist.

*Komplexität von
Informations-
systemen*

Nun sind Informationssysteme bei Großunternehmen häufig komplexe Gebilde, deren koordinierte Erstellung sich als anspruchvoller intellektueller Prozess darstellt, der sich im Kontext Jahrzehnte gewachsener Anwendungslandschaften vollzieht. Ohne die ordnende Kraft abstrahierender Darstellungen ist es daher kaum möglich, neue Systeme erfolgreich einzuführen. Solche Abstraktionen werden als IT-Architekturen verstanden und dienen der Unterstützung der Beteiligten bei der Planung, Entwicklung und Einführung von Informationssystemen. Analog zu unserer historisch geprägten Stadt wird daher auch hier ein kompetenter Architekt, in diesem Fall ein IT-Architekt, hinzuzogen.

Ordnungsrahmen für IT-Architekturen

Angesichts der Vielfalt bestehender und geplanter Informationssysteme in einem großen Unternehmen ist ein übergeordneter Rahmen notwendig, um bei der Gestaltung von IT-Architekturen die Wirkung auf die gesamte Anwendungslandschaft eines Unternehmens zu berücksichtigen. Ohne einen solchen Ordnungsrahmen entsteht ein Mix gering aufeinander abgestimmter IT-Architekturen, der hohe Koordinations- und Integrationsaufwände nach sich zieht. Als Ordnungsrahmen fungiert eine übergeordnete Informationsarchitektur. Mit ihrer Hilfe kann die Planung und die Entwicklung von IT-Architekturen erfolgreich gestaltet werden.

Zum Architekturverständnis des Buches

Essenziell für das Architekturverständnis dieses Buches ist die Erkenntnis, dass innerhalb der Anwendungslandschaft eines Unternehmens nicht von *der* IT-Architektur, sondern von mehreren IT-Architekturen gesprochen werden muss. Zwischen der Informationsarchitektur auf der einen und der IT-Basisinfrastruktur eines Unternehmens auf der anderen Seite existiert eine Reihe

---

[1]   Im Folgenden werden Informationssystem, Geschäftssystem und Geschäftsanwendung synonym verwendet.

von IT-Architekturen, deren Entwicklung durch die Informationsarchitektur geordnet wird. Mit diesem Verständnis grenzt sich
dieses Buch von verbreiteten Vorstellungen zur IT-Architektur
ab. Diese bleiben häufig unscharf. Sie sprechen entweder von
einer einzelnen, allumfassenden IT-Architektur oder sie beschränken sich auf die Architektur eines einzelnen Informationssystems. Dies wird den realen Problemstellungen jedoch nicht
gerecht. Dies führt zu folgender These (vgl. Kapitel 8):

> *Das Bild von einer einzigen, umfassenden IT-Architektur
> ist für die erfolgreiche Gestaltung der Anwendungsland-
> schaft unzureichend.*

Architekturmanagement gleich Kommunikation

In der Welt abstrakter Objekte, wie sie die Softwarebausteine
eines neuen Informationssystems darstellen, ist der Grad der Unsicherheit und Mehrdeutigkeit sehr hoch. Intensive Kommunikation der Beteiligten ist notwendig, um diesem Zustand zu begeg-
nen – Kommunikation, die durch die systematisierte Planung
und Entwicklung von IT-Architekturen unterstützt wird. IT-Architekturen unterstützen die Kommunikation der an der Planung
und Entwicklung von Informationssystemen Beteiligten durch die
Bereitstellung strukturierender Abstraktionen. Diese Überlegungen führen zu folgender These:

> *Management von IT-Architekturen erfordert vor allem
> Kommunikations- und Methodenkompetenz einer Rolle
> „IT-Architekt", die auf angemessenes fachliches und tech-
> nologisches Know-how gestützt ist.*

1.1 Inhalte und Zielgruppen des Buches

In diesem Buch werden die Erfahrungen zahlreicher IT-Projekte
zu einem integrierten Konzept zusammengefasst. Der Leser erhält einen umfangreichen, systematisch aufgebauten Leitfaden für
das Management von IT-Architekturen.

Das Buch wendet sich damit an alle IT-Professionals, die sich bei
ihrer Arbeit mit der Entwicklung von IT-Architekturen auseinandersetzen müssen. Dies sind in erster Linie

- IT-Manager mit Verantwortung für komplexe IS-Portfolios
  bzw. Anwendungsportfolios[2]

---

[2] Die Begriffe IS-Portfolio (Informationssystemportfolio) bzw. An-
wendungsportfolio werden in der Praxis synonym genutzt, um die

- IT-Projektleiter

- IT-Architekten auf Projekt- und Unternehmensebene

- Business Architekten

- Leiter von Architekturgruppen oder -teams

- Berater in architekturbezogenen Themenstellungen

Architekturbezo-
gene Aufgaben
der Beteiligten

Projektleiter[3], die den Auftrag zur Entwicklung eines komplexen Informationssystems erhalten, müssen sich mit der Entwicklung einer Basisarchitektur dieses Systems auseinandersetzen.

Der Leiter einer Architekturgruppe eines großen Unternehmens sieht sich vor die Herausforderung gestellt, verschiedene Architekturentwicklungen koordiniert durchzuführen.

Der Manager muss sicherstellen, dass sein IS-Portfolio maximalen Wertbeitrag für die geschäftlichen Ziele liefert und gleichzeitig auf erweiterbaren und integrationsfähigen Architekturen beruht.

Der Architekt – ob auf Unternehmens- oder auf Projektebene – wird beauftragt, Architekturen für Informationssysteme termingerecht zu erstellen und Referenzarchitekturen abzuleiten, um so die längerfristige Tragfähigkeit der Anwendungslandschaft sicherzustellen.

Der Business-Architekt muss Prozessarchitekturen und IS-Portfolios definieren, die Geschäftsziele optimal unterstützen, um so sicher zu stellen, dass das Alignment[4] von Business und IT optimiert wird.

Und schließlich muss der Berater seinem Auftraggeber dabei helfen, Informationssysteme mit stabilen IT-Architekturen zu untermauern und so Anwendungslandschaften zukunftsfähig zu gestalten.

Allen diesen Rollen ist eines gemeinsam: sie sind an der Entwicklung von IT-Architekturen planend oder durchführend beteiligt.

---

systematische Aufstellung und Analyse der Informationssysteme eines Unternehmens zu bezeichnen (vgl. ausführliche Definition in Kap. 2). Wegen der kürzeren Schreibweise wird IS-Portfolio verwendet.

[3] Im Folgenden wird auf das Präfix IT verzichtet, es sei denn, Mehrdeutigkeiten sollen vermieden werden.

[4] Der Begriff „Alignment von Business und IT" meint die Qualität der Unterstützung der Geschäftsziele durch die IT eines Unternehmens. Er hat sich in der IT etabliert und wird daher verwendet.

Planend dann, wenn es gilt, Architekturentwicklungen auf der Grundlage des IS-Portfolios übergreifend zu steuern. Durchführend dann, wenn es gilt, ein bestimmtes Informationssystem oder eine wichtige Komponente zu entwickeln und einzuführen.

Bandbreite des Architektur- management

Architekturmanagement verfügt somit über eine große Bandbreite. Auf der einen Seite bedeutet Architekturmanagement z. B. die konkrete Einbettung eines B2B-Portals in einer Application Server zentrierten Zielplattform. Auf der anderen Seite beinhaltet es aber auch die Managemententscheidung einer Versicherung zu einem Architekturprinzip, das festlegt, mittelfristig bei der Back-End-Anbindung bestandsführender Backend-Systeme auf den Einsatz marktgängiger Integrationsserver zu verzichten. Architekturmanagement umfasst aber auch die Definition, Bereitstellung und „Vermarktung" einer Referenz-Anwendungsarchitektur für eine Gruppe von Informationssystemen in der IT eines Unternehmens.

1.2   Überblick über die Inhalte

Ziel dieses Buches ist die Beschreibung eines Modells und einer Methodik, um IT-Architekturen auf dem Hintergrund komplexer Anwendungslandschaften zu planen und entwickeln. Das Modell ist nach den Schwerpunkten **Architekturplanung** und **Architekturentwicklung** aufgeteilt.

Die Architektur- pyramide

Abbildung 1-1 zeigt das Modell für das Management von IT-Architekturen. Im Zentrum steht die Architekturpyramide. Ihren Inhalten sind Prozesse der IT zugeordnet. Der Prozess des IS-Portfoliomanagement adressiert beispielsweise Teile der Business-Architektur und der Informationsarchitektur. Die Prozesse zeigen Handlungsschwerpunkte für das IT-Management auf.

Im Fokus der Pyramide stehen Business-Architektur, Informationsarchitektur, IT-Architekturen und die IT-Basisinfrastruktur. Die Informationsarchitektur bildet das Bindeglied zwischen der geschäftlichen Sicht (Business-Architektur) und der IT-Sicht (IT-Architekturen). Die Informationsarchitektur definiert die Ordnungsprinzipien („Governing Principles") für die architekturzentrierte Entwicklung von Informationssystemen. Prozesse wie das IS-Portfoliomanagement operieren auf den zugeordneten Bestandteilen der Architekturpyramide.

Der Schwerpunkt des Buches liegt auf dem Management von IT-Architekturen auf der Grundlage einer systematisch gestalteten

Informationsarchitektur. Sie definiert den Rahmen für die Entwicklung und die Planung der IT-Architekturen.

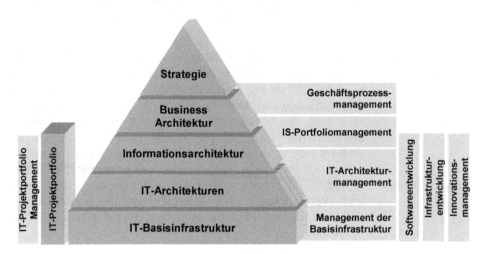

Abbildung 1-1: Architekturpyramide und zugeordnete Prozesse in der IT

Von der Architekturplanung zur -entwicklung

Ausführungen zur Architekturplanung beschreiben, wie Architekturentwicklungen im Umfeld umfangreicher IS-Portfolios geplant und aufgesetzt werden. Hierzu wird die Analyse und Planung von IS-Portfolios betrachtet und das Zusammenspiel mit dem Architekturmanagement analysiert.

Ausführungen zur Architekturentwicklung stellen dar, wie die Entwicklung einer konkreten IT-Architektur integriert mit dem Softwareentwicklungsprozess[5] gestaltet wird.

Die im Buch aufgestellten Thesen postulieren Grundsätze und dienen als Haltepunkte zur Reflektion. Sie sind mit der Aufforderung an den Leser verbunden, sie mit der eigenen Vorstellung zu vergleichen.

Die Fantasia Versicherung

Praxisbeispiele untermauern das Modell und die Methodik. Eine umfassende Fallstudie stellt den Prozess Architekturmanagement durchgängig und umfassend dar. Dazu wird das IS-Portfolio des fiktiven Versicherungskonzerns „Fantasia Versicherung" aufgegriffen und im Hinblick auf die Umsetzung der Multikanalstrategie des Unternehmens analysiert. Anschließend werden die in

---

[5]   Synonym dazu wird häufig der Begriff Systementwicklung genutzt.

diesem Buch vorgestellten „Architektur-Workflows" am Beispiel der Entwicklung der Multikanalarchitektur angewandt. Dabei werden Ergebnisse der Architekturentwicklung bis hin zur physischen Ebene dargestellt.

Kapitelüberblick

In Kapitel 2 werden die Elemente der Architekturpyramide erläutert. Dies umfasst Definitionen und Abgrenzungen, um die Vielzahl gängiger Begriffsdefinitionen zu ordnen. Die Bedeutung des Softwareentwicklungsprozesses für den IT-Architekturmanagement Prozess wird untersucht. Das führt zur Einführung des Konzeptes der Architektur-Workflows in Anlehnung an die aus dem Rational Unified Process bekannten Entwicklungs-Workflows. Sie fungieren als strukturierter Leitfaden für das Management von IT-Architekturen.

Kapitel 3 führt den Leser in die Grundlagen der Fallstudie ein. Das IS-Portfolio der Fantasia Versicherung wird vorgestellt und die Multikanalstrategie des Unternehmens skizziert.

In Kapitel 4 wird ein Modell zur Architekturplanung entwickelt. Die der Architekturpyramide zugeordneten Prozesse werden definiert. Der Prozess des IS-Portfoliomanagement wird aufgegriffen und Vorgehensweisen zur Analyse und Planung beschrieben.

In Kapitel 5 werden kritische Erfolgsfaktoren für das Architekturmanagement definiert, und das Prinzip der Architektursichten wird verfeinert. Die Architektur-Workflows werden abgeleitet und zum Softwareentwicklungsprozess abgegrenzt.

Im sechsten Kapitel wird die Einführung eines Architekturmanagement innerhalb einer bestehenden Organisation dargestellt.

In Kapitel 7 bis 9 werden Workflows zur Architekturplanung beschrieben.

In Kapitel 10 werden die drei Workflows zur Architekturentwicklung ausgearbeitet.

Kapitel 11 stellt ein weiteres umfassendes Fallbeispiel dar. Es erläutert die Einführung eines neuen Bilanzierungsverfahrens bei einer international operierenden Bank. Grundlage hierfür bildet die konzernweit gültige Informationsarchitektur.

Kapitel 12 analysiert im Rahmen einer ausführlichen Fallstudie den Beitrag des IT-Architekturmanagement zur strategischen IT-Planung. Die Nutzung einer in der Informationsarchitektur verankerten übergreifenden Referenzarchitektur im Planungsprozess wird dargestellt. Dabei werden Aspekte wie die Planung der Zusammenführung von Anwendungslandschaften und die Ableitung eines 3-Jahres-IT-Planes für eine ganze Unternehmensgruppe beleuchtet.

1.3 Integration von Theorie und Praxis

Wie bei jeder Modellbildung zur Beschreibung realer Problemstellungen kommt auch dieses Buch nicht ohne Abstraktionen aus, die mit Begriffsdefinitionen und modellhaften Beschreibungen einher gehen. Dies ist Voraussetzung für die integrierte Darstellung der Methodik zur Durchführung eines vielschichtigen Prozesses – des Architekturmanagementprozesses. Die Theorie wird mit der Praxis unterlegt, indem fortlaufend die Entwicklung der Multikanalarchitektur der Fantasia Versicherung analysiert wird.

1.4 Wie sollte das Buch gelesen werden?

Das Buch adressiert die oben dargestellten Zielgruppen. Die Kapitel 1 bis 6 adressieren alle Zielgruppen gleichermaßen. Sie liefern die Basis für das Verständnis und die Einführung eines Architekturmanagement. Die Kapitel 7–10 sind nach Zielgruppen strukturiert. In ihnen werden komplette Workflows definiert. Sie bilden ein strukturiertes Verzeichnis von Aktivitäten, das genutzt werden kann, um das eigene Vorgehen bei der Planung und Entwicklung von Architekturen zu definieren. Die Beschreibung der Workflows ist jeweils in einen Überblick und eine Detaildarstellung aufgeteilt. Die Detaildarstellung ist insbesondere für IT-Architekten und IT-Berater vorgesehen.

Alle Beiträge zur durchgängigen Fallstudie sowie das Beispiel aus Kapitel 11 und die Fallstudie in Kapitel 12 wenden sich an alle Zielgruppen gleichermaßen, wobei der weniger an Technik interessierte Leser entsprechende Passagen vernachlässigen kann.

Fallbeispiele und Studien in diesem Buch entstammen der Finanzindustrie. Dies stellt aus Sicht des Autors keine Einschränkung dar. Informationsaustausch des Autors in branchenübergreifende Arbeitsgruppen, Konferenzen etc. zeigen immer wieder, dass das hier vorgestellte Konzept zum IT-Architekturmanagement auch die Anforderungen anderer Branchen abdeckt.

1.5   Was sollte der Leser mitbringen?

Das Buch definiert einen integrierten Gesamtansatz zum Architekturmanagement. Es behandelt eine komplexe, umfassende Aufgabenstellung in der IT großer Unternehmen. Dementsprechend erwartet den Leser eine Ausarbeitung, die die Bereitschaft erfordert, sich mit einem integrativen Gesamtkonzept auseinanderzusetzen.

Es wird vom Leser erwartet, dass er mit gängigen Begriffen der IT vertraut ist. Immer dann, wenn aus Sicht des Autors die Gefahr von Mehrdeutigkeiten besteht, werden Definitionen geliefert, die die Begriffe klären.

Bei der Auswahl der durchgängigen Fallstudie stand der Autor vor der Entscheidung, ein einfaches, dafür aber realitätsfernes Beispiel zu wählen oder die Lösung einer umfassenden Aufgabenstellung wiederzugeben, wie sie in der Praxis eines Großunternehmens anzutreffen ist. Die Entscheidung fiel zu Gunsten des umfassenden Beispiels. Dies bedeutet natürlich, dass sich der Leser immer wieder in den Gesamtkontext der „Fantasia Versicherung" eindenken muss. Entschädigt wird er dafür mit der durchgängigen, integrierten Darstellung eines komplexen IT-Vorhabens aus Architektursicht.

1.6   Notation und Konventionen

An methodischem Rüstzeug genügen einige wenige Diagrammtypen. Dies sind i.W. Activity-Diagramme und Klassendiagramme aus der Unified Modeling Language (vgl. [Fowler2003]) und ereignisorientierte Prozessketten, wie sie in ARIS (vgl. [Scheer]) modelliert werden[6]. Activity-Diagramme werden zur Darstellung von Workflows, Anwendungsfällen und Aktivitäten eingesetzt. Ihre Darstellung wurde leicht adaptiert:

Es wurde zusätzlich der Typ „Artefakt" aufgenommen. Artefakte sind Ergebnisse von Planungs-, Design-, Entwicklungs- und Einführungsaktivitäten, die dazu dienen, Strukturen, Entscheidungen, Anforderungen, Pläne und Richtungsvorgaben zu dokumentieren und kommunizieren. Mit ihrer Hilfe werden Informationsflüsse zwischen Aktivitäten dargestellt.

---

[6]   Im Internet findet der Leser bei Bedarf unter den Suchbegriffen „Einführung UML" bzw. „Einführung ARIS" Überblicksdarstellungen zu UML und ARIS.

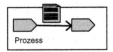

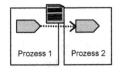

In den Acitivity-Diagrammen wird zum Teil die Zuordnung zu Prozessen oder Einheiten der Aufbau- und Ablauforganisation visualisiert. In diesem Fall sind übergreifende Flüsse von Artefakten durch die Verwendung gestrichelter Pfeile dargestellt.

Flüsse von Artefakten innerhalb eines Prozesses sind mittels durchgehender Pfeilen dargestellt.

Weitere Symbole

Dieses Symbol kennzeichnet einen Beitrag zur durchgängigen Fallstudie der Fantasia Versicherung.

Tipp, Best Practice

Definition

Kurzes Beispiel

2 Grundlagen des Architekturmanagements

In diesem Kapitel wird das begriffliche Fundament des Buches definiert. Zunächst wird der Zusammenhang von Anwendungslandschaften und IT-Architekturen betrachtet, Thesen werden abgeleitet und der Begriff IT-Architektur definiert. Dann werden die weiteren Bausteine der Architekturpyramide erläutert. Anschließend wird die Rolle des IT-Architekten beleuchtet und abschließend die Abhängigkeiten des Softwareentwicklungsprozesses und des Architekturmanagementprozesses untersucht.

Nach einer Untersuchung der Meta Group werden die Geschäftsprozesse von Unternehmen schlecht durch IT unterstützt. Nach dieser Untersuchung wird bei Problemen an einzelnen Stellen der Anwendungslandschaft nachgebessert, ohne aber das eigentliche Problem, das Fehlen einer übergreifenden Architekturplanung, zu adressieren. Der Verzicht auf ein solches Architekturmodell kommt die Unternehmen teuer zu stehen. Könnten laut Meta Group die IT Ausgaben doch durch ein solches Modell erheblich gesenkt werden. Ein derartiges Modell muss, so Meta Group, zugleich ganzheitlich und pragmatisch ausgerichtet sein.

Dotnet vs. J2EE führt nicht weiter

Die Frage ist also nicht, ob Dotnet oder J2EE die richtige architektonische Grundlage der IT-Landschaft bilden. Die Frage ist vielmehr, wie der IT-Architekturmanagementprozess gestaltet wird, so dass das IS-Portfolio und die zu Grunde liegenden IT-Architekturen sicherstellen, dass Anwender angesichts sich häufig ändernder Geschäftsprozesse, Produktportfolios und Zugangskanäle effizient durch Informationssysteme unterstützt werden. Gesucht ist ein Vorgehen zum Architekturmanagement, das das Alignment von Business und IT verbessert.

Neue Informationssysteme werden in aller Regel unter hohem Zeitdruck entwickelt. Sind die architektonischen Grundlagen dann zu stark auf die Einzelsicht der Anwendung, deren technische Ausgestaltung und weniger auf langfristig tragfähige Anwendungslandschaften ausgerichtet, stellt sich diese zunehmend als Flickenteppich dar. Sie ist punktuell optimiert, aus übergreifender Sicht entsteht aber eine Anwendungslandschaft, die im-

mer weniger auf die geschäftlichen Anforderungen hin ausgerichtet werden kann – die durch die Meta Group beschriebene
Situation entsteht. Die Entwicklung von IT-Architekturen muss
daher so gestaltet werden, dass die Architekturen stringent auf
die Erfordernisse der Business-Architektur und der Informationsarchitektur ausgerichtet sind und gleichzeitig die Zeitziele der
Entwicklungsvorhaben im Fokus verbleiben.

*Verschiebung zu
Gunsten der über-
greifenden Sicht*

Ein solches systematisches Vorgehen hat natürlich seinen Preis.
Der Preis besteht in der Verschiebung des Gewichtes weg von
der punktuellen hin zur übergreifenden Betrachtung und verur-
sacht in der Regel zunächst einmal zusätzliche Aufwände, die
jedoch in der Folge durch die Verbesserung des Alignment von
IT und Business ausgeglichen werden können. Hier gilt ein Satz
von Bernhard von Mutius:

> *„Gerade in einer Epoche permanenter Beschleunigung gilt:
> Wer der schnellste sein will, muss sich viel Zeit nehmen, es
> zu werden."*

2.1   Anwendungslandschaften und die Bedeutung von IT-Architekturen

Die Unüberschaubarkeit viele Jahre gewachsener Anwendungslandschaften verlangt von Managern, Projektleitern und Architekten bei der Durchführung von IT-Projekten immer häufiger die
Berücksichtigung einer systematischen und zukunftsfähigen Gestaltung ihrer architektonischen Grundlagen bei gleichzeitig nicht
weiter wachsenden IT-Budgets. Enge Projektziele werden mit
längerfristigen Zielen zur Entwicklung der Anwendungslandschaft verknüpft, um deren Stabilität und Erweiterbarkeit zu erhöhen. Hierzu fehlen jedoch in der Regel ein methodisches Ge-
rüst und der Wille, die eingeschlagene Richtung konsequent zu
verfolgen.

*Unsystematische
Entwicklung der
Anwendungs-
landschaft*

Dies führt dazu, dass die koordinierte, systematische Weiterentwicklung der Anwendungslandschaft auf der Grundlage einer
architekturzentrierten längerfristigen Planung ausbleibt. Statt dessen verbleiben letztlich die eng definierten Ziele der Entwicklung
des jeweiligen Informationssystems im Fokus der Betrachtung.
Der übergreifende Ordnungsrahmen bleibt mangels adäquater
Methodik und mangelnder Konsequenz der Verantwortlichen auf
der Strecke – das Alignment von Business und IT wird so
zwangsläufig vernachlässigt.

*Beschränkung
auf einen Business Case*

IT-Architekturen sind deshalb häufig auf die Anforderungen des einzelnen Business Case reduziert. Die Erfüllung übergreifender Architekturziele und die Ausbaubarkeit der Anwendungslandschaft im Sinne der Unternehmensstrategie stehen nicht im Fokus. Hieraus resultiert eine Anwendungslandschaft, die durch die Vereinigung gering koordinierter Einzelarchitekturen geprägt ist.

Der Komplexitätsgrad der Anwendungslandschaft steigt mit jedem neuen Informationssystem. Umfassende, aufwändige Integrationsprojekte sind deshalb an der Tagesordnung. Dies führt dazu, dass die Komplexität bei der Realisierung des nächsten Informationssystems weiter zunimmt. Es entsteht ein Teufelskreis aus hohem Zeitdruck und steigender Komplexität der Anwendungslandschaft.

*Balance zwischen
strategischen und
operativen Aktivitäten*

Auf Grund dieser Entwicklung sind große Unternehmen dazu übergegangen, zentrale Architekturgruppen aufzubauen, die der Gefahr der Zerfaserung der Anwendungslandschaft vorbeugen sollen. Nach mehr oder weniger gescheiterten Versuchen, dieser Entwicklung entgegen zu wirken, indem Vorgehensweisen verfolgt wurden, die top-down ausgerichtet waren, wurden solche Gruppen in der Folge häufig als operative Einheiten aufgestellt. Aspekte der längerfristigen Tragfähigkeit der Anwendungslandschaft bleiben dann unterbelichtet. Das Tagesgeschäft der Architekturentwicklung bis hin zum detaillierten Design von Architekturkomponenten[7] steht im Vordergrund, und übergreifende Architekturanforderungen werden nicht adressiert.

Es fehlt an der angemessenen Balance aus operativen Aktivitäten (Architekturentwicklung) und planenden/ steuernden Aktivitäten (Architekturplanung).

These
Architekturmanagement ist dann langfristig erfolgreich, wenn die Balance zwischen strategischen und operativen Aktivitäten sichergestellt ist.

Das methodische Fundament

Häufig fehlt zudem ein methodisches Fundament, das auf die enge Interaktion der Architekturplanung und -entwicklung mit dem Softwareentwicklungsprozess baut **und** sicherstellt, dass die entwickelten IT-Architekturen den übergreifenden Prinzipien der

---

[7] Zum Beispiel der Logging-Komponente eines Entwicklungsframeworks

Informationsarchitektur und den Anforderungen der Software-entwicklung gleichermaßen genügen.

Ohne dieses Fundament kann von den Beteiligten kaum erwartet werden, unter hohem Zeitdruck und mit häufig fehlerbehafteter Technologie IT-Lösungen erfolgreich einzuführen und gleichzeitig sicherzustellen, dass die neue Lösung sauber in die Anwendungslandschaft eingebettet ist. Benötigt wird ein methodisch fundiertes Vorgehen, das auf die längerfristigen Architekturziele und die engen Ziele der Entwicklung einzelner Informationssysteme ausgerichtet ist.

**Methodische und
konzeptionelle Kompetenz**

**Strategiekompetenz bzgl.
langfristiger Tragfähigkeit der
Anwendungslandschaft**

**Umsetzungskompetenz bzgl.
einzelner Business Cases**

Abbildung 2-1: Balancedreieck zur Entwicklung einer Anwendungslandschaft

Konsequenz des Managements notwendig

Notwendig ist aber auch der Wille des Managements, übergreifende Ziele und Richtungsvorgaben mit Konsequenz zu verfolgen. Abbildung 2-1 stellt die für die Entwicklung der Anwendungslandschaft wesentlichen Kompetenzen dar. Aufgabe des IT-Management ist die Sicherstellung der Ausgewogenheit des Balancedreiecks.

These
Ein integriertes, methodisch fundiertes Vorgehen zur übergreifenden Planung und zur Entwicklung von IT-Architekturen ist die Voraussetzung, um übergreifende Architekturziele und Softwareentwicklungsziele gleichermaßen zu adressieren und zu erreichen.

Sichtbildung

Die erfolgreiche Gestaltung komplexer IT-Lösungen geschieht immer in einer Dualität aus Abstraktion und Detaillierung. Abstraktion erfolgt insbesondere, um grundlegende Strukturen zu beschreiben. Grundlegende Strukturen, die umgesetzt werden müssen, um übergreifende Anforderungen – wie die systematische Weiterentwicklung der Anwendungslandschaft – zu adressieren.

Durch Abstraktionen wird die Kommunikationsplattform aller an der Planung und Gestaltung von IT-Lösungen Beteiligten geschaffen. Detaillierung ist notwendig, um die in der Abstraktion beschriebenen grundlegenden Strukturen so zu ergänzen, dass sie unter Einhaltung der Strukturvorgaben realisiert werden können.

Durch Abstraktion und Detaillierung entstehen Strukturbeschreibungen, für die sich der Begriff der Architektur bewährt hat. Entsprechend hat sich unter dem Begriff des Architekten das Verständnis einer Rolle etabliert, deren Aufgabenportfolio auf die Gestaltung und das Management von Architekturen im Sinne der Dualität aus Abstraktion und Detaillierung ausgerichtet ist.

Sichtbildung zur Informationsaufbereitung

Abstraktionen und Detaillierungen erzeugen Sichten auf die Anwendungslandschaft eines Unternehmens, die dazu dienen, Informationen auf die Bedürfnisse der Beteiligten zuzuschneiden. Die Sichtbildung „im Großen" kann die Definition einer Zugangskanal zentrierten Betrachtung des IS-Portfolios (vgl. Kap. 4) bedeuten. Sie kann aber auch „im Kleinen" die Definition einer Sicht „Web Access Control" in der System- und Sicherheitsarchitektur eines Informationssystems ausmachen. Nur so kann sichergestellt werden, dass umfassende, komplexe Informationen so strukturiert werden, dass notwendige Entscheidungen fundiert getroffen und umgesetzt werden.

> **These**
> *Sichtbildung ist Grundlage des Architekturmanagementprozesses. Die Ableitung adäquater Sichten aus den Architekturanforderungen ist Kernaufgabe der Rolle IT-Architekt.*

2.2   IT-Architekturen im Zentrum der Architekturpyramide

In diesem Abschnitt werden die Architekturpyramide und die in ihr zusammengefassten Zusammenhänge erläutert. Zunächst wird das Verständnis der Begriffe *Anwendungslandschaft* und *IT-Ar-*

chitektur geklärt. Dann wird die Einbettung in die Architektur-pyramide erläutert.

Bei der Betrachtung des Modells sollte der Leser sich der darin enthaltenen Idealisierung bewusst sein. Ein Unternehmen verhält sich wie ein komplexer Organismus. Somit sind alle Bestandteile der Architekturpyramide immer Momentaufnahmen eines dynamischen Systems. Dieser Dynamik wird durch die zugeordneten Prozesse entsprochen.

Besonders deutlich wird dies beim IS-Portfolio. Im Alltag eines großen Unternehmens reflektiert das IS-Portfolio immer nur einen Schnappschuss des Ist-Zustandes – der sich im permanenten Fluss befindet. Oder es reflektiert einen geplanten Sollzustand, der nur solange stabil ist, bis er von der Gegenwart eingeholt wird.

Das Modell, das dem Management von IT-Architekturen zu Grunde liegt, zeichnet sich durch folgende Eigenschaften aus:

- Prozessarchitektur und Business-Treiber stehen im Zentrum der Business-Architektur.

- Die Informationsarchitektur bildet die Schnittstelle zwischen Business-Architektur und IT-Architekturen und stellt damit dass Alignment von Business und IT sicher.

- Die IT-Basisinfrastruktur bildet das technologische Fundament aller IT-Architekturen.

2.2.1   Bestandteile von IT-Architekturen

Der Begriff der IT-Architektur hat sich in der Informationstechnologie etabliert. Dennoch wird er meistens verwendet, ohne dass ein gemeinsames Verständnis des Begriffes existiert. Die Folge ist eine Vielzahl von Synonymen und Homonymen. Befragt man z. B. in einem Unternehmen fünf IT-Professionals zu ihrem Verständnis des Begriffes IT-Architektur, wird man mit Sicherheit mindestens drei unterschiedliche Definitionen erhalten.

Um sicherzustellen, dass Autor und Leser dasselbe meinen, wenn von Architekturen gesprochen wird, werden die verwendeten Begriffe nun detailliert festgelegt.

Bevor der Begriff der IT-Architektur definiert werden kann, hier zunächst folgende Definitionen.

Anwendungslandschaft und Geschäftsprozesse

Als **Anwendungslandschaft** (Informationssystemlandschaft, IS-Landschaft) wird die gewachsene Gesamtheit aller Informationssysteme eines Unternehmens verstanden, die zur Unterstützung der Durchführung von Geschäftsprozessen betrieben werden.

Geschäftsprozesse werden in Kerngeschäftsprozesse und Serviceprozesse unterteilt. Ein Kerngeschäftsprozess wird als Folge fachlicher Aktivitäten definiert, die vom Kunden ausgelöst wird, beim Kunden endet und Nutzen für den Kunden erzeugt. Serviceprozesse sind Aktivitätenfolgen, die Nutzen für interne Kunden erzeugen und der Durchführung anderer Geschäftsprozesse dienen. Sie werden aus diesen Geschäftsprozessen ausgelöst.

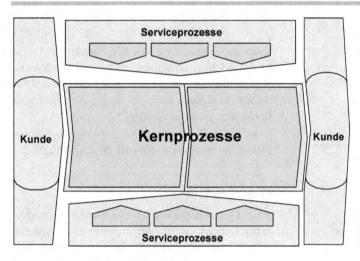

Abbildung 2-2: Geschäftsprozesse[8]

Damit kann nun der Begriff des Informationssystems definiert werden.

Informationssystem

Ein **Informationssystem** (Geschäftsanwendung, Geschäftssystem) ist eine Menge fachlicher und infrastruktureller Softwarebausteine, welche die Durchführung von Kern- oder Serviceprozessen unterstützen und die so zusammenspielen, dass die

---

[8]   Quelle: Syracom AG

Außensicht eines abgegrenzten, eigenständigen Systems in Form wohldefinierter Schnittstellen (Interfaces) entsteht. Folgende Arten von Informationssystemen werden unterschieden:

- **Kernsysteme**
  Anwendungen, die ihren Nutzern betriebswirtschaftliche Funktionalität zur Verfügung stellen, um sie bei der Durchführung von Kerngeschäftsprozessen zu unterstützen.
  Beispiele: Schadensystem, Tradingsystem, Partner-Management-Anwendung

- **Servicesysteme**
  Anwendungen, die darauf ausgerichtet sind, Kernsysteme durch die Bereitstellung zusätzlicher Dienste zu unterstützten.
  Beispiele: Dokumenten-Management-System, Content-Management-System, Zugriffschutzsystem

Informationssysteme können durch die Definition von Subsystemen und Komponenten verfeinert werden. Diese bilden logische abgeschlossene Einheiten, die über sauber abgegrenzte Schnittstellen verfügen und die z. B. zur Festlegung von Verantwortlichkeiten genutzt werden[9].

Damit kann nun der Begriff *IT-Architektur* definiert werden.

IT-Architektur

Eine **IT-Architektur** ist die strukturierende Abstraktion existierender oder geplanter Informationssysteme. Die Abstraktion schafft die gemeinsame Kommunikationsplattform aller an der Gestaltung von Informationssystemen Beteiligten, um so die Planbarkeit und die Steuerbarkeit der Gestaltung realer, miteinander in Wechselwirkung stehender Entitäten der IT eines Unternehmens zu erhöhen.

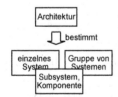

Architekturen können in Form von Referenzarchitekturen die übergreifende Struktur mehrerer IT-Architekturen und damit Gruppen von Informationssystemen prägen. Oder sie beziehen sich konkret auf ein einzelnes Informationssystem, Subsystem

---

[9]   Beispiel: Dokumentenarchiv als Subsystem eines elektronischen Dokumenten Management Systems

oder eine wesentliche Komponente wie den Produktserver einer Versicherung.

Wesentlich für das Verständnis von IT-Architekturen ist die Einbeziehung der statischen und der dynamischen Sicht. IT-Architekturen werden nach diesem Verständnis in zwei Bereiche aufgeteilt:

- Anwendungsarchitektur
  Die statische Sicht – was sind die strukturierenden Elemente der betrachteten Informationssysteme?

- Zugeordnetes Modell des Softwareentwicklungsprozesses[10]
  Die dynamische Sicht – wie werden die betrachteten Informationssysteme auf der Grundlage der statischen Sicht beschrieben, erstellt und eingeführt?

Abbildung 2-3 zeigt die Verfeinerung der Architekturpyramide.

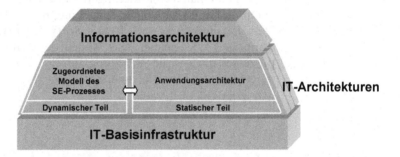

Abbildung 2-3: Statischer und dynamischer Teil von IT-Architekturen

Anwendungsarchitektur

Als **Anwendungsarchitektur** wird der Teil einer IT-Architektur verstanden, der die übergeordnete Gesamtstruktur eines Informationssystems oder einer Gruppe von Informationssystemen einschließlich des Zusammenwirkens ihrer wichtigsten Bausteine

---

[10]   Wird häufig auch als Vorgehensmodell bezeichnet

beschreibt. Das Zusammenwirken kann z. B. durch die Definition logischer Komponenten und ihrer Informationsflüsse dargestellt werden.

Die Anwendungsarchitektur wird verfeinert, indem

- die fachliche Funktionalität und die Daten strukturiert werden (**Fachliche Architektur**),
- Art, Struktur und Zusammenwirken der Softwarebausteine (**Softwarearchitektur**) festgelegt werden,
- die Abbildung auf die IT-Basisinfrastruktur beschrieben wird (**System- und Sicherheitsarchitektur**).

Modell des Softwareentwicklungsprozesses

Im **Modell des Softwareentwicklungsprozesses** werden diejenigen Aktivitäten und Artefakte festgelegt, die notwendig sind, um ein Informationssystem ausgehend von den funktionalen und nicht-funktionalen Anforderungen zu beschreiben, zu implementieren und freizugeben. Die Umgebung für die Durchführung der Softwareentwicklung wird als **Softwareentwicklungsumgebung** (SEU) bezeichnet. Das Modell des Softwareentwicklungsprozesses umfasst die Abbildung auf eine Softwareentwicklungsumgebung. Es kann für unterschiedliche Typen von Anwendungen unterschiedlich sein[11].

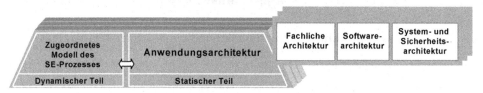

Abbildung 2-4: Verfeinerung der Anwendungsarchitektur

---

[11] Beispiel: Modell zur Erstellung dispositiver Anwendungen auf der Grundlage eines Data Warehouse

Bereiche von Anwendungsarchitekturen

a) Fachliche Architektur

Die Fachliche Architektur strukturiert die fachliche Funktionalität und den Informationsbedarf (Datenarchitektur!), die durch die betrachteten Systeme für die relevanten Geschäftsprozesse bereitgestellt werden muss. Die Art und Weise der Beschreibung der Fachlichkeit ergibt sich aus dem Modell des Softwareentwicklungsprozesses. Die Beschreibung kann entlang der in der Softwarearchitektur definierten Artefakte (z. B. fachliche Komponenten und fachliche Interfaces) durchgeführt werden.

b) Softwarearchitektur

Die Softwarearchitektur beschreibt die übergreifende softwaretechnische Strukturierung eines Informationssystems oder einer Gruppe von Informationssystemen. Sie ist bestimmt durch die Klassifikation ihrer Entitäten (wie Schichten, Dienste und Arten von Komponenten), deren Eigenschaften und ihr Zusammenwirken. Sie definiert, wie welche Typen von Softwarebausteinen interagieren, um Anforderungen umzusetzen. Die Softwarearchitektur umfasst

- die Organisation der wesentlichen Softwarebausteine und deren Interaktion zum Zwecke der Erfüllung funktionaler und nicht-funktionaler Anforderungen des durch sie gebildeten Gesamtsystems

- die Definition der wesentlichen Schnittstellen

- Informationen über die globale Kontrollstruktur, die Kommunikation, die Synchronisation, den Datenzugriff, die Verteilung der Softwarebausteine

c) System- und Sicherheitsarchitektur

Die System- und Sicherheitsarchitektur ist die Beschreibung der systemnahen Hard- und Softwarekomponenten, die die systemtechnische Umgebung für Entwicklung, Test und Produktion der durch die IT-Architektur strukturierten Informationssysteme bilden.

Sie umfasst die Abbildung der Bausteine der Softwarearchitektur, der fachlichen Architektur und der dem Softwareentwicklungsprozess zugeordneten Entwicklungsumgebung auf die IT-Basisinfrastruktur. Dies beinhaltet die Zuordnung zu Komponenten wie Transaktionsmanager, Integration Server, Application Server, Messaging Server, Datenbankserver, Sicherheitsinfrastruktur, Firewall-Lösungen. Grafische Darstellungen zur Beschreibung dieser Abbildung auf die IT-Basisinfrastruktur werden als Deployment-Diagramme bezeichnet

Die System- und Sicherheitsarchitektur wird durch die Definition der wesentlichen Bausteine, ihrer Eigenschaften und ihrer Interaktionen zum Zwecke der Erfüllung nicht-funktionaler Anforderungen des betriebenen Informationssystems beschrieben. Dies geschieht durch die Festlegung von Zonen, Schichtung, Hard- und Software-Komponenten und Management-Diensten.

Abbildung des Partnermanagements innerhalb einer IT-Architektur

Im IS-Portfolio eines Unternehmens ist festgelegt, dass die Prozesse des Partnermanagements durch ein zentrales Partnersystem unterstützt werden.

- In der fachlichen Architektur ist definiert, in welche Subsysteme (z. B. Adresse) und Komponenten das Partnersystem zerfällt und welche fachlichen Datenstrukturen sie benötigen.

- Die fachliche Architektur des Systems wird auf die Softwarearchitektur abgebildet. Zum Beispiel wird die fachliche Komponente „Partner-Adressbearbeitung" zum konsistenten Bearbeiten von Adressen von Partnern entlang der definierten Softwarearchitektur in einen Softwarebaustein des Typs „Geschäftskomponente (GK)" überführt.

- In der Softwarearchitektur ist beschrieben, wie die softwaretechnische Strukturierung einer Geschäftskomponente erfolgt.

Abbildung 2-5 zeigt dies im Zusammenhang.

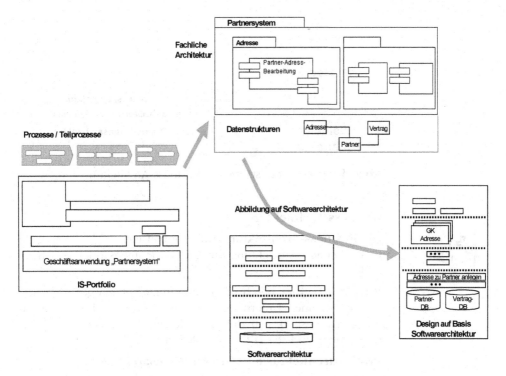

Abbildung 2-5: Geschäftssystem „Partner"

2.2.2   **Business-Architektur, Informationsarchitektur und IT-Basisinfrastruktur**

Nachdem nun der Begriff der IT-Architektur festgelegt ist, werden die weiteren Bestandteile der Architekturpyramide definiert und miteinander in Beziehung gesetzt.

Ausgangspunkt ist die Strategie eines Unternehmens. In ihr sind die strategischen Ziele einschließlich der Definition des Weges zu ihrer Erreichung beschrieben. Häufig ist diese Strategie nicht explizit formuliert, sondern kann in Form von „Treibern" beschrieben werden, die die Entwicklung des Unternehmens bzw. der betrachteten Geschäftsfelder bestimmen. Sie lassen sich durch Interviews und die Auswertung von Dokumenten extrahieren, fest halten und abstimmen. Weitere Bestandteile der Business-Architektur eines Unternehmens bilden die Prozessarchitektur und die Organisationsarchitektur.

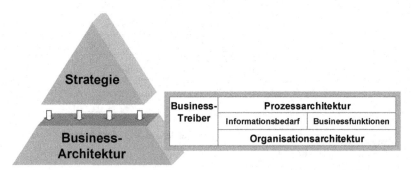

Abbildung 2-6: Bausteine der Business-Architektur

Business-Architektur

Die **Business-Architektur** ist die formalisierte Beschreibung der geschäftlichen Ausrichtung eines Unternehmens oder Geschäftsfeldes.

Business-Treiber beschreiben die fundamentalen geschäftlichen Prinzipien eines Unternehmens und seiner Geschäftsfelder. In ihnen manifestiert sich die geschäftliche Ausrichtung eines Unternehmens und seiner Geschäftsfelder.

Prozessarchitektur und Organisationsarchitektur

Die Prozessarchitektur eines Unternehmens definiert und strukturiert die Geschäftsprozesse eines Unternehmens. Sie umfasst die Aufteilung in Kernprozesse und Service Prozesse, die Darstellung der Kommunikationsbeziehungen nach innen und außen sowie die Beschreibung der zu ihrer Durchführung notwendigen Funktionen (Business-Funktionen) einschließlich ihres Informationsbedarfes. In der **Organisationsarchitektur** wird die Aufbau- und Ablauforganisation so gestaltet, dass die im Sinne der Business Treiber optimale Durchführung der Geschäftsprozesse Gewähr leistet ist.

Prozessarchitektur und Business-Treiber bilden wichtige fachliche Dimensionen, entlang derer die Informationsarchitektur eines Unternehmens analysiert, bewertet und definiert werden kann.

Business-Treiber eines Geschäftsbereiches einer Bank

Der Geschäftsbereich Privatkunden einer Bank konzentriert sich bei seiner Neuausrichtung gemäß dem Supply Chain Modell des Unternehmens auf die Rolle des „Distributors" (Prio 1) und die Rolle des Kanals (Prio 2).

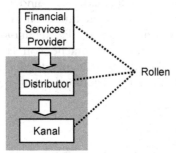

Abbildung 2-7:   Fokus des Privatkundenbereiches im Supply Chain Modell einer Bank

Der Geschäftsbereich stellt den Kunden in den Fokus, indem er aufgrund genauer Kenntnis der Kundenbedürfnisse optimale Finanzdienstleistungen beliebiger Financial Service Provider auswählt und über den vom Kunden präferierten Kanal bereitstellt.

Daraus werden für die IT folgende Business-Treiber abgeleitet:

Treiber 1 – Kundengesamtsicht
Darstellung des Kundengesamtengagements zum Zwecke der aktiven Gestaltung der Kundenbeziehung. Es umfasst alle in allen Geschäftsbereichen der Bank verfügbaren Informationen über den Kunden, seine durchgeführten Produktnutzungen und die in Anspruch genommenen Dienstleistungen

Treiber 2 – Einbindung beliebiger Financial Service Provider
Bereitstellung von Informationssystemen, die die Fähigkeit besitzen, Geschäftsfunktionen zur Produktnutzung unterschiedlicher Service Provider einzubinden.

Treiber 3 – Multikanalfähigkeit
Bereitstellung von Geschäftsfunktionen über die vom Geschäftsbereich definierten Zugangskanäle zur Unterstützung der am Point of Contact durchgeführten Geschäftsprozesse

Treiber 4 – Skalierbarkeit
Bereitstellung von Geschäftsfunktionen, deren Ausführung auf
Veränderungen des Geschäftsvolumens mit geringem Aufwand
angepasst werden kann

Informations-
architektur –
Drehscheibe des
Alignment von IT
und Business

Die Informationsarchitektur bildet das Bindeglied zwischen Business-Architektur und IT-Architekturen eines Unternehmens. Sie
vereint die geschäftliche und die technologische Sicht und
schafft so eine gemeinsame Sprache von IT und Business zur
Kommunikation über die wertorientierte Gestaltung der Anwendungslandschaft eines Unternehmens. Auf diese Weise werden

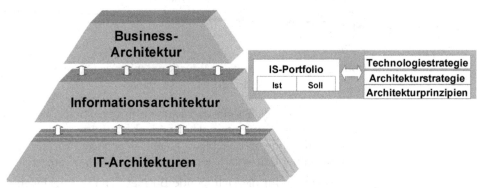

Abbildung 2-8:   Bausteine der Informationsarchitektur

gemeinsam getragene Entscheidungen zur Weiterentwicklung der
Anwendungslandschaft unter Einbeziehung beider Sichten ermöglicht.

Informationsarchitektur

Die Informationsarchitektur eines Unternehmens definiert die
strukturierenden Prinzipien und Regeln, die für die Gestaltung
der Informationssystemlandschaft wegweisend sind. Die Informationsarchitektur umfasst folgende Elemente:

a) IS-Portfolio

Das IS-Portfolio ist die systematisch definierte Aufstellung der Informationssysteme eines Unternehmens einschließlich ihres Zusammenwirkens. Die Aufstellung des IS-Portfolios basiert auf der
Analyse und Bewertung von Informationssystemen entlang ausgewählter Dimensionen (s. Kapitel 4). Das IS-Portfolio umfasst

die Beschreibung des Soll-Zustandes (Soll-Portfolio) und des Ist-Zustandes (Ist-Portfolio). Das Ist-IS-Portfolio besteht aus:

- der Aufstellung der bestehenden Informationssysteme und Subsysteme

- der Analyse und Bewertung nach ausgewählten Dimensionen[12] zur Beschreibung des geschäftlichen Wertes, des technischen Zustandes und der Einordnung im Lebenszyklus

- der Beschreibung des Integrationsgrades der Anwendungen

- der Darstellung der wichtigsten Informationsflüsse und Schnittstellen

Das Soll-IS-Portfolio[13] umfasst:

- die geplante Ausgestaltung der Anwendungslandschaft durch Informationssysteme und ihrer Subsysteme unter Berücksichtigung des Lebenszyklus

- die Strukturierung der geplanten Anwendungslandschaft nach ausgewählten Kriterien zur Beschreibung des geschäftlichen Wertes (insbesondere Business-Treiber und Prozesse) und des technischen Zielzustandes

- die Integrationsstrategie. Sie beschreibt den Sollzustand zur Integration der Anwendungen, um den effizienten Informationsfluss innerhalb und zwischen den Geschäftsprozessen sicher zu stellen.

- die Darstellung der geplanten wichtigsten Informationsflüsse und Schnittstellen

---

[12] zum Beispiel Geschäftsprozessunterstützung, Zugangskanalunterstützung, Zielplattform

[13] wird zum Teil auch unter dem Begriff der Anwendungsstrategie subsumiert

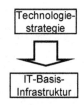

b) Technologiestrategie

Die Technologiestrategie legt die Leitlinien für Entwicklung der IT-Basisinfrastruktur fest. Hierfür bilden die Business-Treiber, die vorhandenen Anwendungslandschaften, das Soll-IS-Portfolio, die bestehende IT-Basisinfrastruktur sowie die absehbare Entwicklung der Informations- und Kommunikationstechnologie (IuK-Technologie) die Rahmenbedingungen. Die Technologiestrategie hat direkten Einfluss auf alle zu entwickelnden IT-Architekturen und die zu Grunde liegende IT-Basisinfrastruktur.

c) Architekturstrategie

Die Architekturstrategie beschreibt in einer kurzen und prägnanten Form den Zielzustand, der durch das Management der IT-Architekturen eines Unternehmens erreicht werden soll einschließlich des Weges zu seiner Erreichung (vgl. Kapitel 6).

d) Architekturprinzipien

Unter den Architekturprinzipien eines Unternehmens werden alle architekturbezogenen Grundsätze und übergreifenden Standardisierungen verstanden, die für die Weiterentwicklung des IS-Portfolios eines Unternehmens und der dazu notwendigen IT-Architekturen gelten. Hier sind die übergreifenden Anforderungen subsumiert, die sich nicht aus den Anforderungen einzelner Business Cases herleiten lassen und die standardisierend bzw. richtungsgebend für die Architektur- und Softwareentwicklung wirken. Die Architekturprinzipien können übergreifende Technologie- und Produktvorgaben umfassen.

Die IT-Basisinfrastruktur stellt sich als eigenes Handlungsfeld des IT-Management dar und wird über die in der Informationsarchitektur definierte Technologiestrategie mit der Business-Architektur verknüpft. Die Ausrichtung der Entwicklung der IT-Basisinfrastruktur wird durch die Formulierung einer Plattformstrategie festgelegt. In ihr wird die auf die Technologiestrategie ausgerichtete Weiterentwicklung der IT-Basisinfrastruktur beschrieben. In der Security-Strategie wird Zielsetzung und die Entwicklung der Security-Umgebung festgelegt.

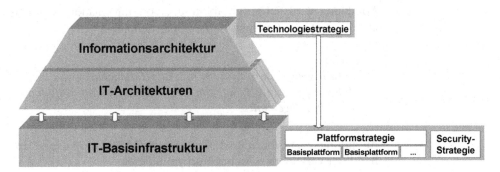

Abbildung 2-9:   Bausteine der IT-Basisinfrastruktur

IT-Basisinfrastruktur

 Als **IT-Basisinfrastruktur** wird die Menge aller Hardware- und aller systemnahen Softwarekomponenten verstanden, die die Laufzeit- und Managementumgebung für Entwicklung, Test und Produktion von Informationssystemen bilden. Diese Komponenten werden zu Basisplattformen gruppiert und bilden die Zielplattform von Informationssystemen. Die IT-Basisinfrastruktur umfasst die Plattform- und die Security-Strategie.

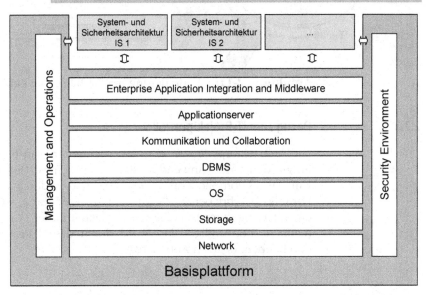

Abbildung 2-10: Abbildung von Informationssystemen auf die
IT-Basisinfrastruktur

Abbildung 2-10 zeigt die Abbildung von Informationssystemen auf die IT-Basisinfrastruktur eines Unternehmens[14].

These

Die ausgewogene und systematische Entwicklung der Architekturpyramide bildet die zentrale Gestaltungsaufgabe des IT-Management.

Abbildung 2-11 stellt den Fokus dieser Gestaltungsaufgabe anhand der verfeinerten Architekturpyramide dar.

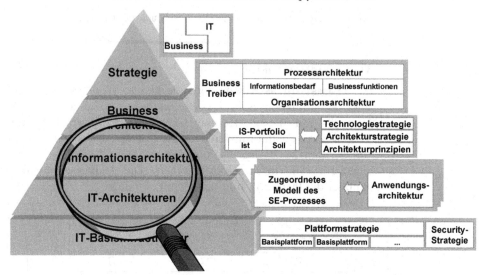

Abbildung 2-11:   Verfeinerung der Architekturpyramide

2.2.3   Bezug zum IT-Projektportfolio

Die Architekturpyramide zeigt die wichtigsten Bausteine bei der Entwicklung der Anwendungslandschaft eines Unternehmens. Um das IS-Portfolio von seinem Ist- in den durch das Soll-IS-Portfolio beschriebenen Zielzustand zu überführen, ist eine aufeinander abgestimmte Folge von Projekten in der IT eines Unternehmens notwendig. Diese wird durch das IT-Projektportfolio beschrieben. (s. auch Abb. 2-12)

---

[14] In Anlehnung an [META2002-1]

IT-Projektportfolio

Das IT-Projektportfolio umfasst alle Vorhaben und Projekte, die notwendig sind, um die Anwendungslandschaft eines Unternehmens auf der Grundlage der definierten Informationsarchitektur und der existierenden IT-Basisinfrastruktur in einen definierten Sollzustand zu überführen. Das IT-Projektportfolio umfasst die zeitliche Reihenfolge der Projekte. Folgende Arten von Projekten werden abgegrenzt:

- Projekte zur Entwicklung von Informationssystemen und IT-Architekturen
- Projekte zur Weiterentwicklung der IT-Basisinfrastruktur,
- Projekte zur Weiterentwicklung der IT-Organisation (incl. Weiterentwicklung des Humankapitals).

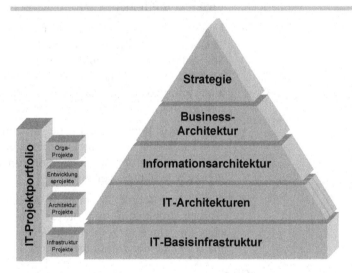

Abbildung 2-12:   IT-Projektportfolio und Architekturpyramide

2.2.4   **Abgrenzung zu anderen Begriffsdefinitionen**

Für die bisher definierten Begriffe wird in der Praxis eine Reihe von Homonymen und Synonymen verwendet. Einige sollen hier geklärt werden. Dabei ist zu beachten, dass häufig nicht genau definiert wird, ob es sich um Architekturen einzelner Informationssysteme, mehrerer Informationssysteme, um unternehmensweit gültige Referenzarchitekturen bzw. um Soll- oder Ist-Architekturen handelt. Insbesondere der Begriff Anwendungsarchitektur wird bereits innerhalb eines einzigen Unternehmens in einer Vielfalt verwendet, die eine Begriffsstandardisierung dringend erfordert, wenn Manager, Projektleiter und Architekten nicht fortlaufend aneinander vorbei reden wollen.

Einige Beispiele für homonym verwendete Begriffe:

- Unter den Begriffen „IS-Architektur" oder „Informationsarchitektur" wird die gesamte Architekturpyramide verstanden

- Unter den Begriffen „Unternehmensarchitektur", „Informationsarchitektur" oder „Enterprise Architecture wird die gesamte Architekturpyramide verstanden

- Unter dem Begriff „Informationsarchitektur" wird die strukturierte Beschreibung des in der Business-Architektur erhobenen Informationsbedarfs verstanden.

- Unter den Begriffen „Anwendungsarchitektur" oder „Fachliche Architektur" wird die Darstellung des Ist- oder Soll-IS-Portfolios inklusive einer Referenz-Anwendungsarchitektur verstanden, die die Gesamtheit aller Informationssysteme einschließlich der Schnittstellen und Informationsflüsse beschreibt.

- Unter dem Begriff „Fachliche Anwendungsarchitektur" wird die fachliche Architektur eines Informationssystems – dargestellt in der durch die Softwarearchitektur vorgegebenen Struktur – verstanden.

- Unter dem Begriff „Technische Architektur" werden die Softwarearchitektur und die System- und Sicherheitsarchitektur eines einzelnen oder einer Gruppe von Informationssystemen zusammengefasst.

These
Die Standardisierung der verwendetet Begriffe bildet die Voraussetzung für die zielorientierte Kommunikation zu Architekturfragen.

2.3   Der IT-Architekt

Die Gestaltung und Durchführung der Aktivitäten zur Architekturplanung- und Entwicklung werden durch eine eigene Rolle abgedeckt – die Rolle des IT-Architekten. Dabei kann zwischen der Rolle des Architekten auf Unternehmensebene und derjenigen auf Projektebene unterschieden werden.

auf Unternehmens-
ebene

Über-
greifende | Projekt-
Sicht | Sicht

auf Projektebene

Erstere fokussiert auf die übergreifende Planung und Steuerung von Architekturentwicklungen. Hier geht es darum, alle übergreifenden und integrativen Aspekte zur Anwendungslandschaft und der zu Grunde liegenden IT-Architekturen unter Berücksichtigung der Informationsarchitektur und der IT-Basisinfrastruktur zu planen und in der Umsetzung zu steuern. Kernkompetenz dieser Rolle ist die Gestaltung und die Durchführung des Architekturmanagement-Prozesses unter Berücksichtigung der Erfolgsfaktoren (vgl. Kapitel 5).

Der Rolle des Architekten auf Projektebene kommt die Aufgabe zu, auf der Grundlage der übergreifenden Architekturplanung und der Vorgaben des Architekten auf Unternehmensebene für die Entwicklung von Informationssystemen adäquate IT-Architekturen zu entwickeln. Dies geschieht auf der Basis eines profunden Verständnisses der einzusetzenden Systemtechnologie, Softwaretechnik oder fachlichen Domäne sowie der spezifischen organisatorischen Rahmenbedingungen.

Die Rolle des IT-Architekten auf Projektebene wird in der Praxis von unterschiedlichen Personen wahrgenommen. Sie kann an den Leiter eines Entwicklungsprojektes, den Leiter einer Gruppe von Anwendungsdesignern oder einen explizit definierten IT-Architekt delegiert werden.

Explizite Rollentrennung zwischen IT-Projektleiter und IT-Architekt

In Projekten, die eine Mischung aus kurz- bis mittelfristigen Zielen des Business Case und mittel- bis langfristigen Architekturzielen aufweisen, sollten die Rolle des Projektleiters und die des IT-Architekten auf Projektebene explizit getrennt sein. Kompetenzen und Berichtswege beider Rollen müssen unter Einbeziehung des IT-Architekten auf Unternehmensebene bei der Organisation der Projektstruktur definiert, kommuniziert und vereinbart sein. Dazu gehört eine klare Regelung der Eskalationswege bei Konflikten aufgrund orthogonaler Ziele. Nur so kann sichergestellt werden, dass Zielkonflikte erfolgreich gelöst und produktiv genutzt werden.

2.4   Architekturmanagement und Softwareentwicklungsprozess

Mit der zunehmenden Fokussierung auf architektonische Grundlagen von Informationssystemen entstanden in den letzten Jahren architekturzentrierte Modelle des Softwareentwicklungsprozesses, die in vielen Firmen adaptiert wurden. Führend ist hier der Rational Unified Process (RUP) der Firma Rational.

Ein erster Schritt zu architektur-zentriertem Vorgehen

Solche Modelle sind durch die explizite Benennung architekturrelevanter Aktivitäten einen wichtigen Schritt gegangen, um den Fokus der Softwareentwicklung stärker auf Artefakte zu legen, deren Entwicklung und Bereitstellung in der Verantwortung einer Rolle „IT-Architekt" liegen. Architekturzentrierte Modelle des Entwicklungsprozesses tragen der Erkenntnis Rechnung, dass nur durch hochwertige Architekturen sichergestellt werden kann, dass zu entwickelnde Informationssysteme den Anforderungen des zu Grunde liegenden Business Case genügen.

Beschränkung auf Software-architektur

Modelle wie der Rational Unified Process konzentrieren die architekturrelevanten Aktivitäten auf die Softwarearchitektur eines einzelnen Informationssystems und verzichten auf die integrierte Betrachtung aller Bereiche von IT-Architekturen.

Übergreifende Sicht fehlt weit gehend

Außerdem blenden sie die Erfordernisse der Gestaltung der Anwendungslandschaft aus. IT-Architekturen werden mit Bezug auf ein einzelnes zu erstellendes Informationssystem betrachtet, der übergreifende Blick ist unterbelichtet. Die übergreifende Sicht gerät jedoch zwangsläufig in den Mittelpunkt der Betrachtung, wenn die mittel- bis langfristige Tragfähigkeit der Architekturen aufgrund einer vom Management geforderten zukunftsfähigen Weiterentwicklung der Anwendungslandschaft gefordert wird. Dies ist zum Beispiel dann der Fall, wenn es gilt, die Anwendungslandschaften miteinander fusionierender Unternehmen zu vereinigen, zu bereinigen und dabei zu Grunde liegende Architekturen zu renovieren. Für die Beteiligten steht dann das Management mehrerer IT-Architekturen und deren Konsolidierung im Fokus.

Erweiterung bekannter Vor-gehensweisen

Um das geforderte methodische Vorgehen zum Architekturmanagement zu gestalten, liegt es nahe, bestehende Vorgehensweisen so zu erweitern, dass die übergreifende Planung und Entwicklung von IT-Architekturen im Sinne der Architekturpyramide sicher gestellt wird. Ein Vorgehen muss definiert werden, das nicht nur eine, sondern „multiple" Informationssysteme betrachtet und dabei die Informationsarchitektur eines Unternehmens einfließen lässt. Dazu ist die Integration mit dem Softwareentwicklungsprozess unabdingbar.

*Konzept der
Architektur
Workflows*

Zu diesem Zweck werden in diesem Buch zur Umsetzung von Architekturplanung und Architekturentwicklung sechs „Workflows" eingeführt. Sie werden dem Softwareentwicklungsprozess zugeordnet, indem sie auf die entsprechenden Workflows der Softwareentwicklung abgebildet werden. Diese Architektur-Workflows nutzen das Workflow-Konzept des Rational Unified Process.

These
Ein IT-Architekturmanagement ohne enge Verzahnung mit dem Softwareentwicklungsprozess führt zu einem geringen Deckungsgrad zwischen den definierten IT-Architekturen und den tatsächlich implementierten Informationssystemen.

2.4.1   Zum Workflow-Konzept des Rational Unified Process

Nach Prozess- und Methodendefinitionen wie dem V-Modell, dem Wasserfallmodell oder dem Information Engineering hat sich in den vergangenen Jahren der Rational Unified etabliert. Unternehmensspezifische Implementierungen des RUP bilden heute die Grundlage vieler Prozessmodelle zur Softwareentwicklung. Innerhalb des RUP sind vier Phasen definiert, um den Softwareentwicklungsprozess zu strukturieren:

- Konzeptualisierung („Inception", Projektumfang definieren)
- Entwurf („Elaboration", Ausarbeitung der Basisstruktur der Lösung)
- Konstruktion („Construction", Umsetzung der definierten Struktur)
- Übergang („Transition", Überführung der Lösung in die Nutzerumgebung) eingeführt.

Diese Phasen orientieren sich an der Zeitachse.

*Workflows durch-
brechen Phasen*

Phasen übergreifend werden so genannte „Workflows" eingeführt, die sich an den inhaltlichen Schwerpunkten und nicht an den Phasen orientieren. So werden die negativen Effekte einer strengen Phasenorientierung vermieden und es wird sichergestellt, dass inhaltliche Schwerpunkte der Softwareentwicklung über die gesamte Zeitachse adäquat adressiert werden können. Die Workflows werden auch als Disziplinen bezeichnet. Im RUP werden so genannte „Core Workflows" und „Supporting Workflows" unterschieden (vgl. [ZUSER2004]).

Folgende Workflows sind im RUP definiert:

Core Workflows

- Business Modeling (Geschäftsmodellierung)
- Requirements (Anforderungsmanagement)
- Analysis & Design
- Implementation
- Test
- Deployment (Überführung in Produktion)

Supporting Workflows

- Configuration & Change Management
- Project Management (incl. Initial Planning)
- Environment

Die nachfolgende Abbildung (Quelle [RUP02]) verdeutlicht das Phasen- und Workflow-Konzept des Rational Unified Process. Es zeigt die Intensität der Aktivitäten der einzelnen Workflows bzw. Disziplinen, die Zuordnung zu Phasen und die Verteilung auf mehrere Iterationen.

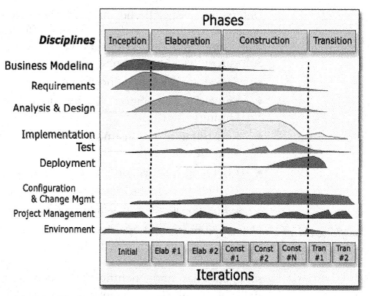

Abbildung 2-13: Prozess- und Workflow-Konzept des Rational Unified Process

Workflows und Phasen als Grundlage

Das Konzept der Phasen und Workflows, wie es der RUP vorschlägt, wird in diesem Buch als Grundlage der Definition eines Softwareentwicklungsprozesses unterstellt. So ist es möglich, die

Integration der Entwicklung von IT-Architekturen mit der Entwicklung von Informationssystemen auf einen im Markt führenden Ansatz zu beziehen. Zu diesem Zweck werden Architektur Workflows definiert. Sie definieren Aktivitätenfolgen zur übergreifenden Planung und Entwicklung von IT-Architekturen. Sie werden mit den Workflows des Softwareentwicklungsprozesses synchronisiert.

Die konkreten Aktivitäten und Artefakte, die ein Unternehmen für das angewandte Prozessmodell definiert, werden im Einzelfall natürlich von denen des RUP abweichen. Eine vergleichbare Aufteilung des Softwareentwicklungsprozesses in zeitorientierte Phasen und inhaltsorientierte Aktivitätenfolgen ist jedoch in der Regel gegeben.

Abbildung anderer Prozessmodelle auf den RUP

Prozessmodelle zur Entwicklung von Anwendungen, die nicht auf dem Konzept der Objektorientierung beruhen, können in der Regel auf die Phasen und Workflow des RUP abgebildet werden. Die dahinter stehenden Ergebnistypen oder Artefakte weichen dann von denen des RUP ab, die Gesamtstruktur ist aber aufeinander abbildbar.

2.5   Zusammenfassung

In diesem Kapitel wurde das Basismodell zum Management von IT-Architekturen erarbeitet. Dazu wurden die Elemente der Architekturpyramide definiert. Von besonderer Bedeutung war hier das Konzept der Informationsarchitektur, die einen übergreifenden Ordnungsrahmen für die Entwicklung von Informationssystemen schafft.

Um ein methodisch fundiertes, systematisches Vorgehen zum Architekturmanagement zu schaffen, das mit dem Softwareentwicklungsprozess integriert ist, wurde das Konzept der Architektur-Workflows eingeführt.

3 Die Anwendungslandschaft der Fantasia

Versicherung

Die Fantasia Versicherung ist eine große deutsche Versicherungsgruppe. Wie im Versicherungsmarkt üblich, ist das Unternehmen im Großen und Ganzen noch immer nach Produktbereichen (Sparten) aufgestellt. Eine komplexe Vertriebsorganisation mit Direktion, Filialdirektionen und Agenturen, angestelltem Außendienst und Vertriebspartnern wie Maklern und Agenturen existiert, um Beratungs- und Angebotsprozesse für Versicherungsprodukte zu unterstützen. Hierarchien aus Vorständen, Hauptabteilungen, Referaten prägen das Unternehmen. Der Konzern verfügt über eine große IT-Organisation, die mit mehreren Hundert Mitarbeitern für alle Bereiche des Unternehmens die Entwicklung und den Betrieb der Informationssysteme sicherstellt. Neben den bereits genannten Vertriebswegen stützt sich der Vertrieb auf die Partnerschaft mit einer großen Bank. Dieser Vertriebsweg trägt erheblich zum Umsatz des Konzern bei und muss daher mit entsprechenden IT-Lösungen unterstützt werden.

Tausende von Cobol-Programmen zur Durchführung von Geschäftstransaktionen bilden den Kern der Anwendungslandschaft des Unternehmens. Diese Anwendungen werden auf IBM Großrechnern betrieben und sichern durch die Unterstützung wesentlicher Geschäftsprozesse wie der Schaden- und Leistungsprozesse Tag für Tag den Fortbestand des Unternehmens. Die starke Spartenorientierung des Unternehmens drückt sich durch eine Vielzahl operativer Bestandsführungssysteme aus, die betrieben werden, um die unterschiedlichen Produktbereiche zu unterstützen.

Die Entwicklung der Anwendungslandschaft

Über Jahre der kontinuierlichen Unternehmensentwicklung wurden mehrere Phasen der Konsolidierung und Renovierung der Anwendungslandschaft durchlaufen. Die letzte größere Renovierungsphase führte, wie auch bei Mitbewerbern, zu mobilen Systemen zur Unterstützung des Angebotsprozesses am Point of Sale – so genannten mobilen Außendienstsystemen bzw. Systeme zur Sales Force Automation (SFA Systeme). Grundlage der Datenversorgung dieser Notebook-basierten Systeme ist ein parallel aufgebauter Operational Data Store. In ihm werden konsolidierte Daten der Bestandssysteme zur Versorgung operativer Systeme gehalten. Dieser Data Store dient auch zur Versorgung der neuen Call Center-Lösung mit einer Kunden-

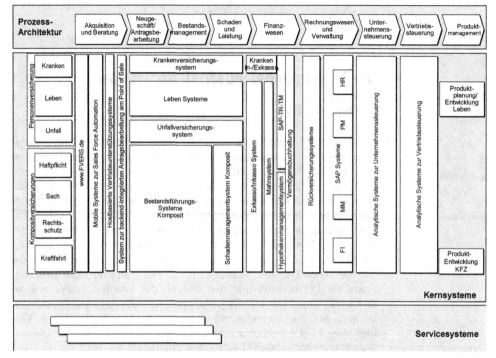

Abbildung 3-1: IS-Portfolio nach Prozessen und Produktbereichen

gesamtsicht bestehend aus Kundeninformationen und vertragsbezogenen Zusatzinformationen.

Zur Unterstützung der stärkeren Ausrichtung der Prozesse auf die Bedürfnisse der Kunden wurden analytische Anwendungen zur Vertriebsunterstützung, Produktplanung und zum Customer Relationship Management eingeführt. Zu diesem Zweck wurden Data Warehouse-basierte Lösungen entwickelt. Verwaltungs- und Administrationsprozesse wurden parallel auf SAP/R3 Systeme umgestellt.

So flossen innerhalb der letzten Modernisierungsphase viele Millionen Euro in den Ausbau der auch weiterhin mainframe-basierten Anwendungslandschaft.

Abbildung 3-1 gibt einen ersten Überblick über das Ist-IS-Portfolio von der Fantasia Versicherung. In ihr sind die vorhandenen Informationssysteme in Bezug auf Produktbereiche und Prozesse dargestellt. Die Bereiche der Prozessarchitektur sind zur Vereinfachung sequenziell dargestellt.

Die operativen Systeme sind auf die beiden Produktbereiche Personenversicherung und Kompositversicherung ausgerichtet und werden im Wesentlichen auf dem Großrechner betrieben. Akquise- und Beratungsprozesse werden je nach Vertriebsweg durch eine Mischung aus

mobilen und host-gestützten Systemen unterstützt. Die Antragsbear-
beitung erfolgt im Falle der mobilen Systeme für alle Sparten nach der
asynchronen Übermittlung von Antragsdaten an die Hostsysteme. Die
Übernahme in die bestandsführenden Systeme geschieht durch die
Batchverarbeitung erzeugter Wartebestände.

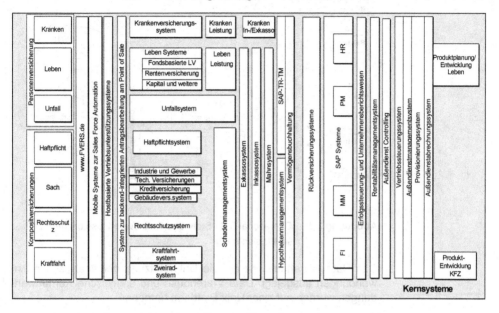

Abbildung 3-2:   Verfeinerung der Kernsysteme

Funktionalität zur Unterstützung von Schaden- und Leistungsprozes-
sen ist teilweise in den Bestandsführungssystemen enthalten. Im Bereich Komposit existiert ein eigenes Schadenmanagement-System.

Inkasso und Exkasso erfolgen durch alte Cobol Legacy-Systeme.
Rechnungswesen und Verwaltung basieren auf SAP/R3 Anwendungen.

Zur Unternehmenssteuerung und Vertriebsteuerung existiert eine Reihe analytischer Anwendungen. Diese basieren großenteils auf den Informationen des Data Warehouse.

Prozesse des Produktmanagement werden nur in den Bereichen Leben und KFZ durch eigenständige, voneinander unabhängige Produktserver unterstützt. Der aktuelle Internet-Auftritt (B2C-Portal;
www.FVERS.de) des Unternehmens unterstützt mit einfacher Funktionalität Teilprozesse des Akquise- und des Beratungsprozesses.

Abbildung 3-2 zeigt die Verfeinerung der in Abb. 3-1 dargestellten Anwendungslandschaft. Zur Unterstützung der Kernsysteme existiert eine
Reihe übergreifender Systeme. Das bestehende Content Management

System (CMS) ist rein auf die redaktionellen Prozesse zur Informationsbereitstellung für das B2C-Portal des Unternehmens ausgerichtet. Das B2C-Portal deckt für die genannten Teilprozesse alle Produktgruppen für den Zugangsweg Internet ab.

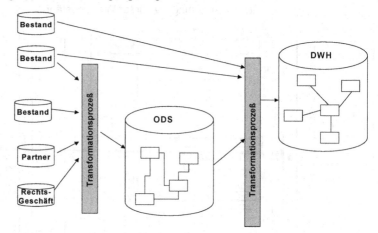

Abbildung 3-3:   Operational Data Store und Data Warehouse bei der Fantasia Versicherung

Das Data Warehouse ist auf die Unterstützung der analytischen Anwendungen ausgelegt. Data Warehouse und analytische Kernanwendungen werden auf einer Unix-Plattform betrieben.

Der Operational Data Store unterstützt die mobilen Außendienstsysteme sowie die Call Center-Lösung und wird auf dem Host betrieben. Operational Data Store (ODS) und Data Warehouse (DWH) werden aus den Bestandführungssystemen und den Anwendungen zum Partner-, Adress- und Rechtsgeschäftsmanagement versorgt. Abbildung 3-3 zeigt den Zusammenhang dieser Informationssysteme.

Die Anwendungen zur Bearbeitung von Partner-, Adress- und Rechtsgeschäftsinformationen unterstützen alle Mainframe-basierten operativen Kernsysteme durch die Bereitstellung von Funktionen zur konsistenten Partner-, Adress- und Rechtsgeschäftbearbeitung. Call Center- und Workflow-System sind als 3-Schichten Client-Server-Systeme mit Transaktionsverarbeitung in den angebundenen operativen Kernanwendungen realisiert. Sie werden auf Unix-Plattform betrieben. Abbildung 3-4 zeigt die wesentlichen Zusammenhänge zwischen den Systemen.

Die bestehende Anwendungslandschaft der Fantasia Versicherung bildet das Fundament der Fallstudie. Um den Blick des Lesers auf das Wesentliche zu lenken, wurde sie vereinfacht.

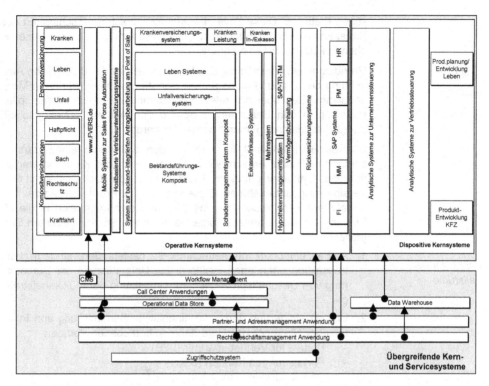

Abbildung 3-4: Kern- und Servicesysteme bei der Fantasia Versicherung

Neue Zugangskanäle

Mit der Verbreitung und Verbesserung der Internettechnologie entstand für Fantasia Versicherung die Option neuer Zugangskanäle – z. B. „Makler via Internet" oder „Bankmitarbeiter via Extranet". Es stellte sich die Frage nach dem geschäftlichen Potenzial. Hier beginnt das Fallbeispiel, das den Leser das ganze Buch über begleiten wird. Es beginnt an dem Punkt, an dem ein umfangreicher Umbau des IS-Portfolios aufgrund der Ausrichtung des Unternehmens auf neue Zugangskanäle ansteht. Das Management des Unternehmens lässt verlauten:

„Die Fantasia Versicherung wird am 1.X.200x mit einer neuen Lösung zur Akquise- und Beratungsunterstützung von Leben-Produkten in den Filialen unserer Partnerbank Online gehen. Dieses B2B-Portal wird auf der neuen Multikanal-Plattform des Konzerns aufbauen und bildet den ersten Schritt auf dem Weg zum integrierten Multikanalangebot für unsere Partner und Kunden."

Orthogonale Ziele

Wichtig für die Fallstudie ist an dieser Ankündigung vor allem die Orthogonalität der definierten Ziele. Auf der einen Seite ein Termin, der mit der Art der Ankündigung bereits mehr oder weniger bindend ist, auf der anderen Seite der Anspruch des Aufbaus einer neuen strategischen Plattform. Diese Ziele stehen kurz danach im Pflichtenheft des Projektmanagers. Im Folgenden werden die für die Fallstudie wesentlichen Eckpunkte zusammengefasst.

Multikanal-Strategie

Grundlage der Ankündigung des Management ist die strategische Ausrichtung des Unternehmens auf die Schaffung eines integrierten Multikanalangebotes über alle relevanten Zugangskanäle. Zunächst sollen Prozesse in den Bereichen „Beratung und Akquise", „Neugeschäft" und „Bestandsmanagement" adressiert werden[15].

Das Multikanalangebot für den Kunden soll durch einen partnerzentrierten Ansatz erreicht werden. Das heißt, der Kunde interagiert über die Partnerbank, Makler, Agenturen oder das Call Center mit dem Versicherungsunternehmen. Diese strategische Positionierung des Unternehmens geht zusammen mit Effizienzsteigerungszielen in die IT-Planung ein. Diese umfasst folgende, für diese Studie relevanten Eckpfeiler[16]:

Eckpfeiler der Fallstudie

1. Aufbau einer auf Internettechnologie basierenden, strategischen, transaktionsorientierten Plattform zur Unterstützung der Durchführung von Geschäftsprozessen zur Umsetzung der Multikanalstrategie

2. Effizienzsteigerung durch die einheitliche Bereitstellung von Inhalten über alle durch das Unternehmen betriebenen Portale:
   - Portale für Vertriebspartner (B2B)
   - Portale für den Kunden (B2C)
   - Portale für den Mitarbeiter (B2E)[17]

   Dies bedeutet für die IT die Einführung einer übergreifenden, alle definierten Zugangskanäle und Portale unterstützende Content Management-Lösung.

3. Öffnung der bestandsführenden Backend-Systeme für die Durchführung lesender und schreibender Transaktionen in den Bereichen Akquise/Beratung, Neugeschäft und Bestandsmanagement über die neuen Zugangskanäle.

Stufenplan zur Umsetzung Internetstrategie

Eine erste Analyse des bestehenden IS-Portfolios in Hinblick auf Zielerreichung, Kosten, Nutzen und Risiko möglicher Varianten sowie technologischer und organisatorischer Voraussetzungen führt zum groben Stufenplan für die Umsetzung. Er basiert u.a. auf der Priorisierung der Zugangskanäle in Kombination mit Prozessen und Produktgruppen (vgl. Kapitel 4).

---

[15]   Kann in die Definition eines Business-Treiber überführt werden.

[16]   Folgestufen im Bereich weiterer Produktgruppen werden hier weggelassen

[17]   Wird im Fallbeispiel nicht weiter verfolgt

Stufe 1: Aufbau eines B2B-Portals zur Unterstützung der Bereiche Akquise und Beratung (Prozesse „Angebot/Antrag", „Bestandsauskunft" und „Bearbeitung Kundeninfo") und Neugeschäft (Prozess „Bearbeitung Neugeschäft") für fondbasierte Lebensversicherungs- und Rentenversicherungsprodukte für den Zugangskanal „Mitarbeiter der Partnerbank via Extranet"

Stufe 2: Ausbau des Portals auf Produkte zur kapitalbildenden Lebensversicherung und Ausweitung auf den Zugangskanal „Makler via Internet"

Stufe 3: Call Center Integration (Zugangskanal „Call Center Mitarbeiter via Intranet") und Ausweitung auf die Unterstützung der Prozesse im Bereich Bestandsmanagement (Prozess „Vertragsänderung")

Stufe 4: Integration mit dem bestehenden B2C-Portal des Unternehmens und damit Ablösung des alten Webauftrittes

Für die IT des Unternehmens ergeben sich folgende Handlungsfelder:

Feld 1: Aufbau der Internetplattform zur Unterstützung der Prozessintegration mit den Vertriebspartnern

    Schritt 1: B2B Plattform für den Zugangskanal „Extranet für Partnerbank"

    Schritt 2: Ausbau der B2B Plattform für die Zugangskanäle „Makler via Internet" und „Call Center Mitarbeiter via Intranet"

    Schritt 3: Ausbau der B2B Plattform zur B2C Plattform für den Zugangskanal „Kunden via Internet"

Feld 2: Einführung eines neuen, übergreifenden Content Management-Systems und Ablösung des bestehenden Systems

    Schritt 1: Einführung für B2B-Portale

    Schritt 2: Ausweitung auf B2C-Portale unter Ablösung des stand-alone-Webauftrittes (www.FVERS.de)

Feld 3: Öffnung Backend-Systeme

    Schritt 1: Entwicklung einer Komponente zur Integration von Backend-Systemen
             Öffnung der Bestandssysteme zur fondsgebundenen Lebensversicherung und zur Rentenversicherung;
             Öffnung der Partner- und Adressanwendung; Öffnung der Rechtsgeschäftsanwendung

    Schritt 2: Öffnung des Systems zur kapitalbildenden Lebensversicherung
             Weiterentwicklung der Integrationskomponente

Mit der in diesem Kapitel dargestellten Anwendungslandschaft und dem Plan zur Umsetzung der Multikanalstrategie der Fantasia Versicherung sind die Grundzüge der Fallstudie beschrieben. Diese werden im folgenden Kapitel bei der IS-Portfolioanalyse und der Definition der Planung der notwendigen Architekturentwicklung aufgegriffen.

4 Architekturplanung und IS-Portfoliomanagement

„Application portfolio management strategies enable you to determine proper IT investments and improve IT efficiency This top-down and bottom-up approach reduces costs and positions an enterprise for new initiatives."

Gartner Group 2003 [Gartner03-2]

In den ersten beiden Kapiteln wurde die Notwendigkeit der Gestaltung eines integrierten Ansatzes zur Planung und Entwicklung von IT-Architekturen dargestellt, die Architekturpyramide wurde erläutert. In diesem Kapitel wird darauf aufbauend ein Modell zur Architekturplanung vorgestellt. Die dabei verwendete Methodik stellt ein Hilfsmittel dar, um die mit der Architekturplanung verbundene Kommunikation zielgerichtet zu gestalten.

Die Informationsarchitektur, hier insbesondere das IS-Portfolio, legt das Fundament für die Architekturplanung. Deshalb werden die Prozesse, die auf den Elementen der Pyramide operieren, im Zusammenhang definiert und der Fokus dann auf das IS-Portfoliomanagement gelenkt. Vorgehensweisen zur Analyse und Planung eines IS-Portfolios werden vorgestellt. Anschließend werden die übergreifende Architekturplanung und das IS-Portfolio im Licht der Multikanalstrategie der Fantasia Versicherung betrachtet.

4.1 Ein Modell zur Architekturplanung

Bei der Entwicklung der Anwendungslandschaft und ihrer zu Grunde liegenden IT-Architekturen geht es darum, die Balance zwischen der übergreifenden Sicht auf der einen und den Zielen des Business Cases einzelner Softwareentwicklungen auf der anderen Seite zu finden. Die Erfahrung zeigt, dass der Königsweg nicht in der Einführung unternehmensweiter, stark reglementierender Vereinheitlichungsaktivitäten besteht. Das häufige Scheitern von „Enterprise Information Models" zeigt, dass streng unternehmensweite Ansätze zur integrierten Beschreibung komplexer Strukturen geringe Erfolgsaussichten besitzen. Dies liegt insbesondere an der Komplexität, Unschärfe und Mehrdeutigkeit der Informationen, die in den notwendigen Kommunikationsprozessen be- und verarbeitet werden müssen.

Problem: Gestaltung der Kommunikationsprozesse

Kommunikationsprozesse können in einer solchen Konstellation häufig nicht erfolgreich gestaltet werden (vgl. [MORABITO1999]). Die Folge ist ein Scheitern der Vereinheitlichungsversuche schon auf der Ebene der Kommunikation. Außerdem werden durch solche strengen Vereinheitlichungsansätze die Zeitziele einzelner Business Cases zu stark beeinflusst.

Rechtfertigungsdruck für Architekturgruppen

Der Versuch, unternehmensweite, restriktive Regelwerke einzuführen, wird zudem häufig als missionarischer Eifer empfunden, der Widerstände provoziert und erheblichen Rechtfertigungsdruck auf Architekten und Architekturgruppen ausübt, der das Scheitern zusätzlich begünstigt.

Es wird ein Weg gesucht, der vereinheitlicht und integriert, ohne zu stark zu reglementieren.

Verzahnung von Informationsarchitektur und Architekturplanung

Wesentliches Hilfsmittel ist hier die Definition von Architekturprinzipien in der Informationsarchitektur eines Unternehmens. Sie werden genutzt, um bereits zu Beginn einer Softwareentwicklung den ordnenden Rahmen aus übergreifender Architektursicht festzulegen. Architekturprinzipien dokumentieren alle übergreifenden, architekturbezogenen Anforderungen an die Weiterentwicklung des Ist- zum Soll-IS-Portofolio.

Architekturprinzipien als Input der Anforderungsanalyse

Im Gegensatz zu den o.a. strengen Vereinheitlichungsansätzen umfasst die Informationsarchitektur nicht per se bestimmte unternehmensweite Modelle, Prinzipien und Vorgaben. Vielmehr sind in den Architekturprinzipien Regeln aufgestellt, die als Anforderung in den Workflow „Requirements" der Softwareentwicklung eingehen und deren Gültigkeit im Rahmen der definierten Prozesse bestimmt wird – zum Beispiel über ein Architekturboard (vgl. Kapitel 6).

Auf diese Weise können übergreifende Regeln – mit Anpassungsmöglichkeit im Rahmen des jeweils gültigen Einzelfalles –

für die Entwicklung von Informationssystemen definiert und gleichzeitig darauf abgestimmt werden[18].

Die Aufgabe der übergreifenden Architekturplanung besteht darin, die Prinzipien der Informationsarchitektur und die Planung der Softwareentwicklung zu vereinen. Es muss so geplant werden, dass die Entwicklung der IT-Architekturen auf der Informationsarchitektur aufsetzt und gleichzeitig sichergestellt ist, dass benötigte IT-Architekturen zum richtigen Zeitpunkt für die Entwicklung der Informationssysteme erstellt werden.

Vorgehen mit 80/20-Regel

Dies wird durch die Definition eines Vorgehens erreicht, das auf Schwerpunktbildung im Sinne einer 80/20-Regel setzt. Das Konzept der Anwendungstypen und Architekturdomänen wird dazu eingeführt. Es fasst Informationssysteme so zu Schwerpunkten zusammen, dass architekturbezogene Koordinations- und Kommunikationsschwerpunkte entstehen. Innerhalb dieser Schwerpunkte werden Regeln zur Architekturentwicklung der enthaltenen Informationssysteme als „Architekturkonfiguration" zugeordnet. Eine solche Architekturplanung tritt mit dem Anspruch an, nur dort zu vereinheitlichen, wo mit hoher Wahrscheinlichkeit Nutzen für das Unternehmen generiert werden kann.

Aus der übergreifenden Planung können anschließend Architekturreleases abgeleitet werden, die die Aufgabe besitzen, die Architekturentwicklung genau auf die Planung der zugehörigen Softwareentwicklungsprojekte abzustimmen.

Klare Darstellung von Ist und Soll

Das Problem bei der Architekturplanung besteht häufig darin, dass den Beteiligten nicht klar ist, welche Architekturen nun Ist-Zustände darstellen, welche das Soll beschreiben werden, welche als übergreifende Referenz wirken sollen und welche ganz konkret auf ein einzelnes Informationssystem bezogen sind. Wird dies nicht klar strukturiert und kommuniziert, wird in der Folge über Planung kommuniziert, diskutiert und entschieden, ohne dass die Beteiligten Gelegenheit hatten, ein gemeinsam getragenes Verständnis des Gegenstandes der Kommunikation zu entwickeln.

---

[18] Was nutzt z. B. ein unternehmensweit gültiges Datenmodell, wenn erstens die entsprechenden Prozesse nicht geregelt sind, zweitens nicht definiert ist, was unternehmensweit genau heißt und drittens ein übergreifender Ansatz in einer gegeben Unternehmenskultur keine Chance auf Erfolg besitzt? Wenn absolute Kundennähe der wichtigste Business-Treiber ist, zählt Geschwindigkeit. Die Informationsarchitektur muss dies reflektieren!

Es gibt zahlreiche Beispiele dafür, dass mit viel Aufwand eine Architektur für ein einzelnes Informationssystem entwickelt wird, sich aber nachträglich herausstellt, dass das IT-Management erwartet hatte, dass eine auch für Folgeaktivitäten gültige Referenzarchitektur entsteht. Dies wurde jedoch nie klar kommuniziert, so dass der Projektleiter der Softwareentwicklung sich zwangsläufig auf seinen Business Case konzentrierte. Das Management erhoffte sich jedoch, Wegweisendes für Folgeschritte aufzubauen, von denen es allerdings auch keine klare Vorstellung formuliert hatte.

Ist Ihr IT-Architekt Designer, Statiker oder Architekt? Hier ist die Kompetenz des IT-Architekten (auf Unternehmensebene) gefragt. Seine Aufgabe besteht darin, durch klare Strukturierung des Vorgehens sowie intensive Kommunikation und Moderation den beschriebenen Zustand zu vermeiden. Gelingt dies nicht, so hat er möglicherweise eine wunderbar detaillierte Architektur entwickelt, seinen Job als IT-Architekt aber zu Gunsten von Detailarbeit preisgegeben – er hat sich als „Designer" oder „Statiker" betätigt, nicht als Architekt.

Um dem IT-Architekten ein ordnendes Hilfsmittel an die Hand zu geben, wird ein Modell vorgeschlagen, das auf

* Architekturdomänen
* Anwendungstypen
* Referenzarchitekturen
* Architekturkonfigurationen

basiert. Das Modell definiert eine gemeinsame Sprache zur Beschreibung von Zielen, Aufträgen und Reichweiten von Architekturentwicklungen. Es wird im folgenden Abschnitt ausgearbeitet.

4.1.1   Referenzarchitekturen, Anwendungstypen und Architekturdomänen

Das im Folgenden vorgestellte Modell beruht auf folgender These:

These

Die Vorstellung einer einzigen umfassenden IT-Architektur sollte zu Gunsten mehrerer IT-Architekturen, die über Referenzarchitekturen und Architekturprinzipien aufeinander abgestimmt werden, korrigiert werden.

Referenzarchitektur

Eine **Referenzarchitektur** ist eine IT-Architektur, die standardisierend für die IT-Architekturen einer Gruppe von Informationssystemen wirkt. Die Referenzarchitektur entsteht

- durch nachträgliche Abstraktion mehrerer vorhandener IT-Architekturen (Bottom-up-Vorgehen),

- im Voraus zur Architekturentwicklung mehrerer Informationssysteme bis hin zum gesamten IS-Portfolio (Top-down-Vorgehen),

- begleitend zur Architekturentwicklung mehrerer Informationssysteme.

Eine Referenzarchitektur mit höherem Abstraktionsniveau kann durch die Verallgemeinerung von Referenzarchitekturen entstehen. Referenzarchitekturen werden mit dem Ziel der Wiederverwendung von Strukturinformation geschaffen.

Nutzen von Referenzarchitekturen

Worin besteht nun der Nutzen von Referenzarchitekturen? Er besteht darin, dass das Fundament zu IT-Architekturen mehrerer Informationssysteme gelegt wird. Dies führt dazu, dass die einzelnen Implementierungen aufeinander abgestimmte fachliche Bausteine, Software- und Infrastrukturkomponenten verwenden und so die Effizienz der Softwareentwicklung erhöht wird. Der genaue Scope und die Verbindlichkeit der Referenzarchitektur werden in der Informationsarchitektur geregelt. So entsteht ein Instrument, um Architekturentwicklungen voneinander abzugrenzen, und so zu beschreiben, dass Architekten, Projektleiter und Management dieselbe Vorstellung von Aufträgen, Zielen und Reichweiten von Architekturentwicklungen gewinnen.

Ausrichtung der Entscheidungsprozesse auf mehrere IT-Architekturen

Diskussionen über Sinn und Unsinn von Architekturen basieren häufig auf einer Vorstellung der Beteiligten, die davon geprägt ist, dass es „eine" IT-Architektur gibt. Um die Ausrichtung und Gestaltung dieser „einen" Architektur wird dann gestritten und diskutiert. In aller Regel geht es aber in Wahrheit nur um eine bestimmte Gruppe von Informationssystemen. Gelingt es dem IT-Architekten die Architekturdiskussion auf den relevanten

Bereich des IS-Portfolio zu reduzieren, können Entscheidungsprozesse verkürzt und Frustrationen vermieden werden.

Entstehung einer Referenzarchitektur

Eine Referenzarchitektur entsteht, wenn für alle neuen operativen Anwendungen eines Finanzdienstleisters ein verallgemeinertes Komponentenmodell als Grundlage der Anwendungs architektur definiert wird. In diesem Fall wird in der Informationsarchitektur als Architekturprinzip festgehalten, dass die Referenzarchitektur bei der Entwicklung neuer operativer Anwendungen bindend ist. Abbildung 4-1 verdeutlicht dies.

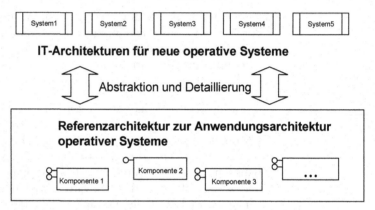

Abbildung 4-1:   Entstehung einer Referenzarchitektur

Zusammengefasst lassen sich für die Zuordnung von Referenzarchitekturen folgende Zielsetzungen definieren:

* Die Regelung der Wiederverwendung von Architekturen und ihrer Bausteine bei der Entwicklung mehrerer Informationssysteme

* Die Strukturierung der Architekturplanung zur Entwicklung und Umsetzung eines größeren Ausschnittes des IS-Portfolios

* Die Planung des gesamten IS-Portfolios[19].

---

[19] Eine entsprechende Fallstudie findet der Leser in Kapitel 12.

Über die Bildung von Anwendungstypen und die Abgrenzung von Domänen im IS-Portfolio wird der Wirkungsbereich von Referenzarchitekturen festgelegt.

Anwendungstyp

Durch einen **Anwendungstyp** werden Informationssysteme und Subsysteme klassifiziert, die ein hohes Maß an Ähnlichkeit in den zu Grunde liegenden IT-Architekturen, beim Betrieb und beim Lifecycle Management besitzen.

Beispiele von verwendeten Kriterien zur Typisierung:

- Art des Prozesses, den Nutzer bei der Interaktion mit Anwendung durchführen
  - Transaktionsorientierter Prozess
    Beispiel: Schadenabwicklung
  - Analytischer Prozess
    Beispiel: Produktplanung
  - Kollaborativer Prozess
    Beispiel: Wissensmanagement

- Art und Komplexität der eingesetzten Technologien

- Art der Sicherheitsanforderungen

- Art der Verfügbarkeitsanforderungen

- Organisatorische und technische Machbarkeit

- Anforderungen an den Reifegrad der Organisation in IT und Fachbereichen

- Betriebsanforderungen (z. B. internes / externes Hosting)

Auf diese Weise entsteht eine Klassifikation der Informationssysteme eines IS-Portfolio. In einem Versicherungsunternehmen können zum Beispiel alle neuen unternehmenskritischen operativen Anwendungen, alle analytischen und alle mobilen Anwendungen zu Anwendungstypen zusammengefasst sein. Abbildung 4-2 stellt dies dar.

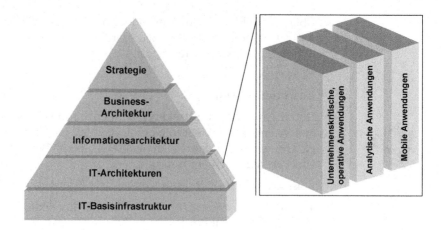

Abbildung 4-2:   Architekturen und Anwendungstypen eines Versicherungsunternehmens

Anwendungstypen als Instrument von Managementabstimmungen

Diskussionen mit dem IT-Management über die Reichweite (Scope) von IT-Architekturen und deren Planung werden zielführender, wenn der IT-Architekt, der mit dem Management kommuniziert, das Konzept des Anwendungstypen einsetzt. So wird sofort deutlich, wenn sich geplante Informationssysteme in ihrer IT-Architektur grundlegend unterscheiden. Es ist möglich, schneller zu gemeinsam getragenen Architekturentscheidungen zu gelangen. In der Regel wird für die Beteiligten unmittelbar transparent, wann die Übertragung einer IT-Architektur auf ein anderes Informationssystem sinnvoll ist und wann nicht. Die aufwändige und frustrierende Diskussion über Sinn und Unsinn des Einsatzes und der Wiederverwendung bestimmter Architekturkomponenten wird so entschärft, teilweise ganz vermieden.

Die Objekte des IS-Portfolios werden aus Sicht einer übergreifenden Architekturplanung zu Architekturdomänen zusammengefasst. Die Frage, die bei der Planung beantwortet werden muss, lautet: Welche Informationssysteme, Subsysteme und Komponenten müssen aus Sicht des Architekturmanagement gemeinsam geplant und gesteuert werden?

Architekturdomäne

Eine **Architekturdomäne** ist eine Gruppierung von Informationssystemen innerhalb des IS-Portfolios. Domänen werden zur Unterstützung der Planung und Steuerung der Weiterentwicklung des IS-Portfolios gebildet.

Kriterien zur Bildung von Architekturdomänen sind Abhängigkeiten und Überschneidungen in der fachlichen Funktionalität[20], Abhängigkeiten im Lebenszyklus sowie gemeinsame, zu Grunde liegende IT-Architekturen – z.B. Referenzarchitekturen.

In diesem Buch wird ein breites Spektrum von Beispielen zur Bildung von Domänen vorgestellt. Dies geht von einer pragmatischen Strukturierung nach der Ressourcenverfügbarkeit im IT-Architekturmanagement bis hin zur Zerlegung der gesamten Anwendungslandschaft in funktional ausgerichtete Domänen zum Zwecke der Unterstützung der strategischen IT-Planung (vgl. Kapitel 12). In diesem Fall wird auch von **Anwendungsdomänen** gesprochen.

Referenzarchitekturen mit unterschiedlichem Abstraktionsniveau

Sowohl zu einem Anwendungstyp, als auch zu einer Architekturdomäne kann eine Referenzarchitektur definiert werden. Während sie im ersten Fall die IT-Architekturen zugeordneten Informationssysteme detailliert beschreibt, weist die Referenzarchitektur einer Architekturdomäne in der Regel ein höheres Abstraktionsniveau auf, da Informationssysteme mit unterschiedlichen Anwendungstypen enthalten sein können.

Abbildung 4-3 verdeutlicht das Modell zur Architekturplanung an Hand Beispiels.

- Im Soll-IS-Portfolio eines Unternehmens werden drei Architekturdomänen definiert.

- In der Domäne 0 werden alle Informationssysteme zusammengefasst, die nicht in den Architekturmanagementprozess eingebunden sind. Damit wird die Fokussierung knapper Ressourcen erreicht. Gründe hierfür sind Kosten/Nutzen-Betrachtungen und Fragen der Ressourcenoptimierung von Architekturgruppen oder -teams.

---

[20] z.B. auf der Basis der zu Grunde liegenden Informationsobjekte, unterstützter Geschäftsprozesse, adressierter Zugangskanäle, usw.

- Im Soll-Portfolio sind ferner zwei Anwendungstypen definiert. Für beide ist die Entwicklung einer Referenzarchitektur geplant.

- Die Architekturdomänen 1 und 2 umfassen jeweils Informationssysteme zu beiden Anwendungstypen. Domäne 1 enthält außerdem Systeme, für die kein Anwendungstyp festgelegt ist.

- Für beide Domänen ist eine übergreifende Referenzarchitektur geplant, die durch Abstraktion und Vereinheitlichung der enthaltenen Architekturen entstehen soll.

- Anwendungstypen, die beiden Domänen zugeordnet sind, zeigen Abhängigkeiten auf, die bei der Architekturentwicklung berücksichtigt werden sollten.

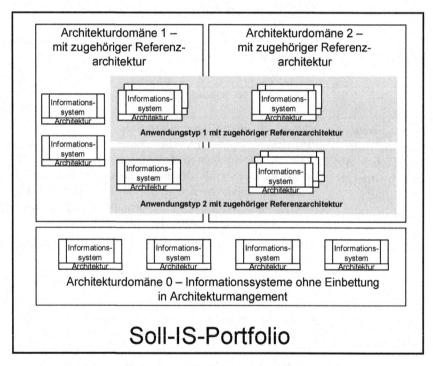

Abbildung 4-3:   IS-Portfolio und Architekturplanung

Auf diese Weise wird das IS-Portfolio eines Unternehmens genutzt, um die Entwicklung von IT-Architekturen übergreifend zu strukturieren. Daher muss die Definition der Architekturdomänen in Abstimmung mit dem Prozess des IS-Portfoliomanagement geschehen. Abbildung 4-4 verdeutlicht das Zusammenspiel der Prozesse Architekturmanagement und IS-Portfoliomanagement bei der Festlegung von Architekturdomänen.

Im IS-Portfoliomanagement werden fachliche Abhängigkeiten der Informationssysteme analysiert und der Lebenszyklus der Informationssysteme bestimmt. Realisierungsreihenfolgen werden definiert. Daraus werden Entwürfe des IS-Portfolios sowie der zur Umsetzung notwendigen Projekte abgeleitet. Mit Hilfe dieses Inputs werden Architekturdomänen abgegrenzt. Iterativ werden so das Soll-IS-Portfolio und das IT-Projektportfolio (vgl. Abschnitt 4.3) weiter entwickelt und die Architekturdomänen festgelegt.

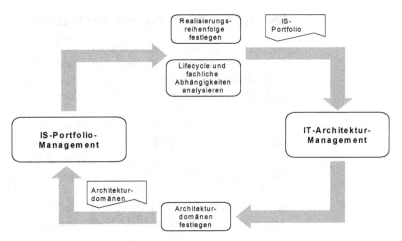

Abbildung 4-4:   Iterative Festlegung von Domänen

Fokussierung auf wichtige Architekturdomänen und Anwendungstypen

Architekturkompetenz und detailliertes Wissen und Erfahrung zur Anwendungslandschaft eines Unternehmens sind beschränkte Ressourcen. Diese Ressourcen müssen auf der Grundlage einer Kosten/Nutzenanalyse auf die wichtigsten Architekturentwicklungen konzentriert werden. Deshalb sollte die Art der Informationssysteme, die tatsächlich in den Architekturmanagement Prozess einbezogen werden, bei der Architekturplanung kritisch betrachtet werden. Hier spielt die Einschätzung des Reifegrades der Organisation hinsichtlich der Architekturgestaltung eine wesentliche Rolle. Versuche, alle Informationssysteme durch das Architekturmanagement abzudecken, sind ineffizient und führen nicht zum Erfolg. Wichtig ist Priorisierung und Konzentration – an welchen Punkten des IS-Portfolios macht Vereinheitlichung Sinn und wo wird auf die Einbindung in die Architekturplanung verzichtet, weil Kosten und Nutzen nicht in einem adäquaten Verhältnis stehen?

Hilfestellung kann hier die Bildung von Architekturdomänen und die Definition von Anwendungstypen leisten. Beispielsweise werden unternehmenskritische Anwendungen einbezogen, kleinere Anwendungen zur individuellen Datenverarbeitung geringer gewichtet.

4.1.2   Übergreifende Architektur- und Architekturreleaseplanung

Die Aufgabe der übergreifenden Architekturplanung besteht darin, Anwendungstypen und Informationssysteme so in Architekturdomänen zusammenzufassen, dass auf der Basis der verfügbaren Ressourcen eine sinnvolle, zielführende Steuerung von Architekturentwicklungen möglich wird. Eine solche Architektursteuerung setzt die Etablierung entsprechender Abstimmungsprozesse voraus (vgl. Kapitel 6). Wichtig für die übergreifende Steuerung ist aber auch, die für Architekturentwicklungen aus übergreifender Sicht geltenden Regeln zusammenzufassen und als Anforderung zu fixieren. Zu diesem Zweck können Architekturkonfigurationen gebildet werden, die an Architekturdomänen, Anwendungstypen oder IT-Architekturen geknüpft werden.

Architekturkonfiguration

Eine **Architekturkonfiguration** ist die Zusammenfassung grundlegender Eigenschaften, die für die Entwicklung einer IT-Architektur zu einer Architekturdomäne, einem Anwendungstypen oder einer einzelnen Anwendung gelten sollen. Sie legt fest, welche Prinzipien, Standards, Vorgaben, Richtlinien und Rahmenbedingungen für Architekturentwicklungen aus übergreifender Sicht gelten. Grundlage der Architekturkonfiguration sind die Architekturprinzipien. Sie umfasst die Festlegung technischer Rahmenbedingungen (wenn vorhanden, auf der Grundlage des gültigen Produktkataloges).

So kann beispielsweise in einer Architekturkonfiguration festgelegt sein, dass die Plattformspezifikation nach dem J2EE (Java 2

Enterprise Edition) Standard für eine vollständige Architekturdomäne gilt und dass die Implementierung eines bestimmten
Herstellers einzusetzen ist.

Produktkatalog

Als Produktkatalog wird ein systematisches Verzeichnis der eingesetzten Technologien, Produkte und Standards bezeichnet. Die
Reichweite dieses Kataloges kann vom Projekt bis zu einer übergreifenden Aufstellung der Technologien, Produkte und Standards gehen, die im Unternehmen eingesetzt werden. Der Katalog sollte in den Architekturprinzipien verankert sein.

Das Ergebnis der übergreifenden Architekturplanung muss mit
den betroffenen Softwareentwicklungsprojekten abgestimmt werden. Dabei wird die Architekturkonfiguration als Anforderung an
die Softwareentwicklung definiert. Die Herausforderung der
Architekturplanung besteht vor allem darin, Ressourcen so einzusetzen, dass für die wichtigsten Informationssysteme die
notwendigen Architekturenstände erarbeitet werden. Um dem
gerecht zu werden, werden Architekturreleases definiert und
geplant. Sie dienen dazu, Architekturanforderungen und Ressourcen so aufeinander abzustimmen, dass auf die Meilensteinpla-
nung der Softwareentwicklungsprojekte angepasste Architektur-
stände bereitgestellt werden können.

Abbildung 4-5 verdeutlicht das Vorgehen zur Architekturplanung.
In der *übergreifenden Architekturplanung* wird aus dem IS-Portfolio die Grobplanung von IT-Architekturen abgeleitet. Auf der
Grundlage der Prinzipien werden Architekturen Konfigurationen
zugeordnet. Sie bilden das Fundament für die Architekturreleaseplanung, die gemeinsam mit der Softwareentwicklung entwickelt
wird.

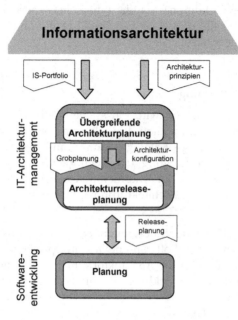

Abbildung 4-5:   Architekturplanung

Zusammenfassung Architekturplanung

Die Architekturplanung adressiert zwei Bereiche:

- Übergreifende Architekturplanung
  Planung und Steuerung von Architekturendomänen auf der Grundlage des IS-Portfolios

  Dies umfasst:
  - die Definition von Anwendungstypen
  - die Definition von Architekturdomänen
  - die Festlegung von Referenzarchitekturen
  - die Ableitung und Zuordnung von Architekturkonfigurationen

- Architekturreleaseplanung
  Planung von Entwicklungsständen zu IT-Architekturen

Formulierung der Architekturziele in der Sprache des Planungsmodells

Häufig werden Projekte zur Entwicklung von IT-Architekturen aufgesetzt, deren Zielsetzung die Entwicklung von Referenzarchitekturen für Anwendungstypen umfasst, ohne dass dies explizit formuliert ist. Parallel zu diesen Architekturprojekten werden Softwareentwicklungsprojekte durchgeführt. Im Laufe der Projekte geht zunehmend die Transparenz darüber verloren, für welche Informationssysteme die neue Architektur als Referenz gilt und für welche nicht. Letztendlich liegt am Ende die IT-Architektur für ein einzelnes Informationssystem vor, das Informationssystem, das gerade entwickelt wird. Die Anforderung, eine Referenzarchitektur zu entwickeln, ist im Laufe der Entwicklung untergegangen.

Aus diesem Grund sollte schon bei der Planung klar definiert und abgestimmt werden, welchen Zweck die Referenzarchitektur erfüllt, welche Anwendungstypen oder Domänen sie abdeckt und welche Informationssysteme durch diese Referenz strukturiert werden. Dies muss als Anforderung an die beteiligten Projekte fixiert werden. Auf diese Weise wird die Erfolgswahrscheinlichkeit für die Erreichung der Architekturziele erhöht.

Zusammenfassung des Planungsmodells

Das definierte Planungsmodell wird durch Abbildung 4-6 zusammengefasst. Sie ordnet die Bausteine der Architekturplanung mit Hilfe eines UML-Klassenmodells.

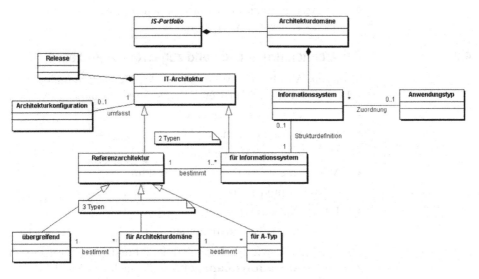

Abbildung 4-6:   Metamodell zur Architekturplanung

Das UML-Diagramm dokumentiert die Eigenschaften des Modells zur Architekturplanung:

1. IT-Architekturen zerfallen in zwei Typen:
   - konkrete Architektur eines Informationssystems,
   - Referenzarchitektur, die standardisierende Wirkung für mehrere Informationssysteme hat.

2. Referenzarchitekturen gelten für
   - alle Systeme zu einem Architekturtyp oder
   - alle Systeme innerhalb einer Architekturdomäne oder
   - übergreifend über Domänen und Typen.

3. Die Architekturhierarchie reicht von einer übergreifenden Referenzarchitektur bis hinab zur IT-Architektur eines einzelnen Informationssystems.

4. Jedem Informationssystem kann ein Anwendungstyp zugeordnet sein.

5. Jedes Informationssystem ist einer Architekturdomäne zugeordnet.

6. Das IS-Portfolio wird durch Architekturdomänen strukturiert.

7. Eine IT-Architektur kann mehrere Architekturreleases umfassen.

8. Jeder IT-Architektur kann eine Architekturkonfiguration zugeordnet werden.

9. Referenzarchitekturen entstehen top-down, bottom-up oder nach gemischten Vorgehen.

4.2   Die Architekturpyramide und zugeordnete Prozesse

In diesem Abschnitt werden die der Architekturpyramide (s. Abb. 1-1) zugeordneten IT-Prozesse betrachtet. Dies sind:

- Geschäftsprozessmanagement
- IS-Portfoliomanagement
- IT-Architekturmanagement
- Management der IT-Basisinfrastruktur
- Softwareentwicklung
- Infrastrukturentwicklung
- IT-Projektportfoliomanagement

Diese Prozesse werden nun definiert. Ergänzend wird der Prozess des **Innovationsmanagement** betrachtet. Der Prozess des Geschäftsprozessmanagement wird dann nicht weiter detailliert, da er keine Schnittstellen zum Prozess des IT-Architekturmanagement besitzt[21].

Prozesse im Umfeld des IT-Architekturmanagement

Als **Geschäftsprozessmanagement** bezeichnet man das aktive Betreiben eines Geschäftsprozessmodells zum Zwecke der ganzheitlichen Gestaltung aller im Unternehmen ablaufenden Geschäftsprozesse einschließlich ihrer Schnittstellen nach außen.

Der Prozess des **IS-Portfoliomanagement** wird durch Veränderungen und Anforderungen innerhalb und außerhalb eines Unternehmens ausgelöst. Innerhalb des Prozesses werden die Auslöser in ihrer Wirkung auf das IS-Portfolio analysiert und bewertet. Daraus werden Beschreibungen des Soll-IS-Portfolios abgeleitet.

Der Prozess des **IT-Projektportfoliomanagement** definiert, analysiert und bewertet die IT-Projekte, die zur Überführung des Ist- in das Soll-Informationssystem-Portfolio durchgeführt werden.

Der **Softwareentwicklungsprozess** ist die abgestimmte Folge von Aktivitäten, die zur Spezifikation, Realisierung und Einführung von Informationssystemen durchgeführt wird. Die Durchführung des Prozesses wird durch einen Entwicklungsauftrag ausgelöst und erzeugt eine abgenommene Version eines Informationssystems.

Der Prozess zum **Management der IT-Basisinfrastruktur** ist darauf ausgerichtet, die für die Entwicklung, den Test und die Produktion von Informationssystemen notwendige Basisinfrastruktur bereitzustellen, so dass vereinbarte Service Level sichergestellt sind. Teil des Prozesses sind die Entwicklung der Plattform- und der Security-Strategie. Der Prozess umfasst die Planung der Weiterentwicklung der Infrastruktur.

Der Prozess der **Infrastrukturentwicklung** ist die Aktivitätenfolge zur Weiterentwicklung der IT-Basisinfrastruktur auf der Grundlage von Technologiestrategie, Plattformstrategie und Securitystrategie.

---

[21] Ausführungen zum Geschäftsprozessmanagement findet der Leser in [BECK2005] und [SCHME2006]

Die systematisierte Beobachtung und Bewertung von Entwicklungen und Innovationen der Informations- und Kommunikationstechnologie und deren Projektion auf das IS-Portfolio wird als **Prozess des Innovationsmanagement** in der IT verstanden. Die Bewertung zeigt auf, welche geschäftlichen Möglichkeiten sich aus dem Technologieeinsatz ergeben und stellt diesen Nutzen einer systematischen Wirkungsanalyse auf die Elemente des Ist-IS-Portfolios gegenüber. Gegebenenfalls löst dieser Prozess die Durchführung von Erprobungsszenarien (i.S.v. F+E Projekten) oder Architekturanalysen im Architekturmanagement aus, die weitergehende Informationen und Bewertungsgrundlagen für Nutzung und Einsatz im Unternehmen liefern. Der IT-**Architekturmanagenent-Prozess** liefert Architekturplanungen, IT-Architekturen und Architekturanalysen, die auf die Weiterentwicklung des Ist-IS-Portfolios, die dahinter liegenden Business Cases und die übergreifenden Anforderungen der Informationsarchitektur ausgerichtet sind. Auslösende Anforderungen entstehen in den Prozessen IS-Portfoliomanagement, Innovationsmanagement oder werden durch das IT-Management eingebracht. Architekturanforderungen sind entweder auf die Entwicklung eines spezifischen Informationssystems bezogen oder sind übergreifender Natur.

Übergreifende Architekturanforderungen umfassen alle nicht-funktionalen und funktionalen Anforderungen, die nicht direkt aus den Business Cases abgeleitet sind. Dies sind Anforderungen folgender Art:

- Nicht-funktionale Anforderungen, die für mehrere Systeme im IS-Portfolio gelten
- Funktionale Anforderungen, die für mehrere Informationssysteme gelten. Sie ergeben sich aus der Business Architektur
- Architekturprinzipien
- Anforderungen, die durch Stakeholder wie die IT-Produktion eingebracht werden

Ergänzend wird folgende Definition getroffen:

IT-Management wird als der Prozess verstanden, der Entscheidungen zur Informationsarchitektur, zum IT-Projektportfolio und der IT-Basisinfrastruktur auf der Grundlage der Business Architektur eines Unternehmens herbeiführt. Er stellt das Controlling der Aktivitäten der IT auf Effizienz und Effektivität sicher (IT-Controlling).

4.2.1   **IS-Portfolio- und Architekturmanagement**

Ausgehend von der Architekturpyramide wird ein Blick auf die Abhängigkeiten von IS-Portfoliomanagement und IT-Architekturmanagement geworfen. Beide Prozesse sind mit unterschiedlicher Perspektive auf die Umsetzung der Informationsarchitektur ausgerichtet. Das IS-Portfoliomanagement fokussiert auf die Entwicklung eines auf die Business Architektur ausgerichteten IS-Portfolios, das auf der Basis gegebener und zukünftiger IT-Architekturen umgesetzt werden kann. Das Architekturmanagement ist auf die Entwicklung von IT-Architekturen ausgerichtet, die die Umsetzung des Soll-IS-Portfolios in der aktuellen und der zukünftigen IT-Basisinfrastruktur nach den Maßgaben der Architekturprinzipien ermöglichen.

Das IS-Portfoliomanagement ist auf Analysen und Bewertungen durch ein Architekturmanagement angewiesen, um realisierbare Soll-Portfolios zu definieren. Umgekehrt ist das Architekturmanagement auf die Beschreibung und Analyse des IS-Portfolio angewiesen, um eine sinnvolle übergreifende Architekturplanung aufstellen zu können und so das Alignment der IT-Architekturen mit dem IS-Portfolio sicherzustellen.

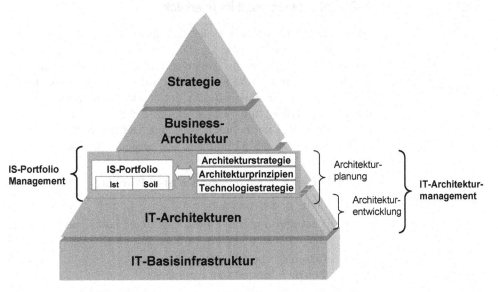

Abbildung 4-7:   Abgrenzung Architekturmanagement

4.3 IS-Portfoliomanagement

> *"Carefully check that your enterprise has the culture and collaborative environment to implement a planning methodology in the area of application strategy planning (IS-Portfoliomanagement, A.d.A).*
>
> *...*
>
> *Communicate, communicate, communicate your selected approach toward application strategy planning to the business and IT people who will have to work with the application planning methodology."*
>
> *Giga Group, 2002 [GIGAHoppe-3]*

In diesem Abschnitt werden Wege zur Aufstellung, Analyse und Bewertung eines IS-Portfolios aufgezeigt. Nach einem kurzen Überblick werden die Prozessschnittstellen des IS-Portfoliomanagement zu anderen Prozessen analysiert. Dann werden Dimensionen und Metriken zur Analyse und Bewertung des IS-Portfolios diskutiert. Einen vollständigen Workflow zum IS-Portfoliomanagement findet der Leser in Kapitel 7.

4.3.1 IS-Portfoliomanagement im Überblick

Das Soll-IS-Portfolio bildet die Landkarte der geplanten Kern- und Servicesysteme. Diese Landkarte umfasst die Bewertung im Hinblick auf geschäftliche Dimensionen – wie Prozess- und Produktunterstützung – und im Hinblick auf technische Aspekte. Im Falle einer Unternehmensfusion ergibt sich eine neue Version des Soll-Portfolios zum Beispiel durch Analyse der Ist-Portfolios der beteiligten Unternehmen und der Definition ihrer Weiterentwicklung auf der Grundlage der neuen Unternehmenszielsetzung.

Folgende Faktoren wirken auf das Ist-IS-Portfolio:

- Fachliche Anforderungen
  - Veränderungen der Business-Architektur – insbesondere der Prozessarchitektur und der Business-Treiber
  - Geschäftliche Innovationen
    Beispiel: Produktinnovationen
  - Veränderungen des geschäftlichen Umfeldes
    Beispiel: veränderte Vertriebswege

- Veränderungen gesetzlicher Rahmenbedingungen
  Beispiel: Riester-Rente in der Finanzdienstleistungsindustrie
- Technische Anforderungen
  - Veränderungen der Technologiestrategie
  - Technische Notwendigkeiten und Optimierungen:
    Beispiel: Umstellung auf neues Betriebssystem
  - Innovationen der Informations- und Kommunikationstechnologie
    Beispiel: Zugangstechnologie Internet

Zyklischer Verlauf Durch die fortlaufende, an den Geschäfts- und IT-Zielen orientierte Projektion dieser Anforderungen auf das Ist-IS-Portfolio entsteht das Soll-IS-Portfolio. Die Projektion wird durch die Interpretation von Anforderungen in Bezug auf existierende oder mögliche neue Informationssysteme durchgeführt. Die Interpretation bedient sich ausgewählter Dimensionen zur Analyse des geschäftlichen Wertes, des technischen Zustandes, des Risikos sowie der finanziellen Wirkungen.

Die zentralen Fragestellungen der Portfolioanalyse lauten:

- Wie kann eine Anforderung durch die Weiterentwicklung von Informationssystemen abgedeckt werden? Wie ist diese Weiterentwicklung aus der Sicht der gewählten Analysedimensionen zu bewerten? Wie sollte die Weiterentwicklung durchgeführt werden?

- Muss die Anforderung durch neue Informationssysteme umgesetzt werden? Wie ist die Einführung neuer Informationssysteme aus der Sicht der gewählten Analysedimensionen zu bewerten? Wie sollte die Entwicklung und Einführung durchgeführt werden?

Abbildung 4-8 stellt den zyklischen Verlauf des IS-Portfoliomanagement dar.

Verfahren zur Wirkungsanalyse Die Bewertung von Veränderungen und Anforderungen an das IS-Portfolio beruht auf der Priorisierung von Weiter- oder Neuentwicklungsoptionen. Sie nutzt ausgewählte Dimensionen zur Analyse, die zum Teil durch die Einführung von Metriken operrationalisiert werden können.

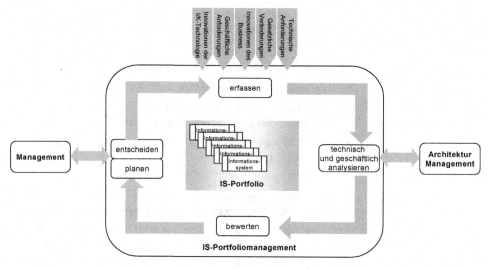

Abbildung 4-8:   Verlauf des IS-Portfoliomanagements

Funktionen des
IS-Portfolio-
management

Das IS-Portfoliomanagement umfasst folgende Funktionen:

1. Auswahl der Dimensionen und Metriken zur Analyse und Bewertung von Portfolioobjekten

2. Beschreibung des Ist-IS-Portfolios

3. Erfassung von Veränderungen und Anforderungen, die auf das Ist-IS-Portfolio wirken

4. Analyse von Portfolioobjekten, Anforderungen und Handlungsalternativen nach den definierten Dimensionen

5. Ableitung von Optimierungsmaßnahmen

6. Definition eines Soll-IS-Portfolios einschließlich der Bewertung und Priorisierung zur Unterstützung von Investitionsentscheidungen

7. Maßnahmenplanung für den Übergang vom Ist- zum Soll-Portfolio

IS-Portfolio und
IT-Projektportfolio

Die Maßnahmen zur Überführung des Ist- in das Soll-IS-Portfolio werden in Form von IT-Projekten (Infrastrukturentwicklungs-, Architektur-, Softwareentwicklungs-, Organisationsprojekte) realisiert. Das IS-Portfolio bildet daher die Grundlage für das IT-Projektportfolio. Abbildung 4-9 stellt diesen Zusammenhang dar.

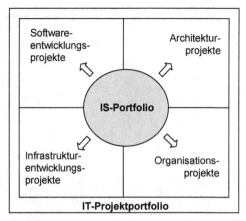

Abbildung 4-9:   IS-Portfolio, Grundlage des IT-Projektportfolios

4.3.2   Schnittstellen des IS-Portfoliomanagement

Analyse, Bewertung und Planung eines IS-Portfolios müssen immer auf dem Hintergrund weiterer Prozesse in der IT gestaltet werden. Diese Prozesse sind implizit oder explizit definiert und werden zentral oder dezentral, systematisch oder unsystematisch, geplant oder ungeplant durchgeführt. Die Definition und Umsetzung der Prozessschnittstellen ist wesentlich für die erfolgreiche Gestaltung des IS-Portfoliomanagement.

Prozessschnittstellen bestehen zum IT-Architekturmanagement, zum IT-Projektportfoliomanagement, zum Management der IT-Basisinfrastruktur und zum Innovationsmanagement. Entlang dieser Prozessschnittstellen werden grundlegende Ergebnisse ausgetauscht, die für das Management des IS-Portfolio essenziell sind. In den Abbildungen 4-10 bis 4-12 werden Prozess-Schnittstellen aus folgender Perspektive dargestellt:

- Erfassung von Anforderungen
- Technische Analyse
- Anpassung des IT-Projektportfolios

Das IT-Architekturmanagement unterstützt die technische Analyse des IS-Portfolios durch die Bereitstellung von Architektur- und Infrastrukturanalysen. Das IS-Portfolio bildet umgekehrt die Grundlage der Architekturplanung und der Infrastrukturplanung. Abbildung 4-11 zeigt das Zusammenspiel der Prozesse bei der technischen Analyse.

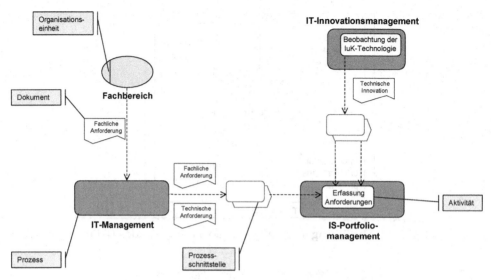

Abbildung 4-10: Erfassung technischer und fachlicher Anforderungen

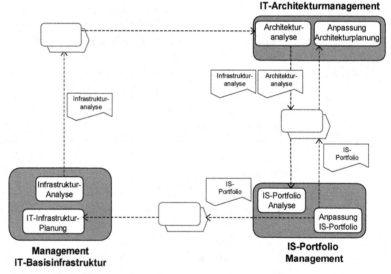

Abbildung 4-11: Technische Analyse

Aufgabe des IT-Projektportfoliomanagement ist die Planung und Bewertung von IT-Projekten zur Weiterentwicklung der Anwendungslandschaft. Das IS-Portfolio bildet hierfür die Grundlage und wird ergänzt durch die Architekturplanung und die Infrastrukturplanung. Abbildung 4-12 stellt die Zusammenhänge aus Sicht des IT-Projektportfoliomanagement dar.

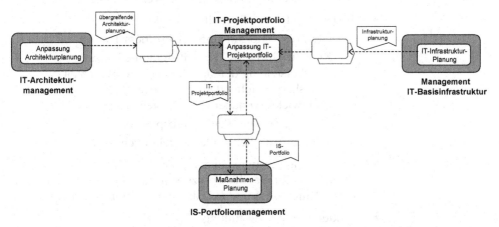

Abbildung 4-12:   Anpassung des IT-Projektportfolio

4.3.3   Dimensionen zur Analyse und Bewertung eines IS-Portfolios

„Although everyone wants their systems to reflect modern architectural principles, few take the necessary first step. A detailed understanding of current systems is a prerequisite to modernization."

Gartner Group 2003 [Gartner03-1]

Dimensionen und Metriken werden definiert, um die systematische, nachvollziehbare Analyse und Bewertung des IS-Portfolios zu unterstützen. Dies umfasst die Analyse und Bewertung:

- des aktuellen IS-Portfolios (Ist-IS-Portfolio),
- von Anforderungen, die auf das Ist-IS-Portfolio wirken,
- von Optionen zur Gestaltung des Soll-IS-Portfolios zur Umsetzung von Anforderungen.

Im Folgenden werden verschiedene Dimensionen zur Analyse und Bewertung des IS-Portfolios vorgestellt. Zunächst werden Dimensionen zur Analyse des geschäftlichen Wertes aufgelistet.

Geschäftlicher Wert: Business Alignment

- Wirkung eines Totalausfalls des Systems und Zeit, innerhalb der das System wieder hergestellt werden muss

- Bedeutung für die Geschäftsstrategie, d. h.
  - Grad der Unterstützung der Business-Treiber
  - Klassifizierung der Geschäftsfeldunterstützung
    - Sicherstellung der aktuellen Geschäftstätigkeit
    - Ausbau bestehender Geschäftsfelder
    - Entwicklung neuer Geschäftsfelder
  - Wirkung auf die Wettbewerbsposition
  - Wirkung auf die Kundenbeziehungen

- Geschäftsprozessunterstützung
  Zuordnung zu Geschäftsprozessen und Business-Funktionen, deren Durchführung durch die Systeme unterstützt wird

- Produktgruppenzuordnung
  Zuordnung zu Produktgruppen, die durch Funktionen des Informationssystems adressiert werden

- Zugangskanalunterstützung[22]
  Zuordnung zu Zugangskanälen, über die geschäftliche Transaktionen unter Nutzung des Informationssystems durchgeführt werden

- Nutzergruppenunterstützung
  Zuordnung zu Nutzergruppen, die Transaktionen mit der Anwendung durchführen einschließlich des Nutzungsgrades

- Informationsbedarf
  Zuordnung zum Informationsbedarf der unterstützten Geschäftsprozesse[23]

- Klassifizierung der Anforderungen an die Informationssicherheit des Systems

---

[22] Unter einem **Zugangskanal** wird eine Kombination einer Zugangstechnologie mit einer Anwendergruppe verstanden, die unter Nutzung dieser Technologie mit einem Unternehmen interagiert. Beispiele: „Kunde via Internet"; „Generalagent via Extranet".

[23] Existiert ein übergreifendes Referenzmodell – zum Beispiel ein Unternehmensdatenmodell – geht es hier ein.

- Geografische Verteilung
  Verteilung von Instanzen eines Informationssystems auf verschiedene Lokationen

Geschäftlicher Wert: Finanzorientierte Kriterien, z. B.

- Kosten

- Rentabilität

- Amortisationsdauer

- Einsparpotenzial

Zur Analyse des technischen Zustandes können u. a. folgende Dimensionen heran gezogen werden:

Technischer Zustand:

- Anwendungstyp des Informationssystems

- Unterstützte Zugangstechnologie

- IT-Architektur: Struktur, Ausrichtung auf Architekturprinzipien und Technologiestrategie

- Zielplattform und Einbettung in die IT-Basisinfrastruktur

- Wartbarkeit des Systems und Verfügbarkeit von Knowhow

- Performance

- Zustand des Quellcodes

Als weitere Analysedimensionen können die Position im Lebenszyklus und das Risiko genutzt werden. Abbildung 4-13 fasst die Analysedimensionen zusammen.

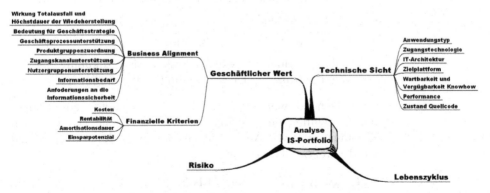

Abbildung 4-13: Dimensionen zur Bewertung von Informationssystemen im Rahmen der IS-Portfolioanalyse

Sichten auf das IS-Portfolio

Durch die Kombination der Analysedimensionen entstehen Sichten auf das IS-Portfolio, die zu seiner Visualisierung und Optimierung bzw. Weiterentwicklung herangezogen werden. Zum Beispiel:

- stand bei der Darstellung des IS-Portfolios der Fantasia Versicherung (vgl. Abb. 3-1) die Aufstellung nach Produktgruppen und Geschäftsprozessen im Vordergrund

- verschafft eine Analyse nach Risiko und geschäftlichem Wert einen Überblick, um mögliche Korrekturen der Positionierung der Portfolioobjekte vorzunehmen

- können aus der Kombination von Zugangskanal und Anwendungstyp Realisierungsoptionen abgeleitet werden

- können sinnvolle Kombinationen von Zugangskanal und Produktgruppe nach finanziellen Aspekten und Risiko bewertet werden

Aufstellung Ist-IS-Portfolio

Die Erstellung eines Ist-IS-Portfolios kann somit zum Beispiel in folgenden Schritten durchgeführt werden:

- Bestandsaufnahme – Erfassung und Beschreibung des geschäftlichen Zweckes der Kern- und Servicesysteme.

- Grobanalyse der Schnittstellen und Informationsflüsse (Erstellung Kontextdiagramm)

- Analyse des geschäftlichen Wertes
  - Business Alignment
  - Finanzanalyse – welche Gesamtkosten verursachen Entwicklung, Wartung und Betrieb der Anwendung? Wie ist die Rentabilität der getätigten Investition zu beurteilen?

- Lebenszyklusanalyse

- Analyse des technischen Zustandes

- Risikoeinordnung – welche Risiken sind zukünftig mit der weiteren Nutzung der Anwendung verbunden?

Im Folgenden werden beispielhaft Möglichkeiten zur Analyse und Bewertung der Portfolio-Objekte vorgestellt. Dazu werden Kombinationen von Analysedimensionen gebildet und so Sichten auf das IS-Portfolio erzeugt.

Sicht geschäftlicher Wert / Risiko

Für die Analyse und Bewertung des geschäftlichen Wertes eignet sich besonders das Kriterium „Business-Treiber" in Kombination mit dem Risiko. Eine einfache Bewertungsmetrik kann z. B. definiert werden, indem die Unterstützung der Business-Treiber durch das Informationssystem auf eine Skala (z. B. 1 = niedrig; 10 = hoch) abgebildet wird.

Werden mehrere Dimensionen zur Bewertung des Business Alignment auf diese Weise im Sinne einer klassischen Nutzwertanalyse zusammengefasst, ergibt sich für das Portfolioobjekt ein Gesamtwert, der mit Dimensionen wie dem Risiko in Beziehung gesetzt und visualisiert werden kann.

	Gewichtung des Treibers	IS-Portfolioobjekt 1	IS-Portfolioobjekt 2	IS-Portfolioobjekt 3	IS-Portfolioobjekt 4	Summe
Business-Treiber A						
Business-Treiber B						
Business-Treiber C						
Summe						

Abbildung 4-14: Unterstützung Business-Treiber

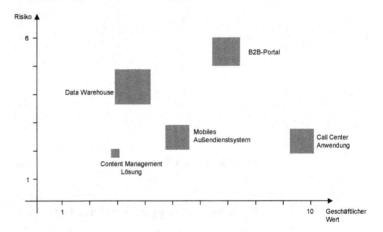

Abbildung 4-15: Wert-/Risikoeinordnung von Portfolioobjekten

In Abbildung 4-15 sind ausgewählte Informationssysteme eines Versicherungsunternehmens in Bezug auf Risiko und Wert visua-

75

lisiert. Die Fläche jedes Eintrags stellt das bereits getätigte bzw. das notwendige Investitionsvolumen dar. Aus der Analyse ergeben sich unmittelbar folgende Optimierungsnotwendigkeiten

- Das Data Warehouse ist falsch positioniert. Risiko und Finanzvolumen stehen in Bezug auf den geschäftlichen Wert in ungünstigem Verhältnis.

- Es sollten Maßnahmen zur Risikoreduktion beim B2B-Portal ergriffen werden

Business Support Maps

Nachfolgend werden exemplarisch weitere Sichten zur Strukturierung des IS-Portfolios dargestellt. Die hierbei verwendeten Matrixdarstellungen werden häufig auch als Business Support Maps bezeichnet.

Sicht Produktgruppe / Geschäftsprozess

Mit dieser Sicht wird das Portfolio nach Produktgruppen und Prozessen strukturiert. Abbildung 4-16 zeigt ein Portfolio, in dem ein System „IS1" die Produktgruppe „PG1" abdeckt und die Geschäftsprozesse 1 und 2 unterstützt.

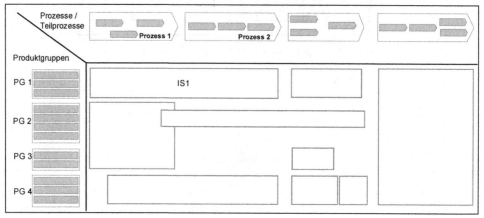

Abbildung 4-16: Strukturierung nach Produktgruppen und Prozessen

Sicht Nutzergruppe / Anwendungstyp

Diese Sicht unterstützt die Analyse des Portfolios nach dem zugeordneten Anwendungstyp und der durch die betrachteten Systeme adressierten Nutzergruppen. Abbildung 4-17 zeigt das Informationssystem 1. Die Nutzergruppen 3, 6 und 7 werden unterstützt. Das System hat den Anwendungstyp 3.

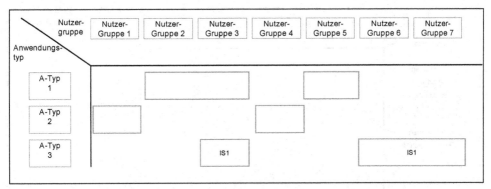

Abbildung 4-17: Strukturierung nach Nutzergruppe und Anwendungstyp

Sicht Prozess / Informationsbedarf

Mit dieser Sicht wird das Portfolio entlang des Informationsbedarfs der unterstützten Prozesse analysiert. Der Informationsbedarf kann auf verschiedene Weisen ausgedrückt werden:

• Existiert eine übergreifende Darstellung der Informationssysteme, ihrer Schnittstellen und Informationsflüsse, bildet sie
die Grundlage der Analyse

• Existiert ein Referenzdatenmodell oder ein Referenzobjekt-
modell, bildet dieses die Grundlage der Analyse.

Grundlage der
Integrations-
strategie

Die Analyse des Informationsbedarfs der Prozesse, die Zuordnung zu Systemen, die die Informationen liefern bzw. liefern sollen und der dazu notwendige Informationsfluss bilden die
Grundlage für die Formulierung der Integrationsstrategie im Soll-
IS-Portfolio.

Abbildung 4-18 zeigt das Portfolio eines Unternehmens, das
über ein Referenzmodell mit Kerngeschäftsobjekten verfügt. In
der Referenzarchitektur sind Kernobjekte in den Bereichen Produktmanagement, Vertragsmanagement, Wertbewegung und
Partnermanagement definiert. Das Informationssystem 1 unterstützt Business Transaktionen zur Durchführung der Prozesse 1
und 2. Dabei werden Produktinformationen, Rechtsgeschäfts-
und Vertragsinformationen, sowie Partner- und Adressinformatio-
nen verarbeitet.

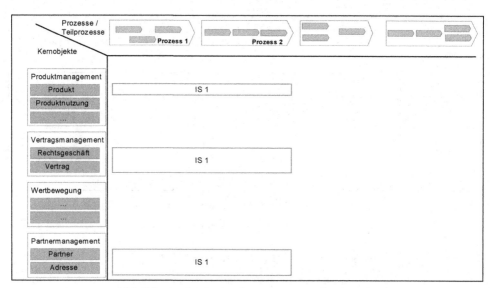

Abbildung 4-18: Strukturierung nach Kernobjekten und Prozessen

Sicht Prozess / Zugangskanal

Diese Sicht unterstützt die Analyse eines Portfolios nach der Zugangskanalunterstützung in Bezug auf die unterstützten Geschäftsprozesse. Abbildung 4-19 zeigt das Informationssystem IS 1, das die Durchführung der Prozesse 1 und 2 über die Zugangskanäle 2 und 3 unterstützt.

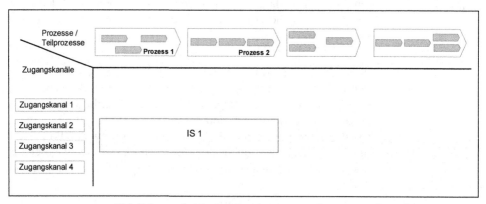

Abbildung 4-19: Strukturierung nach Zugangskanälen und Prozessen

4.3.4   Werkzeugunterstützung für das IS-Portfoliomanagement

> *„Die heute geübte Praxis, die IT-Architektur durch Dia-*
> *gramm- oder Modellierungswerkzeuge zu visualisieren,*
> *kann den Anforderungen nicht genügen. Wesentliche Zu-*
> *sammenhänge werden so nicht erfasst, wichtige Inhalte*
> *sind ausschließlich auf Diagrammen und damit nicht*
> *durchgängig und unmittelbar verfügbar. Die Modellierung*
> *von komplexen IT Landschaften erfordert einen zu hohen*
> *Zeitaufwand und den Einsatz begrenzt zur Verfügung*
> *stehender und teurer Experten. Daneben fehlt diesen Werk-*
> *zeugen die Möglichkeit einer prozessgestützten, kontinuier-*
> *lichen Planung. ...“*
>
> *alfabet AG 2006 [alfabet06-1]*

Aufgrund der zunehmenden Bedeutung eines mit dem IT-Architekturmanagement verzahnten, systematischen IS-Port-foliomanagements für das Business Alignment der IT hat sich in den letzten Jahren ein Markt für die Werkzeugunterstützung dieses Prozesses entwickelt.

Solche Werkzeuge unterstützen auf der Basis der in 4.3.3 dargestellten Dimensionen und Sichten das systematische Management des IS-Portfolios. Diese Werkzeuge unterstützen die Verzahnung mit dem IT-Architekturmanagement und dem IT-Projektportfoliomanagement. Eine hervorragende Analyse und Bewertung dieser sogenannten EAM-Werkzeuge[24] findet der Leser in [EAM2005].

Ist Ihr Unternehmen bereit für ein EAM-Werkzeug?

Der Einsatz von EAM-Werkzeugen zur Unterstützung eines ganzheitlichen, unternehmensweiten IS-Portfolio- und IT-Architekturmanagement ist dann erfolgreich, wenn diese Prozesse erfolgreich im Unternehmen implementiert sind und auch dauerhaft gelebt werden. Hier geht es vor allem darum, die Zusammenarbeit der Rollen IT-Architekt, IS-Owner, IS-Verantwortlicher und Business Architekt zu organisieren.

---

[24] EAM = Enterprise Architecture Management

Ziel ist die Implementierung der Prozesse, so dass die zu Grunde liegenden Artefakte gemeinsam definiert, abgestimmt und aktualisiert werden. Ohne diese Zusammenarbeit kommt es schnell zum Veralten der im Werkzeug abgelegten Information. Das Werkzeug wird kann in diesem Fall zur Fehlinvestition werden.

4.4   IS-Portfolioanalyse zur Multikanalstrategie der Fantasia Versicherung

Im dritten Kapitel wurde die bestehende Anwendungslandschaft der Fantasia Versicherung dargestellt. Die Sicht „Produktgruppe vs. Prozessarchitektur" wurde beschrieben. Die Eckpfeiler der Multikanalstrategie des Unternehmens wurden dargestellt. In diesem Abschnitt wird die Analyse des IS-Portfolios aus Sicht der Multikanalstrategie vertieft. Sie erfordert die Festlegung des Soll-IS-Portfolios entlang der in Kapitel 3 definierten Grobplanung. Folgende Punkte sind zu berücksichtigen:

1. Neue Informationssysteme und Komponenten sollen eingeführt werden
   - B2B-Portal für Lebensversicherungsprodukte
   - B2C-Portal
   - Übergreifendes Content Management System
   - Integrationslösung

2. Zugangskanäle sind definiert
   - Bankmitarbeiter via Extranet
   - Makler via Internet
   - CC Mitarbeiter via Intranet
   - Kunde via Internet

3. Bestehende Systeme werden abgelöst
   - Das bestehende Content Management System wird ersetzt
   - Der bestehende Web-Auftritt wird durch ein transaktionsorientiertes B2C-Portal ersetzt

4. Bestehende Informationssysteme werden adaptiert
   - Die Backend-Systeme werden zur Anbindung in die Integrationslösung angepasst

Bevor das Soll-Portfolio dargestellt wird, soll kurz beleuchtet werden, wie es zur Entscheidung für den Aufbau von Portalen zur Unterstützung der ausgewählten Zugangskanäle kam. Hier wurden zwei Alternativen untersucht und bewertet.

- Alternative 1 – Unterstützung der Prozesse durch Portale
- Alternative 2 – Unterstützung mittels Service-orientierter Informationsbereitstellung. Sie erlaubt dem Vertriebspartner, durch die Versicherung bereitgestellte Funktionen aus eigenen Systemen anzusprechen. Die Funktionen liefern Informationen, die zur Durchführung der Prozesse durch den Vertriebspartner notwendig sind. Der Zugriff erfolgt mittels einer Zugangstechnologie wie Web Services.

Es wurde also prinzipiell zwischen der Implementierung zweier Anwendungstypen entschieden. Die Bewertung der organisatorischen und technischen Machbarkeit (1 = Erfolgswahrscheinlichkeit hoch, 6 = gering) wurde nach Zugangskanal und Anwendungstyp vorgenommen. Tabelle 4-1 zeigt das Ergebnis der Bewertung.

Der Anwendungstyp Portal wurde mit geringerem Risiko bewertet. Deshalb wurde festgelegt, Informationssysteme dieses Typs aufzubauen.

Abbildung 4-20 zeigt die Entwicklung Soll-IS-Portfolios aufgrund des gewählten Stufenplans zur Umsetzung der Multikanalstrategie. Die Abbildung zeigt die Strukturierung aus der Sicht Prozess / Produktgruppe.

Tabelle 4-1:   Priorisierung von Anwendungstypen zur Multikanalstrategie

Anwendungstyp / Zugangskanal	Bank via Extranet	Makler via Internet	CC Mitarbeiter via Intranet	Kunde via Internet
Unternehmensportal	3	4	2	6
Serviceorientierte Informationsbereitstellung	5	5	entfällt	entfällt

Abbildung 4-20: Stufen des Soll-IS-Portfolios nach Produktgruppen und Prozessen

In Abbildung 4-21 ist das Soll-IS-Portfolio aus der Sicht Prozess/Zugangskanal/Anwendungstyp dargestellt. Die Anwendungstypen sind aus der Architekturplanung übernommen. Zusätzlich sind wesentliche Nutzungsbeziehungen und die Zuordnung zum Stufenplan hervorgehoben.

4.5 Architekturplanung bei der Fantasia Versicherung

Die Umsetzung der Multikanalstrategie erfordert die Entwicklung einer übergreifenden Architektur, die den Rahmen für den Auf- und Umbau der betroffenen Informationssysteme setzt. Deshalb wird eine Architekturdomäne „Multikanalplattform" definiert, für die eine Referenzarchitektur entwickelt werden soll. Rahmenbedingungen für die Festlegung der Domäne:

- Die zu integrierenden Backend-Systeme müssen so angepasst werden, dass Transaktionen aus den verschiedenen Zugangskanälen unterstützt werden. Deshalb wird ein neuer Anwendungstyp („Integrationsfähiges Backend-System") definiert, der die Eigenschaften eines angepassten Backend-Systems festlegt. Für diesen Anwendungstyp soll eine eigene Referenzarchitektur erarbeitet werden, die für alle Umstellungen von Backendsystemen gilt.

- Analog wird ein Anwendungstyp „Transaktionsorientiertes Portal mit Backend-Integration" festgelegt. Die Referenzarchitektur des Anwendungstypen wird als Portalarchitektur bezeichnet.

- Die übergreifende Integrationslösung (Integrationsbroker) zur flexiblen Verbindung der Portale mit den Backend-Systemen wird über eine eigens zu entwickelnde Architektur definiert. Der Rahmen wird durch die Referenzarchitektur der Domäne definiert.

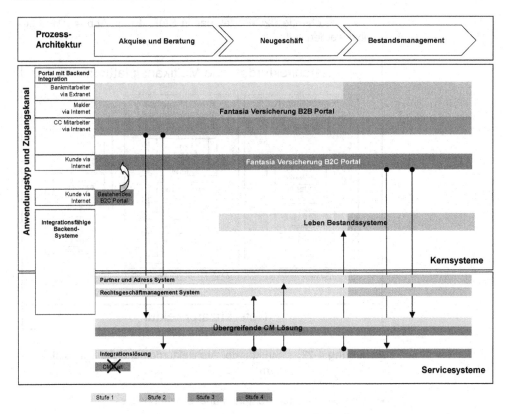

Abbildung 4-21: Stufen des Soll-IS-Portfolios nach Anwendungstyp, Zugangskanal, Prozessen und Nutzungsbeziehungen[25]

- Die übergreifende Content Management-Lösung, die Redaktions- und Bereitstellungsprozesse von Inhalten für alle geplanten Portale unterstützen wird, basiert auf einer ebenfalls noch zu entwickelnden Architektur. Der Rahmen wird durch die Referenzarchitektur der Domäne definiert.

Daraus ergibt sich der Umfang der Architekturdomäne „Multikanalplattform". Sie umfasst:

- alle Informationssysteme, die zur Einbindung in das Portal angepasst werden müssen

- alle geplanten Portale mit dem Anwendungstyp „Transaktionsorientiertes Portal mit Backend-Integration"

---

[25] Stufen analog zu Abbildung 4-20

- das bestehende B2C-Portal, das in Stufe 4 (vgl. Abb. 4-21) abgelöst werden soll

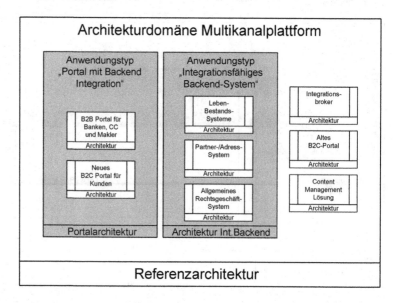

Abbildung 4-22:   Struktur der Architekturdomäne „Multikanalplattform"

- die übergreifende Content Management Lösung

- den Integrationsbroker

Die Architekturenentwicklung für alle in der Architekturdomäne enthaltenen Systeme wird durch den Prozess Architekturmanagement koordiniert. Die Referenzarchitektur zur Multikanalplattform liefert den übergeordneten Rahmen für:

- die Entwicklung der Portalarchitektur für das B2B-Portal für Bankmitarbeiter, Makler und Call Center-Mitarbeiter

- die Weiterentwicklung der Portalarchitektur für das B2C-Portal

- die Architekturentwicklung für die Integrationslösung

- die Architekturentwicklung zur übergreifenden Content Management-Lösung

- die Öffnung der betroffenen Backend-Systeme

Abbildung im Programmmanagement

Im Management des Programms zur Umsetzung der Multikanalstrategie werden alle Aktivitäten gesamtheitlich gesteuert. Es werden IT-Projekte zur Software-, Architektur- und Infrastrukturentwicklung definiert. In der Struktur dieser Teilprojekte findet sich die Architekturdomäne wieder. Der definierte Stufenplan bildet die Grundlage der Architekturreleaseplanung zwischen der Softwareentwicklung und der Architekturentwicklung. Hier wird zum Beispiel festgelegt, dass das erste Release der Referenzarchitektur der Multikanalplattform den Zugangskanal „Kunde via Internet" nicht enthält. Abbildung 4-23 zeigt die Regelung der Ergebnisverantwortung[26]. Das Teilprojekt Architekturentwicklung ist für die Erstellung der definierten IT-Architekturen zuständig; das Teilprojekt Softwareentwicklung für die Entwicklung der Informationssysteme.

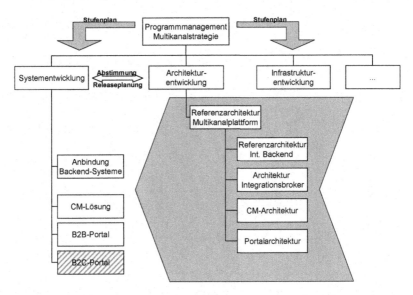

Abbildung 4-23:   Projektstruktur zur Umsetzung Multikanalstrategie

4.6   Zusammenfassung

In diesem Kapitel wurde ein Modell zur Planung von IT-Architekturen entwickelt. Das Modell setzt die Integration des Architekturmanagements mit dem IS-Portfoliomanagement voraus. Das IS-Portfoliomanagement wurde daher genauer betrachtet, indem Wege zur Aufstellung, Analyse und Bewertung eines IS-Portfolios aufgezeigt wurden. Das Portfolio der Versicherungsgruppe Fantasia Versicherung und dessen Weiterentwicklung aufgrund der

---

[26] Weitere Projekte des Gesamtprogramms – zum Beispiel Einführungsmanagement – sind hier nicht weiter detailliert. Das B2C-Portal wird erst in Stufe 4 relevant.

formulierten Multikanalstrategie wurde dargestellt und in eine übergreifende Architekturplanung überführt.

Nachdem nun das Modell zum Architekturmanagement vollständig ist, werden im folgenden Kapitel Erfolgsfaktoren analysiert, das Konzept der Architektursichten beschrieben und daraus sechs Workflows abgeleitet.

5   Erfolgsfaktoren, Architektursichten und Workflows

In diesem Kapitel werden die Faktoren für erfolgreiches Architekturmanagement analysiert. Die Analyse führt zum Konzept der Architektursichten, aus denen die Architektur-Workflows abgeleitet werden. Sie werden um einen Workflow zum IS-Portfoliomanagement ergänzt. Anschließend werden diese Workflows auf den Entwicklungsprozess abgebildet und die Gesamtdarstellung in Analogie zu Abbildung 2-13 abgeleitet. Damit liegt das vollständige Workflow-Konzept zum Architekturmanagement vor.

5.1   Erfolgsfaktoren des Architekturmanagement

Was zeichnet erfolgreiche Unternehmen aus?

Um die Erfolgsfaktoren für zielorientiertes, effizientes Architekturmanagement zu verstehen, ist die Frage zu beantworten, was erfolgreiche Unternehmen von weniger erfolgreichen unterscheidet. Unternehmen, die qualitativ hochwertige[27] Architekturen erzeugen, fokussieren sich nicht primär auf hervorragende technische und fachliche Fähigkeiten der Beteiligten. Vielmehr wird großer Wert auf die effektive Gestaltung eines komplexen Kommunikationsprozesses gelegt. Somit herrscht keine übermäßige Fixierung auf technisches und fachliches Knowhow. Das Management der IT-Architekturen wird als Kompetenz begriffen, die nicht bedeutet, unbedingt jede technologische Neuerung zu verfolgen – der Erfolg ergibt sich nicht aus dem Wissen um die neuste API-Definition des eingesetzten Komponentenmodells.

Komplexität und Mehrdeutigkeit der Architekturinformationen

Morabito, Sack, Bhate weisen in ihrem Konzept des Organization Modeling [MORABITO1999] darauf hin, dass die Effektivität einer Organisationsform stark davon abhängt, ob der Kommunikationsprozess auf das Maß an Unsicherheit, Mehrdeutigkeit und Komplexität der zu verarbeitenden Information ausgerichtet ist. Je höher dieses Maß, umso bedeutsamer werden teamorientierte Organisationsformen und ein Arbeitsstil, der von intensiver „face-to-face"-Kommunikation geprägt ist. Dies sind Fertigkeiten, die jenseits des technischen und fachlichen Knowhow liegen und

---

[27] Qualität bedeutet Erfüllung der übergreifenden und Business Case-spezifischen Architekturanforderungen

ganz erheblich von der Haltung der handelnden Personen und der Unternehmenskultur abhängen.

Architektur-
entwicklung und
Qualität der
Information

Jeder Projektleiter, Architekt oder Manager, der die Entwicklung komplexer IT-Architekturen verantwortet, macht die Erfahrung, dass Architekturentwicklung angesichts sich ständig ändernder Anforderungen, unüberschaubarer Hinterlassenschaften in der Anwendungslandschaft sowie rasanter Technologieentwicklung und fehlender Technologiebeherrschung ein Musterbeispiel für Unsicherheit, Mehrdeutigkeit und Komplexität von Information ist. Dies führt zum Beispiel dazu, dass detaillierte Architektur-spezifikationen auf der physischen Ebene zum Zeitpunkt ihrer Fertigstellung schon wieder veraltet sein können. Dennoch sind solche Spezifikationen wichtig und sinnvoll, wenn sie als Kommunikationsinstrument begriffen werden. Der Erfolg eines umfassenden Projekts (z. B. die Umsetzung der Multikanalstrategie der Fantasia Versicherung) wird daher wesentlich von der Fähigkeit zur zielorientierten Kommunikation und einer darauf ausgerichteten Organisation bestimmt.

Architekturdomänen als Kommunikationsschwerpunkte

Definition, Planung und Gestaltung von Architekturdomänen sollten mit dem Bewusstsein durchgeführt werden, dass dadurch ein architekturbezogener Kommunikationsschwerpunkt gesetzt wird. Architekt und Projektleiter sollten sich explizit die Frage stellen, welche Unsicherheit, Mehrdeutigkeit und Komplexität der Informationen gegeben ist und ob das Organisations- und Kommunikationskonzept dies angemessen berücksichtigt.

Reduktion auf
das Wesentliche

Die Architekturmanagement-Kompetenz von Unternehmen drückt sich in der Beschränkung auf das für die effektive Kommunikation Wesentliche aus. Deshalb wird die Architekturdokumentation auf dieses Prinzip ausgerichtet. Auf übermäßige Perfektion kann dann bei ihrer Erstellung verzichtet werden. Abstimmprozesse werden im Hinblick auf die Sichten und Informationsbedürfnisse der Beteiligten gestaltet. Dies führt zu effizienteren Entscheidungsprozessen. Die Beschränkung auf das Wesentliche stellt sicher, dass die engen Zeitziele des Softwareentwicklungsprozesses im Fokus bleiben und hilft so die gemeinsamen Ziele von Architektur- und Softwareentwicklung zu erreichen.

Anforderungs-
management –
Kernaufgabe des
Architekten

Wird vom Wesentlichen gesprochen, so ist vor allem das systematische Management der Architekturanforderungen zu nennen. Nur die permanente Konzentration des Architekten auf die Erhebung und die Abstimmung von Anforderungen stellt sicher, dass die IT-Architekturen der zu entwickelnden Informationssysteme auf die Erfordernisse der Business- und der Informationsarchitektur ausgerichtet sind. Die Erfolgsfaktoren werden im Folgenden zusammengefasst.

Erfolgsfaktoren

Requirements
first

Nur Klarheit und Commitment der Beteiligten über die Anforderungen stellt das Alignment von IT-Architekturen und Business sicher. Dazu bedarf es der andauernden Fokussierung des IT-Architekten auf das Requirements Engineering.

Effektive Organi-
sation

Teamorientierte Arbeitsformen und intensive Face-to-face-Kommunikation bilden das Fundament der Einbettung des Architekturmanagement in die Organisation.

Reduktion auf die
Kernkonstrukte
und -Elemente

Die Welt der IT ist zu komplex, um sie vollständig zu beschreiben oder zu modellieren.

Architekturentwicklung bedeutet nicht, alle Strukturen und Details zu klären und zu dokumentieren – dies würde den Zeitzielen der Softwareentwicklung widersprechen. Deren Klärung ergibt sich vielmehr bei der Kommunikation auf dem Weg zur Zielerreichung. Dies beinhaltet das Vertrauen in die Fähigkeit der beteiligten Architekten, Designer und Entwickler Muster zu erkennen, mit Ungenauigkeiten zu leben, und diese auf dem Weg zur Zielerreichung fortlaufend zu klären.

Balance zwischen
Abstraktion und
Detaillierung

Architekturentwicklung bedeutet das permanente Pendeln zwischen Abstraktion und Detaillierung der Artefakte, welche die IT-Architektur bilden.

Dies bedeutet für IT-Architekten, Software- und System-Ingenieure gemeinsam Detaillierungen zu erarbeiten und diese anschließend zu abstrahieren. Hohe Qualität eines konzeptionellen Modells ergibt sich nicht allein durch Betrachtung der konzeptionellen Ebene, sondern durch Verständnis der Details und die Fähigkeit, von diesen wieder zu abstrahieren. Hochwertige Architekturen entstehen durch die gemeinsame Arbeit der beteiligten Architekten, Designer und Ingenieure. Ohne dieses gemeinsame Arbeiten entsteht kein Konsens darüber, was noch nicht geklärt ist, was die Beteiligten noch nicht wissen oder verstehen. Der Rolle des IT-Architekten kommt die Aufgabe zu, das Pendeln zwischen Abstraktion und Detaillierung zielorientiert auf der Grundlage der definierten Architekturanforderungen zu steuern und zu moderieren.

Architektur im Kleinen und im Großen

Zukunftsfähige architekturzentrierte Anwendungslandschaften entstehen durch die Balance der Entwicklung von Architekturen für einzelne Systeme oder Komponenten und Referenzarchitekturen, die übergreifende Strukturen vorgeben.

Dieser Erfolgsfaktor ergänzt den vorangehenden dahingehend, dass der Fokus der Architekturentwicklung situationsbezogen zwischen eher lokaler Architekturbetrachtung und der übergreifenden Sicht wandert. Die Rolle des IT-Architekten besteht auch hier darin, kompetent zwischen den beiden Polen zu moderieren und auszugleichen.

Ausrichtung auf Sichten und Rollen

Erfolgreiche Architekturgestaltung bedeutet erfolgreiche Kommunikation. Erfolgreiche Kommunikation setzt die Ausrichtung der Informationsflüsse auf die Informationsbedürfnisse der beteiligten Rollen voraus. Sichten auf Architekturen richten sich daher auf Rollen und den damit verbundenen mentalen Perspektiven aus. Abstraktion und Detaillierung verlaufen entlang von Sichten.

An der Gestaltung von IT-Architekturen ist eine Reihe von Rollen beteiligt. Alle Rollen haben ihre ganz spezifische Sicht auf Architekturbestandteile und die durch sie gestalteten Informationssysteme. Der Architekturmanagement-Prozess muss Artefakte – wie zum Beispiel Blaupausen – liefern, die auf diese Sichten ausgerichtet sind. Die Ausrichtung der Architekturentwicklung auf die jeweiligen Informationsbedürfnisse und Perspektiven ist Aufgabe des IT-Architekten. Die Sichtbildung ist hierbei das wichtigste Werkzeug.

Stringente Architektursteuerung

Hochwertige IT-Architekturen entstehen dann, wenn der IT-Architekt auf Unternehmensebene in der Lage ist, die Beziehung zwischen IT-Architekturen und allen Architekturanforderungen klar zu strukturieren, in eine stringente Planung umzusetzen und die Umsetzung der Architekturanforderungen kompetent zu steuern.

Berücksichtigung der Architekturhistorie

IT-Architekturen entstehen auf dem Hintergrund bestehender Anwendungslandschaften. Diese sind Ausdruck einer jahrelangen Organisationsentwicklung und gewachsener Unternehmenskultur. Architekturmanagement funktioniert nur auf diesem Hintergrund.

In [MORABITO1999] werden Organisationen mit einer Spezies verglichen. Die Möglichkeiten zur Veränderung werden für eine Spezies immer durch ihre gesamte Entwicklungsgeschichte bestimmt und beschränkt. Dies gilt analog für die Architektur-entwicklung. Beinhaltet die Kultur eines Unternehmens z. B. den Verzicht auf stark formalisierte Vorgehensweisen, wird ein Architekturmanagement erfolgreich sein, das einen hierfür adäquaten Mix aus Methodik, situationsbezogenen Vorgehensweisen, Dokumentation und Entscheidungsprozessen anstrebt.

Entwicklung von Blaupausen

Aus den Erfolgsfaktoren ergibt sich unmittelbar das Prinzip der Ausrichtung der Architekturentwicklung auf die Erstellung, Abstimmung und Abnahme von Blaupausen. Sie sind auf die Sichten und inhaltlichen Schwerpunkte zugeschnittene Beschreibungen der IT-Architektur. Mit Hilfe dieser Blaupausen ist es möglich, Abstimmprozesse mit den jeweils Beteiligten effektiv zu gestalten. Immer dann, wenn auf die Sichten der jeweiligen Beteiligten zugeschnittene Blaupausen abgestimmt und entschieden werden, können wichtige Schritte einer Architekturentwicklung abgeschlossen werden. Dann ist das gemeinsame Verständnis für einen inhaltlichen Schwerpunkt gesichert und kann als Basis für die Folgeschritte dienen.

Je nach Sicht der Beteiligten können solche Blaupausen z. B. detaillierte Darstellungen von Schwerpunkten der Architektur bis hin zur physischen Ebene liefern.

Beispiele:

* Sicht „Lastverteilung und Failover" der physischen Systemarchitektur einschließlich der Konfiguration eines Application Server Clusters und dessen Abbildung auf die IT-Basisinfrastruktur

* Datensicht in Form logischer Datenflussdiagramme als Teil der Referenzarchitektur eines umfassenden Integrationsprojektes

Workshops zur Entwicklung von Architektur-Blaupausen

Die Architekturentwicklung wird zielführender, wenn Workshops durchgeführt werden, bei denen ausgewählte Sichten auf die Architektur moderiert, analysiert und zusammengefasst werden. Die notwendigen Workshops ergeben sich aus den Schwerpunkten der Architekturbetrachtung. Diese können aus den funktionalen und nicht-funktionalen Anforderungen an die Architekturentwicklung abgeleitet werden.

Mit den Ergebnissen solcher Workshops ist es möglich, Entwürfe zu zugehörigen Architekturblaupausen zu erstellen und in Folgeworkshops abzustimmen. Die Ausgestaltung einer bestimmten Architektursicht wird so iterativ bis zur Abnahme vorangetrieben. Auf diese Weise kann beispielsweise die „Security View" der Systemarchitektur durch gemeinsame Workshops eines IT-Architekten mit den Security-Ingenieuren eines Unternehmens entworfen, detailliert und abgenommen werden.

5.2 Architekturmanagement und Ausrichtung an Sichten

Für die weitere Ausgestaltung der Methodik des Architekturmanagements ist die Ausrichtung auf Sichten der Beteiligten von großer Bedeutung. Die Sichten folgen Informationsbedürfnissen, Rollenerwartungen und inhaltlichen Schwerpunkten der jeweiligen Architekturbetrachtung.

Die Architektursicht

Eine **Architektursicht** ist eine Darstellung des Gesamtdesigns eines Systems bzw. einer Gruppe von Systemen, bei denen wichtige Charakteristika hervorgehoben werden, indem für die Sicht nicht relevante Elemente weggelassen werden. Architektursichten strukturieren die wesentlichen Design-Entscheidungen, indem sie die Dekomposition des Systems in Komponenten im Sinne der spezifischen Sicht darstellen und deren Verbindung zu funktionalen und nicht-funktionalen Anforderungen aufzeigen (vgl.[PW92]).

Die Hervorhebung wichtiger Charakteristika durch die Bildung von Architektursichten dient insbesondere folgenden Aufgaben:

- der IS-Portfolioanalyse sowie der Architekturanalyse und -planung,
- der Strukturierung der Architekturentwicklung im Sinne einer Schwerpunktbildung,
- der Definition der Evolution von Informationssystemen,
- dem Aufzeigen von Wiederverwendungsmöglichkeiten von Architekturkomponenten, Informationsobjekten etc.,
- der Darstellung und Analyse spezifischer Eigenschaften wie Performance, Skalierbarkeit, Security, etc.,

- der Zuordnung von Verantwortlichkeiten und Aufgaben,

- der Entscheidungsfindung zu „Make or Buy" einzelner Komponenten oder ganzer Systeme und

- der Einbettung in die Anwendungslandschaft.

Sichten folgen dem Prinzip „Architektur im Kleinen und im Großen". Auf der einen Seite kann die Sichtbildung die Strukturbeschreibung des Infrastrukturdienstes „Autorisierung" in der Softwarearchitektur bedeuten. Dies umfasst die Spezifikation der logischen Schnittstelle zur Kommunikation des IT-Architekten mit Software-Ingenieuren (Architektur im Kleinen).

Auf der anderen Seite kann die Sichtbildung aber auch die Erstellung einer konzeptionellen Blaupause der gesamten Softwarearchitektur zu Informationssystemen eines Anwendungstyps bedeuten. Sie dient zum Beispiel der Kommunikation des IT-Architekten mit einem Architektur-Board (Architektur im Großen). In diesem Fall stellt die Blaupause z. B. die Referenz-Softwarearchitektur des Anwendungstyps dar.

Im Folgenden steht die Sichtbildung im Großen im Mittelpunkt. Die Sichtbildung im Kleinen wird im Verlauf der weiteren Detaillierung in den Folgekapiteln betrachtet. Die Sichtbildung im Großen orientiert sich an zwei Dimensionen:

- Architekturebene
  Sie bestimmt den Grad der Abstraktion und der Detaillierung.

- Architekturbereich
  Er legt den inhaltlichen Schwerpunkt der Architekturentwicklung fest.

Aus diesen Dimensionen ergibt sich das in Abb. 5-1 dargestellte Bild für die Festlegung des Fokus der Architekturentwicklung.

Die Architekturbereiche sind in Kapitel 2 dargestellt. Die Bedeutung der Architekturebenen wird nun genauer erläutert.

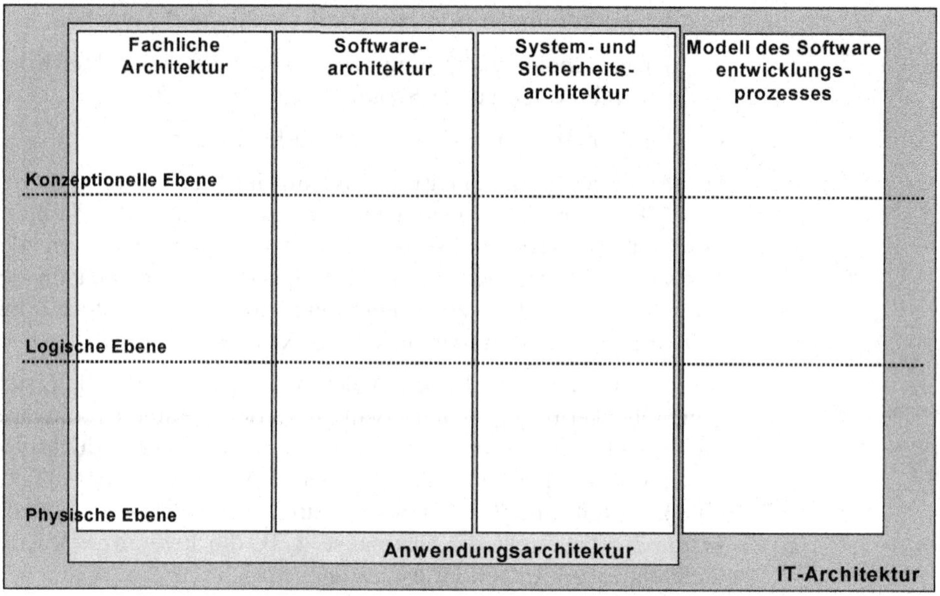

Fachliche Architektur	Software-architektur	System- und Sicherheits-architektur	Modell des Software entwicklungs-prozesses
Konzeptionelle Ebene			
Logische Ebene			
Physische Ebene			
	Anwendungsarchitektur		
			IT-Architektur

Abbildung 5-1:   Ebenen und Bereiche der Architekturentwicklung

Die konzeptionelle Ebene

Die konzeptionelle Ebene ist eine grobe Darstellung der logischen Bausteine und Zusammenhänge[28]. Sie umfasst alle Artefakte, die zur Beschreibung konzeptioneller Sichten auf IT-Architekturen notwendig sind. Sie ist auf die Informationsbedürfnisse der Rollen Auftraggeber, Projektleiter, IT- und Business-Architekt und des Architektur-Board (vgl. Kap. 6) ausgerichtet. Die konzeptionelle Ebene unterstützt bzw. umfasst die Bearbeitung folgender Punkte:

- Die Unterstützung der IS-Portfolioanalyse und -planung,

- die Einordnung von Anforderungen an die IT-Architektur,

- die Festlegung der logischen Grundstrukturen der vier Architekturbereiche einschließlich ihrer wichtigsten Komponenten,

- die Definition der wichtigsten Architekturszenarien und

---

[28]   Sie liefert also eine Abstraktion der logischen Ebene. Bei Architekturen geringerer Komplexität kann sie daher mit der logischen Ebene zusammen fallen.

- die Kommunikation des Architekten und des Projektleiters mit dem Architekturboard.

Die Begriffe konzeptionelle, logische und physische Ebene werden im Folgenden synonym zu den Begriffen konzeptionelle, logische und physische Architektur verwendet. So wird die logische Ebene der Softwarearchitektur kurz als logische Softwarearchitektur bezeichnet.

Konzeptionelle Ebene der Anwendungsarchitektur eines globalen Transaktionssystems[29]

Für die Gestaltung eines globalen Transaktionssystems (GTS) einer Bank steht zunächst die Erstellung der konzeptionellen Ebene der Anwendungsarchitektur im Mittelpunk, um so einen ersten Wurf zur Einordnung der funktionalen und nicht-funktionalen Anforderungen zu gewinnen. Im Fokus steht die Erstellung eines Systems, das die globale Verfügbarkeit umfangreicher Businessfunktionen über verschiedene Zugangskanäle sicherstellt. Dazu werden alternative Szenarien definiert und durch konzeptionelle Blaupausen beschrieben. Ein Szenario wird unter dem Begriff „High-Functionality" zusammen gefasst. Die Blaupausen werden in Form von High-Level-Kontext- und Komponentendiagrammen erarbeitet, in denen die wesentlichen logischen Komponenten, die Datenhaltungssysteme, Zugangskanäle und Informationsflüsse dargestellt werden. Abbildung 5-2 zeigt die Blaupause zur konzeptionellen Anwendungsarchitektur für das Szenario „High-Functionality".

---

[29] Beispiel entnommen und adaptiert aus: [GTS1997]

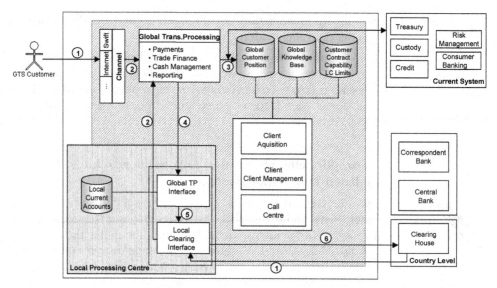

Abbildung 5-2:   Konzeptionelle Blaupause zur Anwendungsarchitektur eines globalen Transaktionssystems
zum Szenario „High-Functionality"

Die logische Ebene

Die logische Ebene ist die umfassende Beschreibung der logischen Komponenten und ihrer Beziehungen. Sie umfasst alle Artefakte, die zur Beschreibung logischer Sichten auf Architekturen
notwendig sind. Sie ist auf Informationsbedürfnisse der Rollen
Projektleiter, IT-Architekt und Software-, System- und Security-
Ingenieur ausgerichtet. Die logische Ebene ist weit gehend Technologie unabhängig, um Stabilität gegenüber technischen Veränderungen zu Gewähr leisten. Die logische Ebene unterstützt
bzw. umfasst die Bearbeitung folgender Punkte:

- Die verfeinerte Darstellung der logischen Struktur der Architekturbereiche einschließlich aller bedeutsamen Komponenten und ihrer Beziehungen und Wechselwirkungen,

- die detaillierte Einordnung von Anforderungen,

- die Kommunikation von Architekten, Ingenieuren und Projektleitern über Entscheidungen zur Ausgestaltung und Umsetzung von Architekturen und Anwendungen,

- die Ableitung und Priorisierung der für die Detaillierung wesentlichen Sichten (Sichtbildung im Kleinen),

- die Verfeinerung von Architekturszenarien und die Ableitung von Architekturvarianten,

- die Festlegung von Designgrundsätzen,

- die Abstraktion und Strukturierung der physischen Ebene,

- die Abhängigkeitsanalyse zwischen Architekturbereichen, Beispiel: Darstellung der Abhängigkeit des Managementdienstes „Autorisierung" der Systemarchitektur vom Infrastrukturdienst „Autorisierung" der Softwarearchitektur,

- die Unterstützung von Produktentscheidungen und „Make or Buy" Entscheidungen,

- die Zuordnung von Verantwortlichkeiten und Aufgaben,

- die Architekturreleaseplanung und

- die Kommunikation des IT-Architekten zu spezifischen logischen Sichten mit dem Architektur-Board.

Die physische Ebene

Sie umfasst alle Artefakte, die zur Strukturbeschreibung der Implementierung der durch die Architektur definierten Informationssysteme und deren Abbild auf die IT-Basisinfrastruktur dienen. Die physische Ebene unterstützt bzw. umfasst die Bearbeitung folgender Punkte:

- Die Beschreibung der physischen Ausgestaltung der logischen Strukturen,

- Technologie- und Produktentscheidungen,

- die Abbildung logischer auf technische Komponenten,

- die Darstellung der technischen Bebauung,

- die Kommunikation von IT-Architekten, Ingenieuren und Entwicklern über Aspekte der Implementierung,

- die Ermittlung von Kosten und die Definition von Skill- und Knowhow-Profilen,

- die Strukturierung der Implementierung,

- die Festlegung der Beziehung der Architekturkomponenten zu Einsatzkonzepten wie dem Betriebskonzept,

- die Grobkonfiguration der wesentlichen physischen Komponenten

  Beispiel: Festlegung der Grobkonfiguration des Application Server Clusters für die Produktionsumgebung – Anzahl Instanzen je CPU; Anzahl CPU je System; Allokation Administrationsserver

Definition der Sprache des Architekturmanagement

Werden den Kombinationen aus Ebenen und Bereichen die Artefakte und Sichten zugeordnet, die in einem Unternehmen zur Beschreibung von IT-Architekturen verwendet werden, ergibt sich die „Architektursprache" des Unternehmens. Aufgabe des IT-Architekten ist die Einführung, Verbreitung und Weiterentwicklung dieser Sprache. Abbildung 5-3 stellt dies dar.

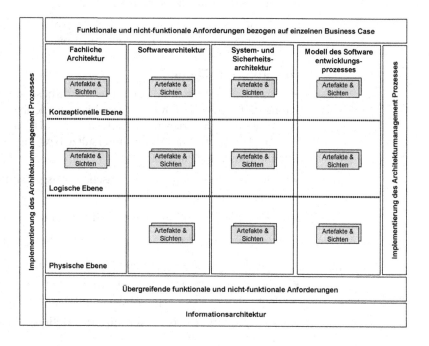

Abbildung 5-3:   Elemente der Sprache des Architekturmanagement

5.3   Definition der Architektur-Workflows

In Kapitel 4 wurden die Elemente der Architekturplanung definiert. Ausgehend vom IS-Portfolio und den Architekturprinzipien werden die übergreifende Architekturplanung und die Architekturreleaseplanung abgeleitet. Daraus folgen drei Workflows im Umfeld der Architekturplanung:

- **Workflow „Analyse und Planung IS-Portfolio"**

  Aktivitätenfolge zur übergreifenden Analyse eines Ist-IS-Portfolios und zur Aufstellung und Fortschreibung des Soll-IS-Portfolios.

  Zentrale Fragestellungen: Welcher Mix von Informationssystemen wird benötigt, um die Business-Architektur optimal zu unterstützen und die IT des Unternehmens auf den Mix aus kurz- bis langfristigen Anforderungen sowie erkennbare Innovationen und Umweltänderungen auszurichten?

  Welcher Mix ist auf dem Hintergrund bestehender IT-Architekturen und der bestehenden IT-Basisinfrastruktur realistischerweise umsetzbar, wenn Veränderungen an IT-Architekturen und IT-Basisinfrastruktur unter Kosten-/Nutzen-/Risiko-Gesichtspunkten bewertet werden?

- **Workflow „Übergreifende Architekturplanung"**

  Aktivitätenfolge zur übergreifenden Planung und Steuerung der Entwicklung von IT-Architekturen auf der Grundlage der Informationsarchitektur.

  Zentrale Fragestellung: Welche IT-Architekturen auf Basis welcher technischen Basisinfrastruktur werden benötigt, um die Entwicklung des Ist- zum Soll-IS-Portfolio zu gestalten? Wie sind Architekturprinzipien, Technologiestrategie und Architekturstrategie ggf. anzupassen?

- **Workflow „Initialisierung Architekturentwicklung"**

  Aktivitätenfolge zur Organisation der Entwicklung von IT-Architektur(en) auf der Grundlage der definierten übergreifenden Architekturplanung und in Abstimmung mit der Planung der Softwareentwicklung

  Zentrale Fragestellung: Wie wird die Entwicklung einer IT-Architektur gestaltet, damit die Integration mit dem Softwareentwicklungsprozess sichergestellt ist und gleichzeitig die Berücksichtigung der übergreifenden Architekturanforderung Gewähr leistet ist?

Die Workflows zur Architekturentwicklung ergeben sich aus den definierten Architekturebenen:

- **Konzeptioneller Zyklus**

  Phasenübergreifende Aktivitätenfolge zur Entwicklung der konzeptionellen Ebene von IT-Architekturen

  Zentrale Fragestellung: Was muss die zu entwickelnde Architektur leisten, welche Architekturanforderungen muss sie erfüllen und welche Möglichkeiten zur logischen Strukturierung bestehen?

- **Logischer Zyklus**

  Phasenübergreifende Aktivitätenfolge zur Entwicklung der logischen Ebene von IT-Architekturen

  Zentrale Fragestellung: Wie wird die IT-Architektur weit gehend Technologie unabhängig strukturiert, so dass sichergestellt ist, dass die Architekturanforderungen erfüllt sind?

- **Physischer Zyklus**

  Phasenübergreifende Aktivitätenfolge zur Entwicklung der physischen Ebene von IT-Architekturen

  Zentrale Fragestellung: Mit welchen Designgrundsätzen, Technologien, Produkten und Vorgehensweisen wird die definierte logische Architektur umgesetzt?

Es ergibt sich die Zuordnung der Workflows zur Architekturpyramide wie in Bild 5-4 dargestellt.

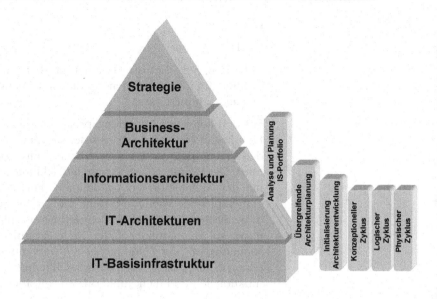

Abbildung 5-4:   Workflows und Architekturpyramide

5.3.1   Charakterisierung, Abgrenzung und Zusammenspiel der Workflows

Ein Workflow kann als Inhaltsverzeichnis verstanden werden, das dem IT-Architekten ermöglicht, die für eine Architekturentwicklung relevanten Aktivitäten festzulegen. Dies kann bedeuten, einzelne Aktivitäten bei der Durchführung des Workflows wegzulassen, wenn sie nicht zur Lösung der Problemstellung beitragen. Es kann auch bedeuten, einen Workflow nach den vorliegenden Standards und Erfahrungen auf die Gegebenheiten des Unternehmens anzupassen. Wesentlich ist die bewusste Integration mit der Softwareentwicklung. Um dies zu erleichtern, wird nun die Zuordnung zum Softwareentwicklungsprozess am Beispiel des Rational Unified Process erarbeitet.

Relevante Workflows der Softwareentwicklung:

- Project Management
- Requirements
- Business Modeling
- Analysis & Design
- Implementation

101

- Test

- Deployment

Abbildung 5-5 zeigt die Gesamtsicht aller relevanten Workflows in ihrer Zuordnung zu den inhaltlichen Ebenen des Architekturmanagementprozesses.

Für den Softwareentwicklungsprozess steht die Entwicklung und Einführung von Informationssystemen im Mittelpunkt. Dazu werden die Workflows des Softwareentwicklungsprozesses durchgeführt. Die Planung der Softwareentwicklung wird in Abstimmung mit der Architekturplanung definiert. Für den Architekturmanagementprozess wiederum steht die Architekturentwicklung für diese Systeme im Fokus. Sie erfolgt mittels entsprechender Workflows auf der Grundlage der Architekturplanung in enger Abstimmung mit der Planung der Softwareentwicklung. Die Architekturplanung stellt die Berücksichtigung der übergreifenden funktionalen und nicht-funktionalen Anforderungen sicher.

Zyklen entlang der Architektur-ebenen

Wesentlich für das Konzept der Workflows ist ihre Ausrichtung auf inhaltliche Schwerpunkte, nicht auf Phasen. Die Architektur-Workflows orientieren sich deshalb an der Architekturebene, ohne deshalb Ebenen höherer oder geringerer Abstraktion aus dem Auge zu verlieren. Ergebnis einer Iteration des *Konzeptionellen*

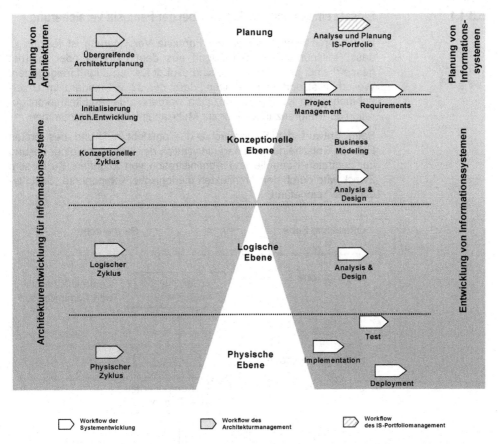

Abbildung 5-5: Gesamtsicht aller Workflows

Zyklus ist zum Beispiel eine Blaupause der konzeptionellen Systemarchitektur. Sie wird erarbeitet, indem der Architekt die Blaupause gemeinsam mit System-Ingenieuren bis zur physischen Ebene vordenkt und so bereits Inhalte der physischen Ebene initialisiert werden. Ein hochwertiges konzeptionelles Modell setzt das Vordenken bis zur physischen Ebene und die anschließende Abstraktion voraus.

Der folgende Auszug aus der Architekturentwicklung bei der Fantasia Versicherung verdeutlicht dieses frühzeitige Eintauchen in die physische Ebene. Um wesentliche Entscheidungen zur Systemarchitektur zu treffen, muss ein erster Einstieg in den *Physischen Zyklus* durchgeführt und mit der Sicht der Softwarearchitektur abgestimmt werden.

5.3.1.1   Einsatz eines Security-Gateway bei der Fantasia Versicherung

In den Architekturprinzipien der Fantasia Versicherung ist festgelegt, dass Ressourcen für den Zugriff aus dem Extranet oder Internet gesperrt sind, es sei denn, sie sind explizit für den Zugriff freigegeben. Weiterhin ist dort fest gehalten, dass der J2EE-Standard im Unternehmen gültig ist. Beide Prinzipien werden in die Architekturkonfiguration der Referenzarchitektur zur Multikanalplattform übernommen.

Beim Entwurf der Systemarchitektur entsteht aufgrund des ersten Prinzips Entscheidungsbedarf hinsichtlich der Einführung einer Lösung zur zentralen Kontrolle und Administration von Zugriffen. Zu diesem Zweck wird durch den Architekten die logische Komponente „Security-Gateway" eingeführt.

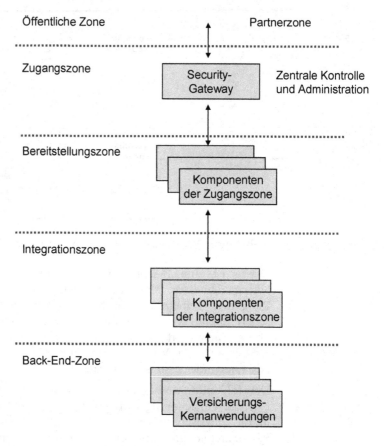

Abbildung 5-6:   Security-Gateway bei der Fantasia Versicherung

*Als **Security-Gateway** wird eine Anwendungs- und Applikationsserver-unabhängige, zentrale Authentisierung- und Autorisierungslösung verstanden, die die Anmeldung von Benutzern an einen zentralen Nutzer- und Rechte-Server vornimmt und den Zugriff der authentisierten Benutzer auf Ressourcen mittels hinterlegter Security-Regeln regelt.*

Um die Wirkung des Security-Gateway auf die Systemarchitektur zu analysieren, wird die Zugangszone vom IT-Architekten zusammen mit dem System-Ingenieur bis auf die physische Ebene vorgedacht. Auf diese Weise entstehen Entwürfe bis hin zur physischen Ebene.

In die Architekturkonfiguration der Multikanalarchitektur wurde aus den Architekturprinzipien übernommen, dass der Komponentenstandard J2EE die Technologiebasis bildet. Zentraler Baustein der Architektur ist daher ein J2EE-konformer Application-Server. Bei der Analyse der Einbettung des Security-Gateway in die Systemarchitektur ist daher zu berücksichtigen, dass die Zugriffsautorisierung auf Softwarebausteine der Business-Integrationsschicht[30] (insbesondere Enterprise Java Beans zur Realisierung der Business-Integrationslogik) deklarativ beim Deployment oder programmatisch geregelt werden kann. Die Entscheidung für oder gegen ein Security-Gateway hat unmittelbare Auswirkungen auf die Softwarearchitektur.

Der IT-Architekt der Fantasia Versicherung kann nun durch Abstraktion von technischen Details auf der logischen Ebene Architekturszenarien mit und ohne Security-Gateway ausarbeiten, auf der konzeptionellen Ebene zu Entwürfen von Blaupausen der Systemarchitektur verdichten und durch Kosten-/Nutzenanalysen ergänzen, so dass das IT-Management in die Lage versetzt wird, die Entscheidung über den Aufbau eines Security-Gateway zu treffen.

Abbildung 5-7 zeigt den Entwurf der konzeptionellen System- und Sicherheitsarchitektur der Multikanalplattform der Fantasia Versicherung. Auf der konzeptionellen Ebene wird hier z. B. auf die Darstellung der Art der Beziehung zwischen den logischen Komponenten – z. B. Aufruf- oder Datenbereitstellungsbeziehung – verzichtet.

---

[30] Vgl. Abbildung 9.3

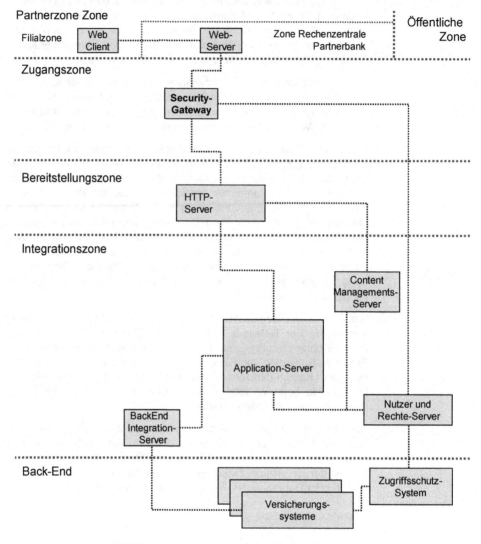

Abbildung 5-7:   Konzeptionelle Blaupause zur System- und Sicherheitsarchitektur

5.3.2   Zusammenspiel von Software- und Architekturentwicklung

Architekturentwicklung und Softwareentwicklung werden durchgeführt, indem aufeinander abgestimmte Iterationen der Workflows durchgeführt werden. Abbildung 5-8 stellt dies schematisch dar. Die Startzeitpunkte der einzelnen Iterationen der Workflows zur Architektur- und zu Softwareentwicklung sind darin markiert. Der Beginn der Software- und der Architekturentwicklung ist geprägt von der Durchführung der Workflows, die sich auf die Anforderungsanalyse und die Planung konzentrieren. Anschließend werden die Workflows *Konzeptioneller Zyklus* und *Business Modelling* durchgeführt. Zur Erstellung der Artefakte des *Konzeptionellen Zyklus* werden durch den IT-Architekten frühzeitig erste einfache Iterationen der Workflows *Logischer Zyklus* und *Physischer Zyklus* durchgeführt. Gleichzeitig werden die Workflows *Analysis & Design* bis hin zu ersten Iterationen der Workflows *Implementation, Test* und *Deployment* durchgeführt.

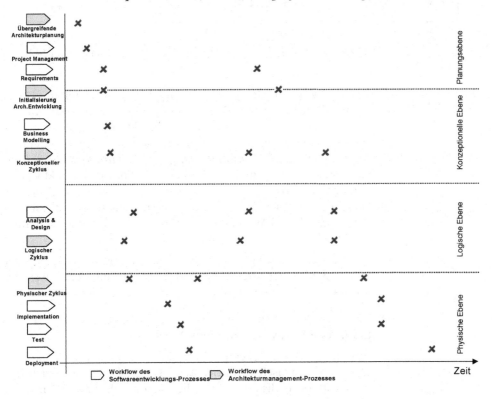

Abbildung 5-8:   Iterationen der Workflows bei der Entwicklung von Architekturen und Informationssystemen

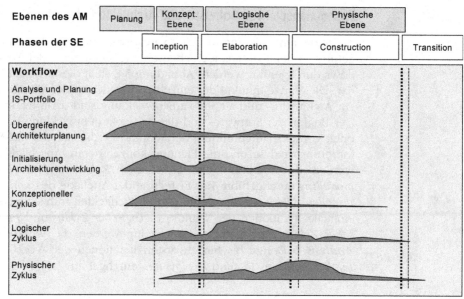

SE = Softwareentwicklung; AM = Architekturmanagement

Abbildung 5-9:   Architektur-Workflows und Phasen der Softwareentwicklung

Danach folgt – abhängig von der Projekt- und Architekturreleaseplanung – die iterative Durchführung einzelner Workflows des
Softwareentwicklungs- und des Architekturmanagementprozesses. So können veränderte Anforderungen die erneute Durchführung des Workflows *Initialisierung Architekturentwicklung* nach
sich ziehen. Mit dem Fortschreiten der Entwicklungsaktivitäten
wandert der Fokus zum *Physischen Zyklus* und zu *Implementation, Test* und *Deployment*. Eine Kernkompetenz des Projektleiters und des IT-Architekten liegt in der Planung und Steuerung
der Durchführung der verschiedenen Workflows.

Abbildung 5-9 zeigt zusammenfassend die Verteilung der
Schwerpunkte der Architektur-Workflows entlang der Phasen der
Softwareentwicklung und die Zuordnung zu den Architektur-
ebenen.

Schnittstellen zwischen Workflows

Abschließend wird exemplarisch die Integration von Workflows
über den Austausch von Artefakten dargestellt. Ein solcher Informationsfluss realisiert z. B. die Schnittstelle zwischen dem
Softwareentwicklungsprozess und dem Architekturmanagementprozess.

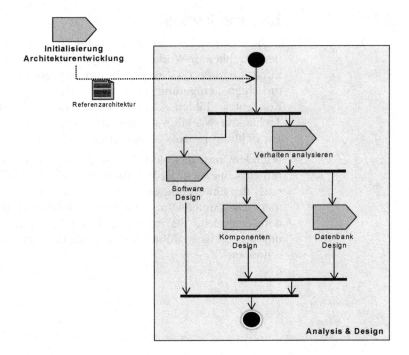

Abbildung 5-10: Integration des Workflows Analysis & Design

Abbildung 5-10 zeigt dies am Beispiel des Workflows *Analysis &
Design* des RUP. Dieser Workflow des RUP ist hier durch die
Integration mit dem Workflow *Initialisierung Architekturentwicklung* angepasst. Durch die Integration mit dem Architektur-
Workflow wird sichergestellt, dass die übergreifende Architektursicht einfließt. Dies geschieht durch die Bereitstellung einer Referenzarchitektur, die auf die Business-Case-spezifischen und die
übergreifenden Anforderungen ausgerichtet ist. Diese Referenzarchitektur fungiert als Input von *Analysis & Design*. Auf der
Grundlage der Referenzarchitektur werden Aktivitäten zum
Design der Anwendung durchgeführt.

5.4   Zusammenfassung

In diesem Kapitel wurden die Erfolgsfaktoren und das Konzept der Architektur-Workflows dargestellt. Ausgehend von den Erfolgsfaktoren für ein Architekturmanagement wurden Architektursichten eingeführt, die die Grundlage des Workflow-Konzeptes bilden. Nach der Definition der Inhalte der Architektur-Workflows wurde die Integration mit dem Softwareentwicklungsprozess analysiert.

Nachdem nun das Modell zum Management von IT-Architekturen einschließlich der Workflows definiert ist, stellt sich die Frage nach der Einführung eines solchen Ansatzes in einem Unternehmen. Die Architekturpyramide aus Abbildung 1-1 liefert hierzu den Leitfaden. Sie wird im Folgenden Kapitel aufgegriffen, um Wege zur Einführung eines Architekturmanagement zu beschreiben.

6 Wege zur Einführung eines Architekturmanagements

„Because enterprise architecture initiatives (EA) need authority (not just influence) over design to be successful, an important best practice is to define, document and implement a robust EA assurance process. A key component of this process is creating an architecture review board (ARB)...

Programs backed by weak or nonexistent architecture assurance processes will likely fail due to a lack of concrete results."

Gartner Group 2006 [Gartner06-1]

In diesem Kapitel stehen Überlegungen zur Einführung der Architekturpyramide im Mittelpunkt. Die Pyramide zeichnet einen Idealzustand, der auf das innerhalb eines Unternehmens Machbare angepasst werden muss. Das Kapitel zeigt einen Weg für die Gestaltung der Einführung und insbesondere die damit verbundene organisatorische Einbettung.

Zunächst wird Abbildung 1-1 genutzt, um die Einführung als Changeprozess zu definieren. Im zweiten Abschnitt werden zentrale Maßnahmen des im Changeprozess definierten Maßnahmenplans betrachtet. Im dritten Abschnitt werden zwei Beispiele für die organisatorische Einbettung geliefert. Im vierten Abschnitt werden Stolpersteine für die Einführung betrachtet.

6.1 Balancedreieck zur Einführung

Die erfolgreiche Einführung der Architekturpyramide ist immer auf eine für die Stakeholder schnell erkennbare Wirkung angewiesen, um die Investition, die mit der Entscheidung zu Gunsten eines übergreifenden Management von IT-Architekturen verbunden ist, zu rechtfertigen. Um die Gefahr, auf diese Weise Stückwerk zu erzeugen, zu reduzieren, sollte die gesamte Einführung durch das Prinzip „Think big and act small" regiert werden.

Think big, act small

Nach diesem Grundsatz wird festgelegt, welche Teile der Pyramide aktiv gestaltet und wie zugeordnete Prozesse implementiert werden. Aus diesem Gesamtbild werden kurz- und langfristig wirkende Maßnahmen abgeleitet. Die kurzfristigen Maßnahmen dienen insbesondere dazu, dem Erwartungsdruck der Stakeholder zu entsprechen, um den Spielraum für die längerfristig angelegten Aktivitäten zu erhalten. Stakeholder sind:

- Organisationseinheiten, für die Leistungen in Form von Architekturentwicklungen, Architekturanalysen, etc. erbracht werden

- Sponsoren

- Auftraggeber der Einführung

- Betroffene und beteiligte Mitarbeiter der IT und der Business-Bereiche

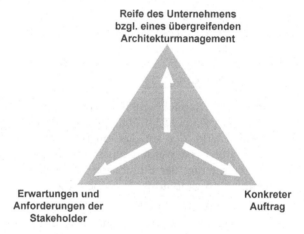

Abbildung 6-1:   Balancedreieck zur Einführung der Architekturpyramide

Einschätzung der Reife des Unternehmens

Die Definition des Maßnahmenkataloges muss auf der realistischen Einschätzung der Reife des Unternehmens in Bezug auf einen übergreifenden Ansatz zum Architekturmanagement beruhen. Die Einführung vollzieht sich also immer im Spannungsfeld aus Erwartungen, Reifegrad und dem konkret formulierten Auftrag zur Einführung des übergreifenden Management von IT-Architekturen. Abbildung 6-1 zeigt das zugehörige Balancedreieck.

6.2 Architekturpyramide – Landkarte der Einführung

Die Umsetzung der Architekturpyramide verändert die Art und Weise, wie die Planung, Entwicklung und Einführung von Informationssystemen in der IT eines Unternehmens durchgeführt wird. Rollen und Abläufe müssen verändert werden, um die Architekturpyramide einführen zu können. Aus diesem Grund sollte die Einführung als Changeprozess definiert werden. Er umfasst folgende Schritte:

- Grobanalyse des Ist-Zustandes,

- Definition und Abstimmung des Soll-Zustandes, der mit der Einführung erreicht werden soll,

- Definition der Aktivitäten, die zur Erreichung des Soll-Zustandes durchgeführt werden (Roadmap),

- Definition der Mechanismen, mit denen die Umsetzung der Roadmap gesteuert wird und

- Umsetzung.

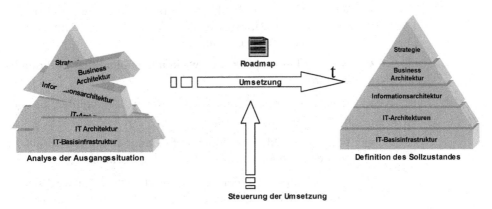

Abbildung 6-2: Changeprozess und Architekturpyramide

Für die Definition der Ist-Situation und des Soll-Zustandes liefert Abbildung 2-11 die Landkarte, nach der Schwerpunkte gebildet werden. Es werden die Elemente der Pyramide und die Prozesse ausgewählt, die für die Einführung im Unternehmen im Vordergrund stehen. Hierfür wird das Ist erhoben und das Soll definiert.

Analyse des Ist-Zustandes

Dazu wird analysiert, wie die Elemente und Prozesse aktuell gestaltet und bearbeitet werden. Teil der Analyse ist die Bewertung des Reifegrades des Unternehmens in Bezug auf den beabsichtigten übergreifenden Ansatz. Die Analyse beantwortet Fragen wie:

- Wie sehen aktuelle Ansätze zum Architekturmanagement aus? Welche wurden früher bereits verfolgt, wie wurden sie gestaltet, wie war ihr Erfolg?

- Wie stehen die Mitarbeiter von IT und Business der geplanten Einführung gegenüber? Wie groß ist die zu erwartende Unterstützung?

- Gibt es in einer impliziten oder expliziten Form eine Informationsarchitektur, die die „Governing Principles" für die IT bildet? Wie wird diese Informationsarchitektur eingesetzt und genutzt? Gibt es eine Architekturstrategie?

- Gibt es eine Technologiestrategie und abgeleitete Plattform- und Security-Strategien?

- Wie werden IT-Architekturen geplant, entwickelt und umgesetzt? Wer ist daran beteiligt? Wie ist dies mit dem IS-Portfoliomanagement verzahnt?

- Wie werden Architekturentwicklungen initialisiert und durchgeführt?

- Welche IT-Architekturen sind definiert? Wie werden sie „gemanagt"?

- Wird das Bild einer übergreifenden Gesamt-IT-Architektur gepflegt? Wenn ja, was ist damit genau gemeint?

- Gibt es Elemente einer Business-Architektur? Wir wird sie genutzt? Sind Business-Architektur und Informationsarchitektur verzahnt? Wenn ja, wie? Sind Business-Treiber beschrieben?

- In welcher Form wird das IS-Portfolio analysiert, geplant, aufgestellt, weiter entwickelt? Wer ist daran beteiligt und wie verläuft der Prozess?

- Existiert ein IT-Projektportfolio und wie ist es ggf. mit dem IS-Portfolio verzahnt? Wie sieht der Prozess des IT-Projektportfoliomanagement aus und welche architekturrelevanten Entscheidungspunkte gibt es?

- Gibt es einen definierten Ansatz zur strategischen IT-Planung und welche Rolle spielt dabei das Architekturmanagent, welche das IS-Portfoliomanagement?

- Wie wird der Prozess des Innovationsmanagement durchgeführt? Unkoordiniert, bottom-up, top-down?

- Wie wird die IT-Basisinfrastruktur gemanagt und weiterentwickelt? Wie ist dies mit dem Management von IT-Architekturen verzahnt?

- Wie ist die Reife der Organisation hinsichtlich der übergreifenden Gestaltung von Architekturen einzuschätzen?

- Welche der Pyramide zugeordneten Prozesse werden wie gelebt; wer besitzt die Prozesseigentümerschaft?

Durch die Analyse ergibt sich ein Bild des aktuellen Zustandes der Umsetzung der Architekturpyramide und der zugeordneten Prozesse. Weiße Flecken und Optimierungspotenzial werden sichtbar.

Definition des Soll-Zustandes

Das übergreifende Management von IT-Architekturen steht immer unter dem Druck, sich gegenüber Stakeholdern zu rechtfertigen. Deshalb ist es entscheidend, mit einer klar definierten Zielsetzung zu starten und diese mit den wichtigen Stakeholdern abzustimmen. Der erwartete Nutzen muss gemeinsam mit den Stakeholdern definiert werden – der Soll-Zustand beruht auf den Anforderungen und Erwartungshaltungen der Stakeholder. Er muss die Frage beantworten, wie sich die Effektivität und die Effizienz der IT eines Unternehmens durch das übergreifende Management von IT-Architekturen verändern soll.

Nach der Definition des Soll-Zustandes besteht Klarheit darüber

- welche Wirkung in der Anwendungslandschaft erzielt werden soll,

- welche Bausteine der Architekturpyramide einbezogen, neu geordnet und welche der zugeordneten Prozesse durch die Neuordnung angepasst bzw. implementiert werden sollen,

- in welcher zeitlichen Reihenfolge der Soll-Zustand erreicht werden soll.

Definition der Maßnahmen zur Erreichung des Soll-Zustandes

In diesem Schritt wird eine „Roadmap" beschrieben, die den Weg zur Realisierung des Soll-Zustandes festlegt. Die Beschreibung dieses Maßnahmenplans umfasst die Festlegung von Mechanismen zur Steuerung der Umsetzung.

Die Inhalte des Plans sind vom jeweiligen Einzelfall abhängig. A priori können folgende Maßnahmen als Teil der Roadmap festgelegt werden:

- Aktive und fortlaufende Sicherstellung des Commitment des Sponsors

- Ableitung der Architekturstrategie
  Gemäß der Definition aus Kapitel 2 ist die Architekturstrategie die kurze und prägnante Beschreibung des Soll-Zustandes für das Management der IT-Architekturen eines Unternehmens einschließlich der Darstellung des Weges zu seiner Erreichung. Zur Beschreibung der Architekturstrategie werden die Kernaussagen des Changeprozesses extrahiert und in der Struktur der Architekturpyramide beschrieben. Zum Beispiel wird hier festgelegt, welche Bedeutung die Informationsarchitektur hat und welcher Nutzen durch ihre Gestaltung erzielt werden soll.

- Basisplanung
  Aufgabe der Basisplanung ist die Erzeugung eines ersten Wurfes zur übergreifenden Architekturplanung, der auf einer Bestandsaufnahme existierender IT-Architekturen beruht. Zu diesem Zweck wird der in Kapitel 8 beschriebene Workflow *Übergreifende Architekturplanung* durchgeführt.

- Entwicklung eines Organisationskonzeptes
  Das Organisationskonzept regelt die Verteilung von Rollen, Aufgaben und Verantwortlichkeiten, die notwendigen Einheiten in der Organisation und deren Abbildung auf die Ablauf- und Aufbauorganisation.

- Festlegung der Leitlinien für das Management von IT-Architekturen
  Mit der Festlegung der Leitlinien werden die Arbeitsgrundsätze beschrieben, die für die übergreifende Gestaltung von IT-Architekturen gelten sollen. Durch sie wird das Selbstverständnis der wichtigsten im Organisationskonzept definierten Einheiten kommuniziert.

- Integration der Prozesse IS-Portfoliomanagement, Architekturmanagement und Softwareentwicklung

  Auf der Grundlage des Organisationskonzeptes wird ein Grobentwurf des geplanten Zusammenspiel der Prozesse unter Einbeziehung der definierten Organisationseinheiten und Rollen erarbeitet und im Unternehmen mit Stakeholdern abgestimmt. Die Planung der Verfeinerung und der Einführung ist Teil der Roadmap. Die Verfeinerung kann auf der Grundlage der in den Folgekapiteln beschriebenen Workflows durchgeführt werden.

6.3   Entwicklung eines Organisationskonzeptes

Die Entwicklung des Organisationskonzeptes zum Management von IT-Architekturen erfolgt durch

- die Definition der beteiligten Rollen,

- die Ableitung logischer Einheiten der Organisation und

- die Abbildung auf die Aufbau- und Ablauforganisation.

Die Festlegung von Rollen und die Ableitung logischer Einheiten wird genauer betrachtet. Die Abbildung auf die Aufbau- und Ablauforganisation ist stark vom Unternehmenskontext abhängig. Sie wird daher im Folgeabschnitt an Fallbeispielen dargestellt.

6.3.1   Rollenmodell zum Management von IT-Architekturen

Ein Rollenmodell wird eingesetzt, um Anforderungsprofile und Verantwortlichkeiten unabhängig von konkreten Personen und Organisationseinheiten zu definieren und zu gruppieren. Die relevanten Rollen werden nach den durch sie eingebrachten Sichten gruppiert. Die definierten Sichten und Rollen werden in Kapitel 7-10 den dort definierten Workflows zugeordnet. Folgende Sichten werden berücksichtigt:

- Businesssicht

- Architektursicht

- Infrastruktursicht

- Softwareentwicklungssicht

- Managementsicht

Tabelle 6-1 stellt die beteiligten Rollen gruppiert nach Sichten dar. Zu jeder Rolle ist das Rollenverständnis beschrieben.

Tabelle 6-1: Rollen beim Management von IT-Architekturen

Rolle	Rollenverständnis
Businesssicht	
Business-Architekt	Gestaltung der Businessarchitektur, Analyse und Bewertung des IS-Portfolios im Hinblick auf die Elemente der Business-Architektur
	Unterstützung von Softwareentwicklungsprojekten bei der fachlichen Analyse
	Unterstützung bei der Entwicklung fachlicher Architekturen
	Durchführung bzw. Unterstützung des Workflow 1
Architektursicht	
IT-Architekt (auf Unternehmensebene)	Gestaltung der Informationsarchitektur; Durchführung der übergreifenden Architekturplanung und Architekturreleaseplanung; Durchführung bzw. Unterstützung der Workflows 1-3; Beratung der Informationsarchitektur
IT-Architekt (auf Projektebene)	Durchführung von IT-Architektur-Entwicklungen; Mitarbeit in bzw. Beratung von Entwicklungsprojekten; Durchführung der Workflows 4-6
Infrastruktursicht	
Service-Manager	Abstimmung und Koordination von Anforderungen an die IT-Basisinfrastruktur und deren Umsetzung; Einbringen von Anforderungen der IT-Basisinfrastruktur in Architekturentwicklungen
Security-Ingenieur	Unterstützung und Beratung der Entwicklung von Sicherheitsarchitekturen auf der Grundlage der Securitystrategie und bestehender bzw. geplanter Basisplattformen
System-Ingenieur	Unterstützung und Beratung der Entwicklung von Systemarchitekturen auf der Grundlage der Plattformstrategie und bestehender bzw. geplanter Basisplattformen
Softwareentwicklungssicht	
Projektleiter	Planung und Steuerung von Softwareentwicklungsprojekten nach den Größen Inhalt, Budget und Zeit
Software-Ingenieur	Design, Test und Realisierung von Softwarebausteinen von Informationssystemen auf der Basis der zugehörigen IT-Architektur
	Unterstützung bei der Entwicklung der Softwarearchitektur und der Definition des Entwicklungsprozesses
Managementsicht	
IT-Controller	Bewertung und Steuerung von Aktivitäten der IT nach Effizienz und Effektivität

Rolle	Rollenverständnis
Process-Owner	Verantwortung eines Prozesses innerhalb des Unernehmens Verantwortung für die Etablierung des Prozesses in der Aufbau- und Ablauforganisation
IS-Owner	Fachbereichsseitige Eigentümerschaft eines Informationssystems
IS-Verantwortlicher	IT-seitiger zentraler Ansprechpartner für ein Informationssystem gegenüber dem Fachbereich (IS-Owner) Service Level Management für das Informationssystem Kanalisation und Abstimmung von Change Requests
Sonstige	
IT-Explorer	Beobachtung, Analyse und Bewertung von Entwicklungen und Trends in der Informations- und Kommunikationstechnologie

6.3.2   Logische Einheiten der Organisation zum Management von IT-Architekturen

Im Folgenden werden logische Einheiten der Organisation definiert. Sie sind danach unterschieden, ob sie

- der Abstimmung und der Herbeiführung von Entscheidungen dienen, also die Managementsicht abbilden oder

- inhaltsorientierte Aufgaben beim Management von IT-Architekturen durchführen.

In der Praxis werden mehrere logische Einheiten häufig durch ein und dieselbe Organisationseinheit abgedeckt.

Logische Einheiten zur Gestaltung von Entscheidungs- und Abstimmprozessen

Das **Anwendungsboard** ist verantwortlich für die Abstimmung und die Herbeiführung von Entscheidungen zur Planung und Umsetzung des IS-Portfolios. In ihm sind die Rollen vertreten, die notwendig sind, um gemeinsame Entscheidungen von IT und Business hinsichtlich der Gestaltung des IS-Portfolios herbeizuführen.

Handshake zwischen IT und Business

Bei diesem Handshake werden die Schritte abgestimmt und entschieden, die zur optimalen Unterstützung der Business Architektur durch Informationssysteme notwendig sind. Das Anwendungsboard bildet das Steuerungsgremium für den Prozess IS-Portfoliomanagement.

Abbildung 6-3 zeigt die im Board vertretenen Rollen und den relevanten Ausschnitt der Architekturpyramide. Den Vorsitz über das Board sollte der Process-Owner des IS-Portfoliomanagement übernehmen. Business-Architekt und IT-Architekt (auf Unternehmensebene) bringen Analysen, Entwürfe und Entscheidungsvorlagen in das Board ein. Diese beiden Rollen realisieren Schnittstellen zu Einheiten: Projekte, Arbeitsgruppen, etc.

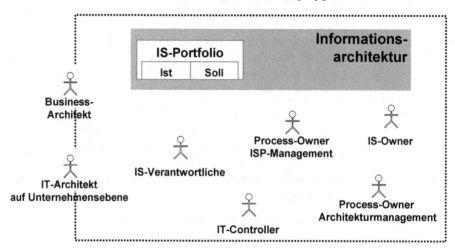

Abbildung 6-3:   Das Anwendungsboard

Das **Architekturboard** ist verantwortlich für die Abstimmung und für die Herbeiführung von Entscheidungen zur Gestaltung der Technologiestrategie, der Architekturprinzipien, der Architekturstrategie, zu IT-Architekturen und zur IT-Basisinfrastruktur (s. Abb. 6-4). Neben den auch im Anwendungsboard vertretenen Prozesseigentümern sind aus der IT zusätzlich der Prozesseigentümer des Management der IT-Basisinfrastruktur und themenabhängig Verantwortliche von Informationssystemen vertreten.

Den Vorsitz über das Board sollte der Eigentümer des Prozesses Architekturmanagement übernehmen. Der IT-Architekt (auf Unternehmensebene) bringt Analysen, Entwürfe und Entscheidungsvorlagen in das Board ein und realisiert die Schnittstelle zu Einheiten (Projekte, Arbeitsgruppen, etc.), die IT-Architekturen und Infrastrukturen planen und entwickeln.

Investitions-gremien   Beide Boards sind auf Gremien angewiesen, die abgeleitete Investitionsentscheidungen bearbeiten, vorbereiten oder herbeiführen[31]. Hier werden auf Initiative der Boards Investitionsentschei-

---

[31]   Häufig ist das Anwendungsboard implizit als Teil eines Investitionsgremiums implementiert

dungen zur Weiterentwicklung der Anwendungslandschaft her-
beigeführt. Das Zusammenspiel der Boards und des Investitionsgremiums wird über ein abgestimmtes Regelwerk festgelegt[32].
Dadurch wird insbesondere die Kostenverteilung der Aktivitäten
zur Weiterentwicklung der Anwendungslandschaft geregelt.

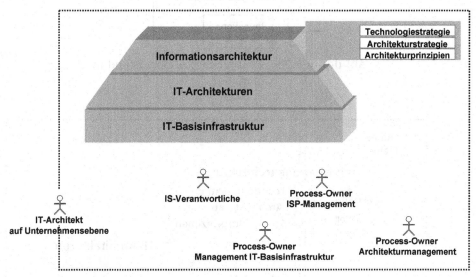

Abbildung 6-4:   Das Architekturboard

Boards sichern Alignment von IT und Business

Durch die in beiden Boards vertretenen Eigentümer der Prozesse
Architekturmanagement und IS-Portfoliomanagement wird die
Zusammenführung von IT- und Businesssicht sichergestellt und
so das Alignment von IT und Business vorangetrieben. Die Rolle
des IT-Architekten auf Unternehmensebene stellt dabei sicher,
dass inhaltliche Aktivitäten beider Prozesse aufeinander und auf
das Alignment ausgerichtet sind. Abbildung 6-6 stellt diesen Zusammenhang dar.

---

[32] Beispiel: Ab einer bestimmten Investitionssumme werden Entscheidungen durch das Investitionsgremium getroffen.

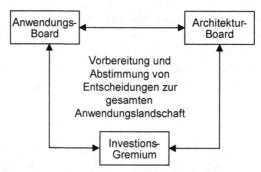

Abbildung 6-5:   Zusammenspiel Boards und Investitionsgremium

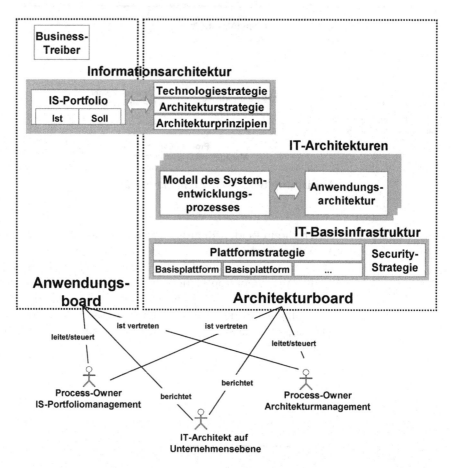

Abbildung 6-6:   Sicherstellung Alignment von Business und IT

Logische Einheiten zur Bearbeitung der Inhalte des Management von IT-Architekturen

Hier werden die Einheiten betrachtet, die inhaltsorientierte Aufgaben im Umfeld der Planung und Entwicklung von IT-Architekturen übernehmen.

Logische Einheit =
Dienste + Rollen

Solche Einheiten können definiert werden, indem ihre Dienste und die dazu notwendigen Rollen festgelegt werden. Auf diese Wiese entstehen „Komponenten", die in der Aufbau- und Ablauforganisation abgebildet werden. Im Folgenden werden wichtige Einheiten betrachtet.

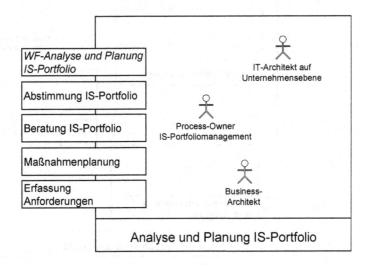

Abbildung 6-7:   Einheit „Analyse und Planung IS-Portfolio"

Zur Durchführung des Prozesses zum IS-Portfoliomanagement wird eine Einheit „Analyse und Planung IS-Portfolio" definiert. Zu den Leistungen der Einheit gehört u.a. die Durchführung des Workflows *Analyse und Planung IS-Portfolio* (vgl. Kap. 7). Abbildung 6-7 zeigt Rollen und angebotene Dienste.

Mehrere logische Einheiten unterstützen direkt die Durchführung des Prozesses Architekturmanagement. Sie können zu einer übergeordneten Einheit „Architekturmanagement" zusammengefasst werden. Sie umfasst die Einheiten „Architekturplanung", „Architekturentwicklung- und -beratung". Sofern Erprobungen und Technologieauswahlprozesse unterstützt werden sollen, kann zusätzlich eine Einheit „Forschung und Entwicklung IT-

Architekturen" definiert werden. Diese Einheit „F+E IT-Architekturen" hat auch die Aufgabe, für die Beratung von Architekturentwicklungen Knowhow aufzubauen und bereitzustellen (s. Abb. 6-8 bis 6-11).

Die Einheit „Architekturplanung" stellt Dienste zur übergreifenden Architekturplanung und zur Architekturreleaseplanung bereit. Zu den Leistungen gehört die Durchführung der Workflows *Übergreifende Architekturplanung* und *Initialisierung Architekturentwicklung* (vgl. Kap. 8 und 9).

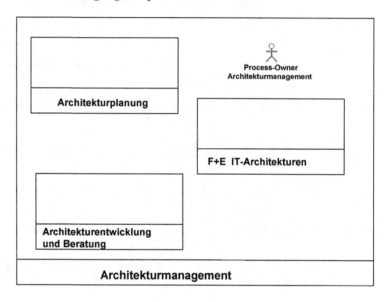

Abbildung 6-8:   Einheit „Architekturmanagement"

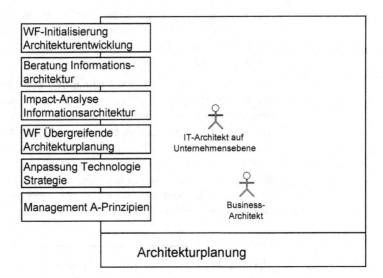

Abbildung 6-9:   Einheit „Architekturplanung"

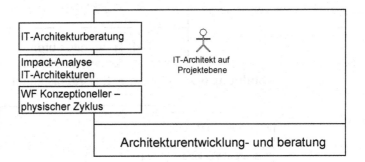

Abbildung 6-10:   Einheit „Architekturentwicklung und -beratung"

Die Einheit „Architekturentwicklung und -beratung" stellt Dienste zur Entwicklung einzelner IT-Architekturen zu Informationssystemen und zur Ableitung von Referenzarchitekturen bereit. Zu diesem Zweck führt sie die Workflows der Architekturentwicklung, den *Konzeptionellen, Logischen und Physischen Zyklus* (vgl. Kap. 10) durch.

Die Einheit „F+E IT-Architekturen" stellt Dienste bereit, um die Architekturberatung und -entwicklung durch die Erprobung und Bewertung von Technologien und den damit verbundenen Knowhow-Aufbau zu unterstützen.

Eine Einheit „Infrastrukturkoordination" koordiniert die Aktivitäten, die im Rahmen der Prozesse „Management der IT-Basisinfrastruktur" und „Infrastrukturentwicklung" durchgeführt werden, um Anforderungen der Software- und der Architekturentwicklung abzustimmen und zu realisieren. Diese Einheit stellt zudem sicher, dass Anforderungen aus Sicht der IT-Basisinfrastruktur in die Entwicklung von Architekturen und Informationssystemen eingehen. Sie stellt die koordinierte, vorausschauende Weiterentwicklung der Basisplattformen sicher (s. Abb. 6-12).

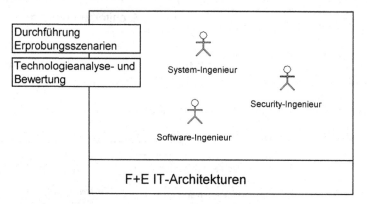

Abbildung 6-11: Einheit „F+E IT-Architekturen"

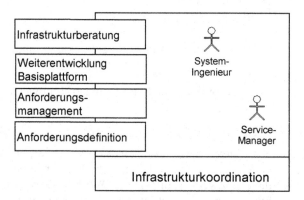

Abbildung 6-12: Einheit „Infrastrukturkoordination"

Eine Einheit „Innovationsmanagement" wird dann gebildet, wenn die aktive Beobachtung und Bewertung von Entwicklungen der IuK-Technologie durchgeführt wird. Ziel ist nicht die Zentralisierung der Analyse von IuK-Innovationen. Vielmehr werden durch die Einheit Ergebnisse und Aktivitäten des Innovationsprozesses in der IT kanalisiert (s. Abb. 6-13).

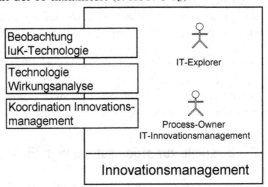

Abbildung 6-13: Einheit „Innovationsmanagement"

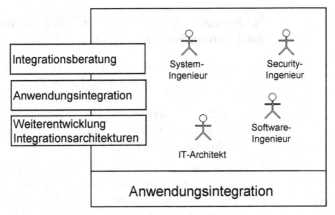

Abbildung 6-14: Einheit „Anwendungsintegration"

Organisations-einheit zur Anwendungs-integration

Werden in einem Unternehmen Geschäftsprozesse neu gestaltet, müssen i.d.R. viele Informationssysteme neu miteinander verknüpft werden. Es fallen umfangreiche Aufgaben zur Anwendungsintegration an. Dem kann durch die Bildung einer eigenen Einheit „Anwendungsintegration" entsprochen werden. Dies umfasst zum Beispiel den Einsatz und die Pflege von Referenzintegrationsarchitekturen. In dieser Einheit sind die Rollen IT-Architekt, System bzw. Software-Ingenieur eingebunden. Sie kann als Teil der Einheit „Architekturmanagement" oder eigenständig definiert werden (s. Abb. 6-14).

Alle genannten logischen Organisationseinheiten müssen zum Management von IT-Architekturen innerhalb der Aufbau- und Ablauforganisation eines Unternehmens umgesetzt werden. In den Kapiteln 7–10 ist zu jedem der sechs Workflows definiert, welche Rollen, Prozesse und Gremien beteiligt sind. Zusammen mit den in diesem Abschnitt definierten logischen Organisationseinheiten kann daraus die Einbettung des Prozesses Architekturmanagement in der Aufbau- und Ablauforganisation eines Unternehmens abgeleitet werden.

6.4   Fallbeispiele zur organisatorischen Einbettung

In diesem Absatz wird die organisatorische Einbettung des Management von IT-Architekturen bei einem Versicherungsunternehmen und einer Bank betrachtet. Beide Varianten werden auf der Basis des zuvor entwickelten Modells dargestellt.

6.4.1   Fallbeispiel 1 – Management von IT-Architekturen bei einem Versicherungskonzern

Bei einem national operierenden Versicherungskonzern existiert ein Zentralbereich IT, der sowohl die Entwicklung als auch den Betrieb von Informationssystemen und der zugehörigen IT-Basisinfrastruktur verantwortet. Der Zentralbereich besitzt großes Gewicht bei allen Entscheidungen zur Weiterentwicklung der Anwendungslandschaft.

IS-Portfoliomanagement nicht implementiert

Eine bewusste, zielgerichtete Umsetzung des Prozesses zum IS-Portfoliomanagement wurde nicht vorgenommen. Daher existiert keine entsprechende Einheit in der Aufbau- und Ablauforganisation. Situationsbezogen werden Arbeitsgruppen gebildet, die Aufgaben der IS-Portfolioanalyse und -planung übernehmen. Meistens geht die Initiative dabei von der IT aus. Berichtswege werden fallweise festgelegt. Entscheidungen zur Weiterentwicklung des IS-Portfolios werden ab einer definierten Investitionssumme innerhalb einer Investitionskommission getroffen.

Aufgaben zur Unterstützungen des Prozesses Architekturmanagement sind innerhalb einer Architekturgruppe gebündelt. Sie umfasst die logischen Einheiten

- Architekturplanung
- Architekturentwicklung
- F+E IT-Architekturen

Bei der Besetzung der Rollen innerhalb der Einheit „F+E IT-Architekturen" wird bewusst auf die Zusammenarbeit mit Universitäten gesetzt. Hoch qualifizierte Studenten werden in die Gruppe eingebunden, um Erprobungsaktivitäten zu übernehmen und den Wissenszuwachs sicherzustellen. Die Rollen zur Architekturentwicklung werden durch die fortlaufende Rotation von Mitarbeitern aus Entwicklungs- und Infrastrukturabteilungen besetzt, um so den Informations- und Wissensfluss in beide Richtungen sicherzustellen.

Die Architekturplanung ist auf das Management von Architekturprinzipien und den Workflow *Initialisierung Architekturentwicklung* beschränkt. In den Prinzipien wird insbesondere die Verwendung von Referenzarchitekturen geregelt. Abbildung 6-15 zeigt die Struktur der Architekturgruppe bei der Versicherung. Sie umfasst einen Architekten auf Unternehmensebene, den Leiter der Einheit, drei Architekten auf Projektebene, welche im Rahmen eines Rotationsprinzips besetzt werden.

Abstimmungen zum Architekturmanagement erfolgen über ein Architekturboard. In ihm werden alle Entscheidungen zu IT-Architekturen und zu Innovationen der IuK-Technologie vorbereitet und getroffen. Hier werden beispielsweise neue Architekturprinzipien verabschiedet. Größere Investitionsentscheidungen werden durch das Board vorbereitet und durch die Investitionskommission getroffen (s. Abb. 6-16).

Der Leiter der Architekturgruppe übernimmt als Eigentümer des Prozesses Architekturmanagement den Board-Vorsitz. Regelmäßige Mitglieder des Boards sind die Eigentümer der Prozesse zum Management der IT-Basisinfrastruktur, zur Softwareentwicklung und zum Innovationsmanagement. Themenabhängig nehmen Verantwortliche von Informationssystemen oder die Leiter von Entwicklungsprojekten sowie IT-Architekten an den Boardsitzungen teil.

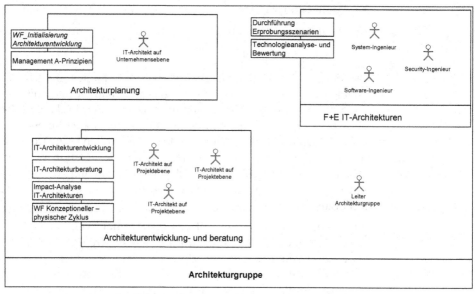

Abbildung 6-15: Architekturgruppe eines Versicherungskonzerns

Einschätzung

Die gewählte Struktur birgt die Gefahr, dass die Gruppe ereignis-
gesteuert, ohne klare Architekturstrategie agiert und rein auf operative Aktivitäten konzentriert ist. Dies kann dazu führen, dass
sich die Gruppe sukzessive auflöst. Vorteilhaft an der gewählten
Struktur ist die hohe Akzeptanz der IT-Architekten bei unterstützten Softwareentwicklungsprojekten.

Eine Optimierungsmöglichkeit besteht darin, die Leistungen der
Gruppe um die auftragsbezogene Durchführung der Workflows
Analyse und Planung IS-Portfolio und *Übergreifende Architektur-
planung* zu erweitern. Dies erfordert die Besetzung der Rolle
„Business-Architekt". Auf Grund der starken Stellung der IT im
Unternehmen kann im ersten Schritt auf die Implementierung
eines Anwendungsboards verzichtet werden. Dafür wird das
Aufgabenportfolio des Architekturboards erweitert.

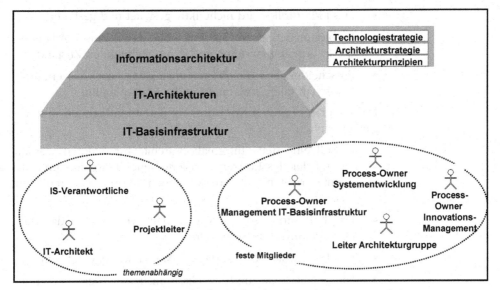

Abbildung 6-16: Architekturboard einer Versicherungsgruppe

6.4.2   Fallbeispiel 2 – Einführung der Architekturpyramide bei einer Bank

Die Integration eines national ausgerichteten Finanzdienstleisters in einen international aufgestellten Bankkonzern geht einher mit der Einführung bzw. Neugestaltung folgender Prozesse:

- Architekturmanagement
- IS-Portfoliomanagement
- Softwareentwicklung

Mit der Einführung wird die Erwartung verbunden, die IT der Tochter auf die IT der Mutter auszurichten und so Synergie-potenziale zu realisieren.

Die Ist-Situation bei der Tochter ist u.a. durch folgende Fakten gekennzeichnet:

- Die Prozesse sind nicht explizit definiert und umgesetzt, sondern werden teils gar nicht, teils informell gelebt.
- Notwendige Rollen und Gremien existieren nur rudimentär.
- IT-Architekturen werden fallbezogen, ohne übergreifende Planung als Teil von Entwicklungsprojekten erstellt und nicht übergreifend abgestimmt.

- Das IS-Portfolio wird nicht aktiv gestaltet und gesteuert.

- Es besteht keine Transparenz über das Business Alignment der Informationssysteme und deren technischen Zustand.

- Entscheidungen zur Weiterentwicklung der Anwendungslandschaft fallen i.W. im Zuge der Jahresplanung.

Die Integration in den Konzern geht u.a. mit folgenden Anforderungen einher:

- Es soll eine neue Informationsarchitektur definiert werden, die auf der des Konzerns basiert. Neue IT-Architekturen der Tochter richten sich an der neuen Informationsarchitektur aus.

- Das IS-Portfolio soll aktiv gemanagt werden, um das Business Alignment zu verbessern.

- Das IS-Portfolio soll auf das der Mutter ausgerichtet sein.

- Die Technologie- und die Plattformstrategie der Tochter soll auf die des Konzerns ausgerichtet werden.

- Durch die konzernweite Vereinheitlichung von IT-Architekturen soll die konzernweite Anwendungslandschaft homogenisiert werden.

Festlegung Process Owner Zunächst wird der Eigentümer des Prozesses Architekturmanagement definiert und damit beauftragt, eine Organisation aufzubauen. Sie soll darauf ausgerichtet sein, die neue Informationsarchitektur zu entwickeln und die Gestaltung der Anwendungslandschaft auf das Fundament dieser Informationsarchitektur zu stellen.

Der Fokus der Einführungsaktivitäten liegt zunächst auf der Entwicklung einer Roadmap zur Einführung der Architekturpyramide und auf dem Aufbau einer adäquaten Organisation.

Die Roadmap

Grundlage aller Aktivitäten ist die Gestaltung der Einführung als Changeprozess. Sponsor, Auftraggeber und Lenkungsausschuss sind explizit definiert und stellen so die systematische, zielorientierte Einführung der Architekturpyramide sicher.

Der Sollzustand des Changeprozesses wird in Form mehrerer übergreifender Ziele definiert. Diese lauten u.a.:

1. Die Business-Architektur ist definiert, dokumentiert, abgestimmt.

2. Die Informationsarchitektur ist definiert, dokumentiert und abgestimmt.

3. Die wichtigsten Prozesse zur Umsetzung der Architekturpyramide sind definiert und implementiert.

4. Eine Architekturgruppe ist als Dienstleister etabliert.

Jedes Ziel wird durch Teilziele verfeinert, die nach Kriterien wie Priorität, Zeithorizont, Risiko, QuickWin (Ja/Nein) bewertet sind. Die folgende Liste zeigt exemplarisch die Zerlegung des zweiten Hauptziels in Teilziele:

„Die Informationsarchitektur ist definiert, dokumentiert, abgestimmt"

- Der Entwurf des Soll-Anwendungsportfolios liegt in Form von aggregierten Prozess-Produkt-Anwendungsmatrizen vor.

- Die Zuordnung zu Business-Treibern ist transparent.

- Im IS-Portfolio sind die wichtigsten Architekturdomänen identifiziert.

- Die wesentlichen Referenzarchitekturen sind identifiziert und Architekturprinzipien abgeleitet.

- Das Mapping des Anwendungsportfolios auf das des Konzerns ist sichergestellt.

Zu jedem Teilziel werden Maßnahmen abgeleitet. Mit diesem Maßnahmenkatalog ist die Grundlage für die Entwicklung der Roadmap geschaffen. Sie wird in vier Phasen aufgeteilt. Die Maßnahmen werden zum Teil in Form von Teilprojekten, zum Teil als laufende Aktivitäten definiert. Abbildung 6-17 zeigt die Aufteilung in Phasen. Maßnahmen und Meilensteine der ersten Phase sind skizziert.

In dieser Roadmap sind die wichtigsten Einzelmaßnahmen geordnet, die zur Erreichung der definierten Ziele abgeleitet wurden.

Phase 1 – Einführung Architekturpyramide

In der ersten Phase liegt der Fokus auf der Einführung der neuen bzw. angepassten und miteinander verzahnten Prozesse Architekturmanagement und Softwareentwicklung. Damit verbunden ist die Verankerung eines Architekturboards in die lokale und konzernweite Organisation sowie die Etablierung der Architekturgruppe als Dienstleister. Parallel dazu werden erste inhaltliche Schwerpunkte bearbeitet, wie

- die Extraktion von Business-Treibern der wichtigsten strategischen Geschäftseinheiten und

- die Extraktion bzw. Festlegung erster Referenzarchitekturen und die Ableitung von Architekturprinzipien.

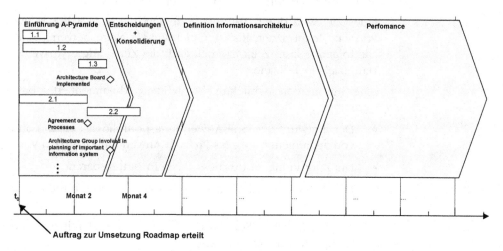

Abbildung 6-17: Roadmap zur Einführung der Architekturpyramide

Phase 2 – Entscheidungen und Konsolidierung

Hier werden auf der Grundlage der Erfahrungen der ersten Phase die Vorgehensweisen und die Planung angepasst. Wichtige Entscheidungen zu den Folgeschritten werden getroffen. So wird zum Beispiel der Scope für die weitere Ausgestaltung der Informationsarchitektur festgelegt.

Phase 3 – Definition Informationsarchitektur

In dieser Phase liegt der Schwerpunkt auf der Verfeinerung der Informationsarchitektur und der weiteren Etablierung der Architekturgruppe als Dienstleister (durch die Bereitstellung von Beratungsleistungen). Parallel dazu wird die Definition und Einführung des Prozesses IS-Portfoliomanagement und die damit verbundene Etablierung eines Anwendungsboards durchgeführt.

Phase 4 – Performance

Der Schwerpunkt dieser Phase liegt auf der koordinierten Umsetzung ausgewählter Elemente der Informationsarchitektur durch Softwareentwicklungs- und Architekturprojekte.

Die Einbettung der Architekturgruppe in der Organisation

Sukzessiver Aufbau entlang der Roadmap

Der Aufbau der Architekturgruppe wird entlang der Roadmap auf der Basis der notwendigen logischen Einheiten durchgeführt. In Phase 1 werden die logischen Einheiten „Architekturplanung", „Architekturentwicklung" und „Technologieanalyse[33]" mit ausgewiesenen Diensten und Rollen aufgebaut. Auf die Realisierung einer Einheit „F+E IT-Architekturen" wird zunächst verzichtet. Eine neue Rolle „IT-Architekt auf Konzernebene" wird eingeführt. Abbildung 6-18 zeigt die geplante Struktur der Architekturgruppe am Ende der ersten Phase.

Die Roadmap sieht vor, den Prozess IS-Portfoliomanagement in der dritten Phase zu definieren und einzuführen, nachdem sich die Architekturgruppe etabliert hat. Der Prozesseigentümer wird dennoch frühzeitig festgelegt, um so von Beginn an alle Rollen im Architekturboard zu besetzen.

In der dritten Phase der Roadmap soll u.a. der Prozess des IS-Portfoliomanagement zusammen mit einem Anwendungsboard etabliert werden. Die logische Einheit „Analyse und Planung IS-Portfolio" soll als Teil der Architekturgruppe realisiert werden, so dass sich folgende Sollstruktur am Ende der dritten Phase ergibt.

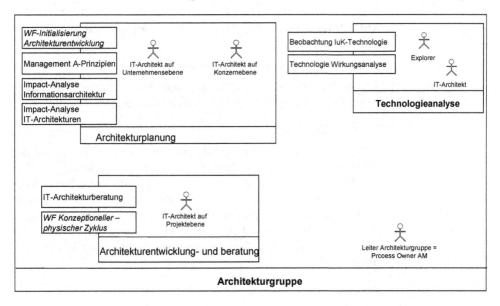

Abbildung 6-18: Struktur der Architekturgruppe

---

[33]   Als Minimalversion eines Innovationsmanagement

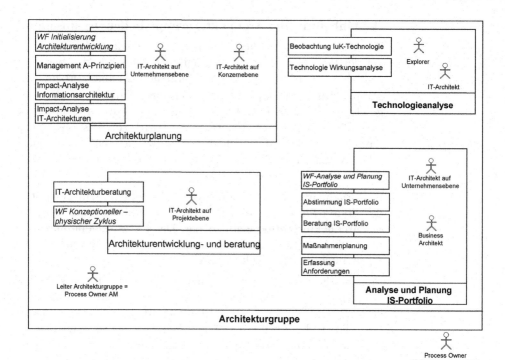

Abbildung 6-19: Zielstruktur der Architekturgruppe

Selbstverständnis der Architekturgruppe

Das Selbstverständnis der neu geschaffenen Architekturgruppe stützt sich auf ein Mission Statement und zugehörige Leitlinien.

Mission Statement

Die Leistung der Gruppe ist die Planung, Entwicklung und die Beratung von IT-Architekturen. Diese IT-Architekturen stellen das Business Alignment der durch die IT bereitgestellten Informationssysteme sicher. Zu diesem Zwecke wird ein standardisierter Architekturmanagement-Ansatz befolgt. Alle Leistungen der Gruppe beruhen auf der engen Verzahnung der Prozesse Architekturmanagement, Projektmanagement und Softwareentwicklung.

Leitlinien

- Die Gruppe verfügt über zwei Kernkompetenzen
    - die integrierte Durchführung des Architekturmanagementprozesses und

- die Sicherstellung der übergreifenden Sicht.

• Der Architekturansatz der Gruppe stellt die übergreifende Steuerung von IT-Architekturen durch adäquate Architekturprinzipien sicher.

• Die spezielle Technologiekompetenz liegt innerhalb der Software- und Infrastrukturentwicklungsprojekte.

• Die Gruppe hilft Projekten die Balance zwischen der Projektsicht und der Unternehmenssicht zu halten.

• Think big, act small.

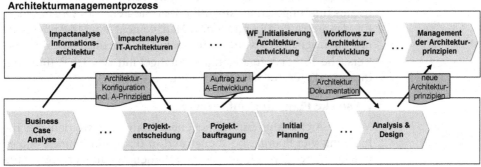

Abbildung 6-20: Architekturmanagement und Softwareentwicklungsprozess

Auf der Grundlage dieser Definition der Architekturgruppe wird der Softwareentwicklungsprozess angepasst und mit dem neu definierten Architekturmanagementprozess verzahnt. Der Softwareentwicklungsprozess basiert auf dem Rational Unified Process. Er wurde bereits bei seiner Einführung um zusätzliche Aktivitäten (z. B. Projektentscheidung) ergänzt. Abbildung 6-20 zeigt die Verzahnung der beiden Prozesse.

Bewertung

Die Einführung der Architekturpyramide wird systematisch auf die Anforderungen einer konzernweit wirkenden Informationsarchitektur ausgerichtet. Vernachlässigt wird die übergreifende Architekturplanung – es fehlt die vorausschauende Planung von IT-Architekturen zum IS-Portfolio.

Die Trennung der Analyse und Planung des IS-Portfolio vom Process Owner IS-Portfoliomanagement sollte überprüft werden. Die Verlagerung dieser Leistungen zum Eigentümer des Prozesses IS-Portfoliomanagement und die stärkere Betonung der Businessseite sollten angestrebt werden.

6.5   Stolpersteine bei der Einführung

In diesem Abschnitt werden Stolpersteine für die Einführung eines übergreifenden Ansatzes zum Management von IT-Architekturen aufgezeigt.

Fehlende oder unrealistische Einschätzung der Reife der Organisation

Zu Beginn der Einführung wird darauf verzichtet, sich ein realistisches und ungeschminktes Bild über die Reife der Organisation für das geplante übergreifende Management von IT-Architekturen zu machen. Es wird nicht analysiert, ob und wie ähnliche Versuche in der Vergangenheit durchgeführt wurden[34] und was die Gründe für ein Scheitern waren.

Zu starke Fixierung auf Inhalte

Mit der Architekturgruppen eigenen Motivation werden die Inhalte mit viel Energie bearbeitet und in das Unternehmen eingebracht. Es wird versäumt, die betroffenen Mitarbeiter vorher für die Inhalte und damit verbundene Veränderung von Denkmustern und Arbeitsweisen zu gewinnen.

Besetzung einer Architektureinheit nach Head Counts

Die für eine neue Architekturgruppe vorgesehenen Stellen werden möglichst schnell besetzt. Die Anforderungen hinsichtlich Erfahrungen, Kommunikationskompetenz und Knowhow der betroffenen Rollen treten unter dem Druck, die Stellen möglichst schnell zu besetzen, in den Hintergrund. Anschließend ist die Organisationsform von der Papierform her vollständig, die Profile der Gruppenmitglieder lassen jedoch kein effektives Arbeiten zu.

Verankerung IS-Portfoliomanagement in der IT

Die Eigentümerschaft des Prozesses IS-Portfoliomanagement wird in der IT verankert. Die Business-Sicht wird kaum oder gar nicht berücksichtigt. Auf Seiten des Business – zum Beispiel in der Unternehmensentwicklung – lebt dann eine weitere Version des

---

[34]   Zum Beispiel der mehr oder minder gescheiterte Versuch, ein unternehmensweites Datenmodell zu etablieren.

Prozesses. Unter dieser Voraussetzung ist ein hohes Maß an Alignment von IT und Business nicht zu erreichen.

Vernachlässigung einer gemeinsamen Sprachbasis

Es wird versäumt, ein Modell wie die Architekturpyramide auf die im Unternehmen genutzte Begrifflichkeit anzupassen bzw. es wird ganz auf die Standardisierung der Begriffe im Architekturumfeld verzichtet.

Internes Modell zum Management von IT-Architekturen wird nach außen unadaptiert kommuniziert

Innerhalb einer Architekturgruppe wird ein Modell zum Management von IT-Architekturen erfolgreich angewandt. Bei Abstimmungen mit Stakeholdern wird es verwendet, ohne die Komplexität und Begrifflichkeit auf den Kontext des Kommunikationspartners anzupassen.

Vernachlässigung Quick Wins und 80/20 Regel

Im übermäßigen Streben nach Perfektion und Vollständigkeit wird versäumt, schnelle Erfolge zu erreichen und sie gegenüber den Stakeholdern positiv zu vermarkten.

Mangelnde Balance pro-aktiver und reaktiver Aktivitäten[35]

Die Verteilung der Aktivitäten einer Architekturgruppe zwischen solchen, die reaktiven (zum Beispiel kurzfristig angeforderter Architektursupport) und solchen, die pro-aktiven Charakter besitzen, wird nicht konsequent durch den Prozesseigentümer Architekturmanagement gesteuert. Dies führt entweder zur Überbetonung reaktiver Aktivitäten (Rolle IT-Architekt auf Projektebene) mit der Konsequenz, dass die Architekturgruppe die längerfristig angelegten Ziele einer Architekturstrategie nicht verfolgen kann. Oder es führt zur Überbetonung pro-aktiver Aktivitäten (Rolle IT-Architekt auf Unternehmensebene) mit der Folge, dass die Architekturgruppe die Verzahnung mit der Softwareentwicklung verliert und abgehoben agiert.

6.6   Zusammenfassung

In diesem Kapitel wurde die Einführung eines übergreifenden Ansatzes zum Management von IT-Architekturen analysiert. Dazu wurde ein Changeprozess definiert, der die Festlegung einer

---

[35]   vgl. [GIGAHoppe-2]

Roadmap umfasst. Zwei Fallbeispiele und die Analyse von Stolpersteinen rundeten das Kapitel ab.

Das entwickelte Rollenmodell wird in den Folgekapiteln aufgegriffen. Dort werden sechs Workflows zum Management von IT-Architekturen idealtypisch beschrieben. Sie liefern dem IT-Architekten einen roten Faden, ein Inhaltsverzeichnis, um einen übergreifenden Ansatz zum Management von IT-Architekturen strukturiert und systematisch durchzuführen. Teil der Beschreibung ist die Festlegung der jeweils involvierten Rollen.

Beim Durcharbeiten der Workflows sollte der Leser sich immer wieder deren Ebenen übergreifenden Charakter vor Augen führen. Wenn also zum Beispiel der *Konzeptionelle Zyklus* durchgeführt wird, bedeutet das nicht die reine Fokussierung auf die konzeptionelle Ebene. Vielmehr können gemäß Abbildung 5-9 mehrere Workflows parallel durchgeführt werden, um eine IT-Architektur zu entwickeln.

7 Der Workflow-Analyse- und Planungs-IS-Portfolio

Der Workflow-*Analyse- und Planungs-IS-Portfolio* beschreibt eine Folge von Aktivitäten, die dazu dient, das Ist-Portfolio zu analysieren und einen neuen Stand des Soll-Portfolios zu definieren. Im Fokus des Workflows steht das Alignment von Business und IT.

Grundlage der Definition des Workflows bilden die Ausführungen in Kapitel 4. Hier wurden insbesondere Kriterien und Metriken zur Einschätzung des Wertbeitrages von Portfolioobjekten dargestellt.

7.1 Zur Darstellung von Workflows

In diesem und den folgenden drei Kapiteln werden insgesamt sechs Workflows dargestellt. Die Darstellung der Workflows geschieht nach folgendem Schema:

Jeder Workflow beschreibt wichtige Teilschritte („Prozessschritte") innerhalb des Prozesses, der durch den Workflow detailliert wird. Im Falle des Workflows *Analyse und Planung IS-Portfolio* ist dies der Prozess IS-Portfoliomanagement, bei allen weiteren Workflows der Prozess des Architekturmanagement. Dann folgt ein Übersichtdiagramm, in dem diese Prozessschritte dargestellt und mit Informationen zu folgenden Punkten angereichert sind:

- Input des Workflows
- Schnittstellen zu Aktivitäten anderer Prozesse und ausgetauschte Artefakte
- Output des Workflows

In einem weiteren Diagramm werden die Rollen dargestellt, die an der Durchführung des Workflows beteiligt sind. Dies sind die Rollen, wie sie in Kapitel 6 definiert wurden.

Grafische Darstellung

Die grafische Aufbereitung des Workflows wird folgendermaßen vorgenommen:

- Die Darstellung von Artefakten und Aktivitäten wird durch die in der Unified Modeling Language vorgesehenen Symbole durchgeführt.

141

- Ein Dokument in der Prozessdarstellung aus Kapitel 4 entspricht im Workflow einem Artefakt ▇.

- Die Aktivität innerhalb eines Prozesses – wie in Kapitel 4 verwendet – wird durch das UML-Activity Symbol ▭▷ dargestellt.

- Workflows werden ebenfalls durch dieses Symbol beschrieben, sie sind gesondert gekennzeichnet.

- Informationsflüsse zwischen Prozessen sind als gestrichelte Pfeile dargestellt, entlang derer die Artefakte ausgetauscht werden.

Der detaillierte Workflow wird im anschließenden Abschnitt als Gesamt-Activity-Diagramm dargestellt. Hier werden die Prozessschritte durch Aktivitäten verfeinert, weitere Artefakte und Schnittstellen ergänzt. Die Darstellung des Gesamtablaufs erzeugt einen Leitfaden, den der IT-Architekt verwenden kann, um das Vorgehen im eigenen Unternehmen zu definieren. Eine ergänzende Tabelle gibt Auskunft über Input und Output der einzelnen Aktivitäten.

Ergänzende Beschreibungen, Beispiele und Überlegungen vervollständigen den Workflow.

7.2 Der Workflow im Überblick

Der Workflow zur *Analyse und Planung des IS-Portfolios* wird entweder von der Business-Seite oder der IT ausgelöst. Letzteres ist der Fall, wenn Anforderungen aus der IT oder Innovationen der IuK-Technologie erfordern, die technologische Basis des bestehenden IS-Portfolios weiter zu entwickeln.

In beiden Fällen muss geprüft werden, welche Kriterien herangezogen werden, um ein vollständiges Bild der Wirkung von Anforderungen und Innovationen auf das Portfolio zu gewinnen. Dieser Analyseprozess erfordert Zeit, führt jedoch zu fundierteren und damit besseren Entscheidungen, die helfen, die Qualität der Anwendungslandschaft nachhaltig zu verbessern.

Der Workflow *Analyse und Planung IS-Portfolio* besteht aus den vier Schritten:

- der Definition der Analysebasis,

- der Analyse und Bewertung,

- der Anpassung des IS-Portfolios sowie

- der Abstimmung.

Alle Abstimmungen zum IS-Portfolio erfolgen über das Anwendungsboard (vgl. Kapitel 6).

1.   Definition Analysebasis

Bevor die Analyse und Bewertung des IS-Portfolios durchgeführt
wird, muss für die vorliegenden Anforderungen festgelegt werden, welcher Ausschnitt des Portfolios relevant ist, welche Kriterien und Metriken herangezogen werden und wie vorgegangen
wird. Dies betrifft entsprechend der Ausführungen in Kapitel 4
die Analyse und Bewertung des:

- geschäftlichen Wertes,

- technischen Zustandes,

- Risikos und

- Lebenszyklus.

Die auf diese Weise festgelegte Analysebasis geht zur Abstimmung ins Anwendungsboard, das den Auftrag zur Analyse und
Planung erteilt.

Zwischenergebnisse des Prozessschrittes:

- Vorgehensweise zur Durchführung der Analyse

- Relevanter Ausschnitt des IS-Portfolios

- Kriterien und Metriken für die Analyse der erfassten Anforderungen und Innovationen

2.   Analyse und Bewertung[36]

Zunächst wird der relevante Ausschnitt des Ist-IS-Portfolios beschrieben. Anforderungen und Innovationen werden dann für
diesen Ausschnitt entlang der festgelegten Kriterien untersucht.
Dabei bilden die Business-Treiber ein zentrales Kriterium, das
zur Analyse des geschäftlichen Wertes herangezogen werden
kann. Deshalb werden die Treiber im Zuge der Analyse auf ihre
Aktualität geprüft und ggf. angepasst.

---

[36] Idealerweise verläuft die Analyse pro-aktiv. Dies ist zugegebener-
maßen eine Idealisierung. Wenn z. B. aus dem Management die
Entscheidung für ein bestimmtes CRM-System kommt, ohne dass
vorher Analysen durchgeführt werden, müssen sich die beteiligten
IT- und Business-Architekten auf die nachgelagerte Analyse beschränken, um so noch das Optimum bei gegebener Entscheidung
zu erreichen – was dem Umfang ihrer Arbeit aber durchaus zugute
kommt.

In die Analyse technischer Aspekte fließen Ergebnisse einer Architekturanalyse ein, um eine Bewertung aus Architektursicht vornehmen zu können. Die Architekturanalyse greift dabei auf eine Infrastrukturanalyse zurück, in der die Wirkung der Anforderungen auf die IT-Basisinfrastruktur analysiert wird.

Die Analyseergebnisse dieser Schritte werden mit den definierten Metriken bewertet, so dass sich ein vollständiges Bild darüber ergibt, ob und wie Anforderungen und Innovationen im bestehenden IS-Portfolio abgebildet werden bzw. wie das Portfolio optimiert werden muss, um den Anforderungen zu genügen. Zum Beispiel wird deutlich, welche Veränderungen in bestehenden Informationssystemen vorgenommen werden müssen, um eine neue Produktgruppe, einen neuen Zugangskanal, usw. zu unterstützen.

Zwischenergebnisse des Prozessschrittes:

- In Bezug auf den Ausschnitt des Ist-IS-Portfolio analysierte und bewertete Anforderungen
- Aktualisierte Business-Treiber

3.   Anpassung IS-Portfolio

Auf der Grundlage der Analyse und der Bewertung werden die Maßnahmen definiert, die notwendig sind, um das Portfolio auf die Anforderungen auszurichten. Szenarien zur Weiterentwicklung des Portfolios werden ausgearbeitet und entlang der definierten Kriterien bewertet. Auf diese Weise entstehen Vorschläge zum Soll-IS-Portfolio und zum Maßnahmenplan zur Entwicklung des Ist- zum Soll-IS-Portfolio. Bei Bedarf wird der Workflow zur *Übergreifenden Architekturplanung* ausgelöst, um Architekturszenarien zu entwickeln, die dann in die Überlegungen zur Anpassung des IS-Portfolios eingehen.

Zwischenergebnis des Prozessschrittes:

- Bewertete Szenarien zur Weiterentwicklung des IS-Portfolios
- Entwurf des neuen IS-Portfolios
- Maßnahmenplan

4.   Abstimmung

Der im dritten Schritt definierte Entwurf zum neuen IS-Portfolio und der zugehörige Maßnahmenplan werden im Anwendungsboard abgestimmt. Anschließend werden notwendige Iterationen

durchgeführt bzw. Folgeaufträge erteilt – z. B. zur Architekturplanung.

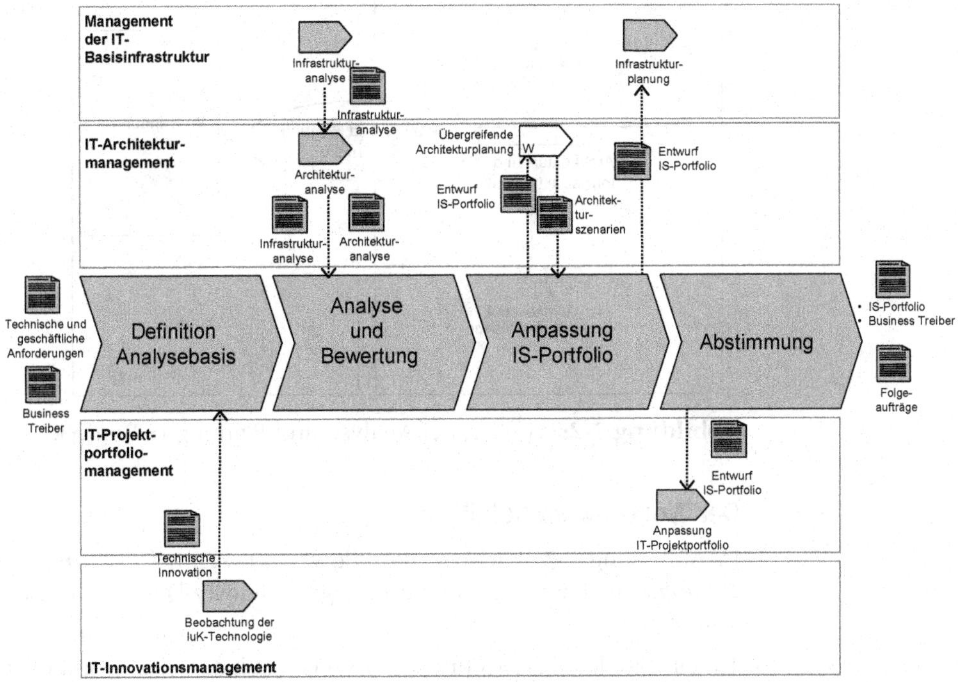

Abbildung 7-1:   Schritte des Workflows zur Analyse und Planung IS-Portfolio

Ergebnisse des Prozessschrittes:

- Angepasstes IS-Portfolio

- Folgeaufträge

- Aktualisierte Business-Treiber

Abbildung 7-1 zeigt die vier Schritte und die Interaktion mit weiteren Prozessen.

Bei der *Analyse und Planung IS-Portfolio* fungiert das Anwendungsboard als Abstimmgremium. Abbildung 7-2 zeigt die beteiligten Rollen und die durch sie eingebrachten Sichten.

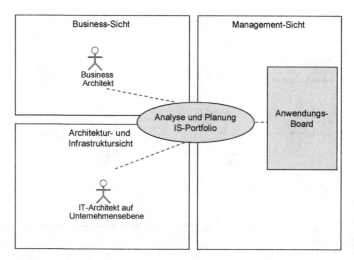

Abbildung 7-2:   Rollen bei Analyse und Planung IS-Portfolio

7.3   Der Workflow im Detail

In Abbildung 7-3 wird der Workflow *Analyse und Planung IS-Portfolio* in Form eines vollständigen Activity-Diagramms beschrieben.

Tabelle 7-1 fasst die Definitionen von Aktivitäten des Workflows zusammen.

7.4   Zusammenfassung

Ausgangspunkt für den in diesem Kapitel definierten Workflow *Analyse und Planung IS-Portfolio* ist die Erkenntnis, dass das IS-Portfolio die Schlüsselstelle für die stringente Ausrichtung der IT auf die geschäftlichen Anforderungen ist. Deshalb wurde eine Aktivitätenfolge definiert, die die Grundlage für die systematische Gestaltung des IS-Portfolios bildet. Diese Aktivitätenfolge definiert zunächst die Basis für die Analyse, führt dann die Analyse und Bewertung durch, um darauf aufbauend ein neues Soll für das Portfolio festzulegen.

Im Falle größerer Veränderungen des IS-Portfolios ist zu prüfen, welche IT-Architekturen entwickelt bzw. angepasst werden müssen. In diesem Fall wird der Workflow zur *Übergreifenden Architekturbasisplanung* durchgeführt. Er ist Gegenstand des Folgekapitels.

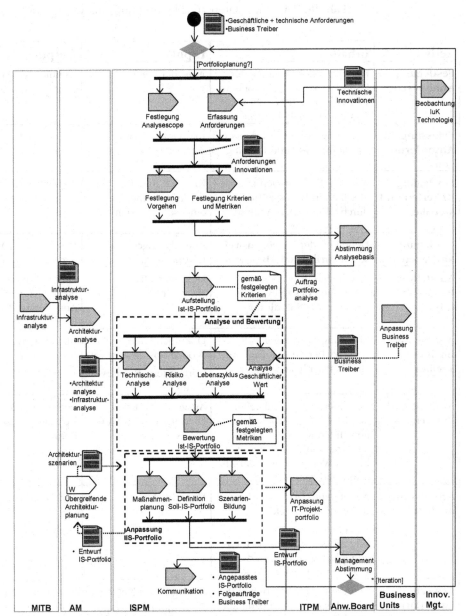

Abbildung 7-3:   Analyse und Planung IS-Portfolio[37]

---

[37]   MITB = Management der IT-Basisinfrastruktur, AM = Architekturmanagement, ISPM = IS-Portfolio-Management, ITPM = IT-Projektportfolio-Management

Tabelle 7-1: Aktivitäten zur Planung und Analyse des IS-Portfolios

Activity	Inhalt	Input	Output
Festlegung Analysescope	Definition des Umfangs der Portfolioanalyse insbesondere Zielsetzung und betroffenere Ausschnitt des IS-Portfolios	Anforderungen	Definierter Umfang der Analyse
Erfassung Anforderungen	Erhebung der Anforderungen für die Analyse und Planung	Interviews, Workshops etc.	Fixierte Anforderungen
Festlegung Kriterien und Metriken	Auswahl der Kriterien und Metriken in Bezug auf die durchzuführenden Analyse und Bewertung	Kriterien und Metriken, die im Unternehmen eingesetzt werden	Ausgewählte Kriterien und Metriken
Festlegung Vorgehen	Definition der Vorgehensweise zur Analyse und Bewertung	Anforderungen und Kriterien	Beschreibung Vorgehen
Aufstellung Ist-IS-Portfolio	Erstellung der groben Beschreibung des relevanten Teils des Ist-IS-Portfolios	Dokumentation, Workshops, Interviews	Grobbeschreibung des relevanten Ausschnittes Ist-IS-Portfolios
Anpassung Business-Treiber	Ableitung der aktuellen Business-Treiber der relevanten Geschäftseinheiten	Dokumentation, Workshops, Interviews Vorhandene Business-Treiber	Aktualisierte Business-Treiber
Analyse und Bewertung	Verfeinerung der Aufstellung des Ist-Portfolios nach den gewählten Kriterien zur Ermittlung von Risiko, geschäftlichem Wert, technischem Zustand und Lebenszyklus	Ausgewählte Kriterien, Dokumentation, Workshops, Interviews	Verfeinerte Darstellung des Ist-IS-Portfolios
Architekturanalyse	Architekturbezogene Analyse der Portfolio-Objekte Frage: Wie müssen IT-Architekturen angepasst werden, um die Anforderungen abzudecken?	IT-Architekturen	Architekturanalyse Infrastrukturanalyse
Bewertung Ist-IS-Portfolio	Bewertung der Ergebnisse der Portfolioanalyse in Bezug auf die definierten Kriterien unter Nutzung der festgelegten Metriken	Analyse nach Kriterien Gewählte Bewertungsmetriken	Bewertung der Portfolioanalyse

Szenarien-bildung	Ableitung von Szenarien zur Gestaltung des Soll-IS-Port-folios	Ist-IS-Portfolio Bewertete Analyse-ergebnisse Anforderungen	Portfolio-Szenarien
Maßnahmen-planung	Festlegung der Maßnahmen, die zur Überführung des Ist-in das Soll-Portfolio notwen-dig sind	Ist-IS-Portfolio Bewertete Analyse-ergebnisse Szenarien Anforderungen	Roadmap
Definition Soll-IS-Port-folio	Festlegung Sollzustand für den relevanten Ausschnitt des Portfolios; ggf. je Szenario	Ist-IS-Portfolio Bewertete Analyse-ergebnisse Szenarien Anforderungen	Relevanter Aus-schnitt für Soll-IS-Portfolio
Management-Abstimmung	Abstimmung der Roadmap zur Umsetzung der Maßnahmen	Ist-IS-Portfolio Bewertete Analyse-ergebnisse Szenarien Soll-IS-Portfolio Roadmap	Angepasstes IS-Portfolio und Folgeaufträge

8 Der Workflow zur übergreifenden Architekturplanung

Zeichnen sich bei der Durchführung des Workflows *Analyse und Planung IS-Portfolio* größere Änderungen in der Anwendungslandschaft ab, erfordert dies unter Umständen Anpassungen der Informationsarchitektur und der übergreifenden Architekturplanung.

Der Workflow zur *Übergreifenden Architekturplanung* definiert die hierzu notwendigen Aktivitäten. Auf diese Weise entsteht eine auf das angepasste IS-Portfolio ausgerichtete übergreifende Architekturplanung. Sie umfasst die Festlegung von Domänen, Anwendungstypen, Referenzarchitekturen und zugehörige Architekturkonfigurationen auf der Grundlage der angepassten Informationsarchitektur – insbesondere der Architekturprinzipien.

Der in diesem Kapitel dargestellte Workflow *Übergreifende Architekturplanung* beinhaltet die Schritte, die notwendig sind, um die Informationsarchitektur anzupassen, die übergreifende Planung zu überarbeiten und Folgeschritte anzustoßen.

8.1 Der Workflow im Überblick

Die *Übergreifende Architekturplanung* wird entweder durchgeführt, wenn geschäftliche und technische Anforderungen und Innovationen zur Anpassung des IS-Portfolios führen und deshalb die übergreifende Architekturplanung überarbeitet wird oder wenn Architekturszenarien zur Unterstützung der Portfolioanalyse und -planung definiert werden müssen.

Zum Beispiel wird bei der Fantasia Versicherung aufgrund der Anforderungen der Multikanalstrategie das Soll-IS-Portfolio angepasst. Die übergreifende Architekturplanung muss deshalb überarbeitet werden.

Der Workflow *Übergreifende Architekturplanung* besteht aus vier Schritten:

- der Analyse,
- der Anpassung der Informationsarchitektur,
- der Planung und
- der Abstimmung.

Alle Abstimmungen zur übergreifenden Architekturplanung erfolgen über das Architekturboard (vgl. Kapitel 6).

1.   Analyse

In diesem Schritt werden Anforderungen, Innovationen und daraus abgeleitete Veränderungen des IS-Portfolios in ihrer Wirkung auf vorhandene oder zukünftige IT-Architekturen und die IT-Basisinfrastruktur analysiert. Es wird definiert, welche IT-Architekturen entwickelt bzw. angepasst werden müssen und welche Basisplattformen bereitgestellt werden müssen, um die Umsetzung des IS-Portfolios zu unterstützen.

Bildung von Architektur-szenarien

Wesentlich für die Planung von IT-Architekturen ist die Bildung von Architekturszenarien. Sie werden erstellt, um mögliche Konstellationen für die Gestaltung von IT-Architekturen zur Umsetzung des veränderten IS-Portfolios zu ermitteln und zu beschreiben.

Entwurf einer Anwendungs-architektur

Um einen Überblick über die wichtigsten Komponenten, Schnittstellen und Informationsflüsse zu gewinnen, kann je Architekturszenario ein Entwurf der Anwendungsarchitektur erstellt werden. In diesem Fall wird der *Konzeptionelle Zyklus* durchgeführt.

Benchmarking unterstützt Architekturanalyse

Steht eine umfassende Weiterentwicklung des IS-Portfolios an, kann eine Bewertung der Anwendungslandschaft durch ein Benchmarking[38] von Informationssystemen, IT-Architekturen und IT-Basisinfrastruktur durchgeführt werden, um die Analyse so auf eine breitere Basis zu stellen. Existierende Referenzarchitekturen können ebenso einem Benchmarking unterzogen werden, wie IT-Architekturen einzelner strategischer Informationssysteme.

Zwischenergebnisse des Prozessschrittes:

- Wirkungsanalyse der Veränderung des IS-Portfolios auf die Architekturplanung
- Benchmarks zur Anwendungslandschaft
- Auswahl der relevanten Architekturszenarien

---

[38]   Zum Benchmarking wird der Leser auf die umfangreichen Darstellungen in [Dob2001] verwiesen.

Benchmarking der SFA-Systeme der Fantasia Versicherung

Die bei der *Fantasia* Versicherung betriebene Lösung zur Sales Force Automation mit ihren Subsystemen, Liefer- und Zwischensystemen definiert einen Ausschnitt des IS-Portfolios, der aufgrund technologischer Anforderungen und Innovationen erheblichem Änderungsdruck unterliegt.

Aufwände für das Change- und Configuration Management einschließlich der notwendigen Software- und Datenverteilung erreichen ein Ausmaß, das aus Kosten-/Nutzensicht immer weniger zu vertreten ist. Die Veränderung dieses Teils des IS-Portfolios erfordert ein Überdenken der Technologiestrategie, die Neuordnung des IS-Portfolios sowie die Einführung neuer Anwendungstypen und IT-Architekturen – Ausgangspunkt für die Durchführung des Workflows zur *Übergreifenden Architekturplanung*.

Da eine Reihe von Mitbewerbern ebenfalls vor der Frage steht, wie ihre mobilen Systeme weiterentwickelt werden, soll ein Benchmarking Klarheit über die eigene Position im Vergleich zu Mitbewerbern schaffen und so die Anpassung des Soll-IS-Portfolios und der Architekturplanung unterstützen.

2.   Anpassung Informationsarchitektur

Auf der Grundlage der Ergebnisse des ersten Schrittes wird entschieden, ob die Informationsarchitektur angepasst wird. Dabei stehen folgende Fragen und Aktivitäten im Mittelpunkt:

- Muss die Technologiestrategie angepasst werden?
- Müssen die Architekturprinzipien angepasst werden?
- Muss die Architekturstrategie, d.h. der angestrebte Sollzustand für das IT-Architekturmanagement angepasst werden?

Der gewonnene neue Stand der Informationsarchitektur wird im Architekturboard abgestimmt.

Zwischenergebnis des Prozessschrittes:

- Abgestimmter Stand der Informationsarchitektur

3.   Übergreifende Planung

Immer dann, wenn aus der Anpassung der Informationsarchitektur die Notwendigkeit zur Neuordnung der übergreifenden Architekturplanung folgt, werden Architekturdomänen und Anwendungstypen neu geordnet, und die Festlegung von Referenzarchitekturen sowie die Zuordnung von Architekturkonfigurationen wird angepasst („Architekturbasisplanung").

Architekturbasis-planung z. B. bei Unternehmens-fusion

Eine Architekturbasisplanung ist zum Beispiel dann notwendig, wenn IS-Portfolios mehrerer Unternehmen oder Unternehmenseinheiten bereinigt und zusammengeführt werden oder wenn im Zuge der Einführung des Architekturmanagementprozesses die Basisplanung zur Entwicklung von IT-Architekturen aufgestellt wird. Die Architekturbasisplanung erfordert in der Regel die Anpassung der Architekturprinzipien – eine weitere Iteration des zweiten Prozessschrittes wird deshalb notwendig.

Parallel zur Architekturplanung müssen in der Infrastrukturplanung die für die Umsetzung des angepassten IS-Portfolios notwendigen Infrastrukturmaßnahmen definiert und geplant werden. Gegebenenfalls erfordert die Veränderung der Technologiestrategie und des IS-Portfolios die Anpassung der Security- und die Plattformstrategie.

Zwischenergebnis des Prozessschrittes:

- Angepasste oder umfassend neu gestaltete übergreifende Architekturplanung
- Angepasste Infrastrukturplanung

4. Abstimmung

Die Planungsergebnisse werden im Architekturboard abgestimmt. Über das Architekturboard werden Folgeaktivitäten abgestimmt. Das Architekturboard fungiert dann als Trigger für Veränderungen des IT-Projektportfolios und für Investitionsentscheidungen. Das Architekturboard löst auf diese Weise die Entwicklung von IT-Architekturen aus. Dann wird der Workflow *Initialisierung Architekturentwicklung* angestoßen.

Ergebnisse des Prozessschrittes:

- Abgestimmte übergreifende Planung
- Auftrag Architekturentwicklung

Quick Win – Entwicklung einer Informationsarchitektur

Die Entwicklung einer Informationsarchitektur erfordert Abstimmprozesse, die Zeit kosten. Zeit, die häufig nicht in dem Maße vorhanden ist, wie es die vollständige Beschreibung der Informationsarchitektur erfordert. Deshalb ist es sinnvoll, zunächst eine Basisversion der Informationsarchitektur zu entwickeln und diese um einen Grobentwurf der übergreifenden Architekturplanung zu ergänzen.

Beim Aufbau der Informationsarchitektur hat sich bewährt, mit einer ersten Aufstellung der Architekturprinzipien und der Analyse eines Ausschnittes des IS-Portfolios zu beginnen, der ein hohes Maß an Management „Attention" auf sich vereint (Beispiel Multikanalarchitektur bei der Fantasia Versicherung).

Auf diese Weise wird das Fundament eines übergreifenden, architekturgetriebenen Vorgehens gelegt. Entwicklungsprojekte können ohne große Verzögerung aufgesetzt werden, und die Informationsarchitektur wird sukzessive ausgebaut.

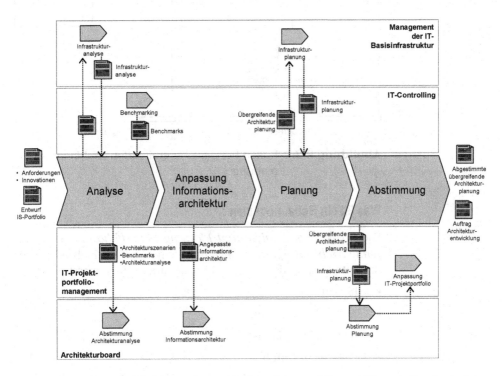

Abbildung 8-1:   Schritte des Workflows „Übergreifende Architekturplanung"

Abbildung 8-1 zeigt die vier Prozessschritte des Workflows und die Interaktion mit weiteren Prozessen.

155

Bei der *Übergreifenden Architekturplanung* fungiert das Architekturboard als Abstimmgremium. Abbildung 8-2 zeigt die beteiligten Rollen und die durch sie eingebrachten Sichten.

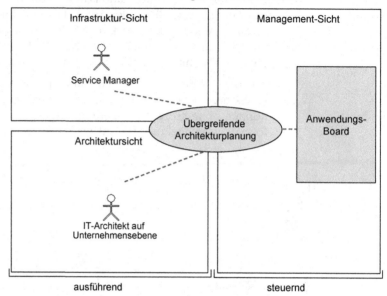

Abbildung 8-2:   Rollen bei der übergreifenden Architekturplanung

8.1.1   Was ist ein Bebauungsplan?

Die Workflows *Analyse und Planung IS-Portfolio* und *Übergreifende Architekturplanung* erzeugen einen neuen Zielzustand für die Entwicklung der IT eines Unternehmens. Er umfasst:

- IS-Portfolio
- Architekturplanung
- Infrastrukturplanung
- IT-Projektportfolio

Dieser Zielzustand wird unter dem Begriff Bebauungsplan zusammengefasst.

Bebauungsplan

Der durch die Beschreibung von IS-Portfolio, Architekturplanung, Infrastrukturplanung und IT-Projektportfolio definierte

Sollzustand wird als Bebauungsplan der IT eines Unternehmens bezeichnet.

8.1.2   Was ist eine flexible IT-Architektur?

These
Das Bild von einer einzigen, umfassenden, flexiblen IT-Architektur ist für die übergreifende Gestaltung der Anwendungslandschaft zu abstrakt.

Immer wieder ist in Analysen zur IT von Unternehmen und Branchen zu lesen, dass eine flexible IT-Architektur geschaffen werden muss, damit Unternehmen wettbewerbsfähig bleiben. Häufig wird dies z. B. für die Versicherungswirtschaft gefordert. „Time-to-Market" ist dann mit Sicherheit das Stichwort. Damit wird die Vorstellung erzeugt, es gäbe eine einzelne IT-Architektur, die dazu führt, dass Entwicklungsprozesse beschleunigt, Kosten gesenkt und Erträge gesteigert werden. In den Unternehmen, besteht jedoch in der Regel keine Klarheit darüber, was diese eine flexible IT-Architektur eigentlich ausmacht und wie deren Umsetzung erfolgt – in der Praxis existiert diese eine flexible, allgemein gültige Architektur nicht. In durchgeführten Architekturprojekten, wird normalerweise die IT-Architektur einzelner oder einer Gruppe von Informationssystemen definiert. Teilweise wird mit Referenzarchitekturen gearbeitet.

Wo ist die eine flexible IT-Architektur?

Von dieser flexiblen, einzigartigen Architektur also keine Spur! Dafür gibt es verschiedene Gründe. Architekturentwicklung ist, wie erläutert, Kommunikation über Architekturartefakte. Diese stellen immer eine Momentaufnahme der Anwendungslandschaft dar. Eine IT-Architektur bildet daher immer die Momentaufnahme eines Kommunikationsprozesses. Ein weiterer Grund liegt darin, dass das Bild einer einzigartigen Architektur sehr gut verkauft werden kann. Die Realität ist jedoch komplizierter und daher schwerer zu beschreiben.

Wenn von der einzigartigen, flexiblen IT-Architektur gesprochen wird, muss dies daher genauer gefasst werden. Dies kann folgendermaßen geschehen.

Konkretisierung des Begriffes „flexible IT-Architektur"

Eine systematische Anforderungsanalyse wird durchgeführt, um zu klären, was „flexibel" in Bezug auf die Informationsarchitektur, IT-Architekturen, IT-Basisinfrastruktur, IS-Portfolio und Business-Architektur bedeutet. Was sind genau die Kriterien[39], die erfüllt sein müssen, damit die geforderte Flexibilität erreicht ist? Was erwarten die Fachbereiche, was die IT-Abteilungen, was die Unternehmensführung? Ausgehend von diesen Anforderungen werden die Workflows *Analyse und Planung IS-Portfolio* und *Übergreifende Architekturplanung* durchgeführt. Hier werden Analysen, Bewertungen, Benchmarks durchgeführt und Szenarien gebildet, um zu erarbeiten, welche Informationssysteme, welche IT-Basisinfrastruktur, IT-Architekturen und welche Projekte notwendig sind, um die definierten Flexibilitätsanforderungen zu erreichen. Wird dies alles zusammengefasst, so zeichnet dies den Sollzustand der IT in Bezug auf die geforderte Flexibilität.

Abstraktionen führen zu übergreifenden Referenzarchitekturen

Werden nun Abstraktionen in Form von Referenzarchitekturen festgelegt, die zur Erreichung des Sollzustandes umgesetzt werden müssen, und werden diese zu <u>einer</u> übergreifenden Referenzarchitektur verallgemeinert, so stellt das Ergebnis eine übergreifende Soll-Architektur dar. Wird dieses Ergebnis um das Soll-IS-Portfolio und das zur Umsetzung notwendige IT-Projektportfolio ergänzt, so liegt ein Bebauungsplan vor, der beschreibt, was ein Unternehmen unter der flexiblen IT-Architektur versteht.

8.2   Der Workflow im Detail

In diesem Abschnitt wird der Workflow *Übergreifende Architekturplanung* im Detail dargestellt. Dazu wird das vollständige Activity-Diagramm zum Workflow dargestellt. Anschließend werden die einzelnen Aktivitäten tabellarisch beschrieben (s. Abb. 8-3 und Tab. 8-1).

Bei der Durchführung des Workflows muss der IT-Architekt folgende Fragen beantworten:

- Welche Anwendungstypen und Architekturdomänen müssen definiert oder ergänzt werden?

- Welche IT-Architekturen müssen zur Umsetzung des Soll-IS-Portfolios entwickelt oder angepasst werden?

---

[39]   Bsp.: Fähigkeit, neue Zugangskanäle in minimaler Zeit zu unterstützen.

- Müssen Referenzarchitekturen eingesetzt werden, um bestimmte Gruppen von Informationssystemen und deren IT-Architekturen zu vereinheitlichen?

- Welche Architekturkonfigurationen gelten für die betroffenen IT-Architekturen?

- Welche Architekturentwicklungen sollen aufgesetzt werden, um die Überführung des Ist- in das Soll-IS-Portfolio zu unterstützen?

- Welche IT-Basisinfrastruktur wird benötigt, um die geplanten IT-Architekturen und Informationssysteme umzusetzen?

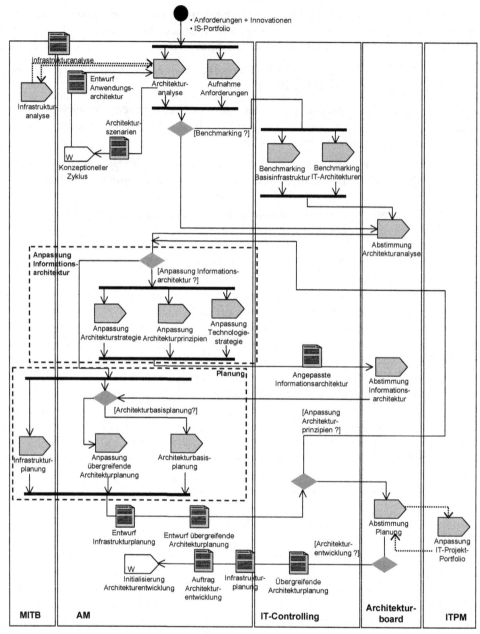

Abbildung 8-3:   Workflow zur übergreifenden Architekturplanung

Tabelle 8-1: Aktivitäten der übergreifenden Architekturplanung

Activity	Inhalt	Input	Output
Aufnahme Anforderungen	Aufnahme der Anforderungen und Interpretation im Kontext des Architekturmanagements	Anforderungen+Innovationen, die auf das IS-Portfolio wirken Letzter Stand des IS-Portfolios	Zusammengefasste Anforderungen
Architektur-analyse	Analyse der Anforderungen im Hinblick auf die bestehenden Architekturen und die IT-Basisinfrastruktur Ableitung von Architekturszenarien Definition von möglichen Zielplattformen	Zusammengefasste Anforderungen Angepasste Business-Treiber	Architekturszenarien incl. Entwurf Anwendungsarchitektur Zuordnung von möglichen Zielplattformen
Benchmarking Basisinfrastruktur	Durchführung von Benchmarks für den relevanten Teil der IT-Basisinfrastruktur	Anforderungen+ Innovationen Dokumente, Workshops, Interviews	Benchmark
Benchmarking IT-Architekturen	Durchführung von Benchmarks zu ausgewählten IT-Architekturen	Anforderungen+ Innovationen Dokumente, Workshops, Interviews	Benchmark
Abstimmung Architektur-analyse	Abstimmung der zu den Anforderungen entwickelten Architekturszenarien	Architekturszenarien Anforderungen+ Innovationen	Abgestimmte Architekturszenarien Auswahl Zielplattform
Anpassung Informations-architektur	Überprüfung und Überarbeitung der aktuell gültigen Technologiestrategie, Architekturstrategie, Architekturprinzipien	Angepasste Business-Treiber Architekturszenarien Anforderungen+ Innovationen Benchmarks Zielplattformen	Entwurf zur Anpassung der Informationsarchitektur
Abstimmung Informations-architektur	Abstimmung des Vorschlags zur Informationsarchitektur	Entwurf zur Informationsarchitektur	Angepasste Informationsarchitektur

Activity	Inhalt	Input	Output
Anpassung übergreifende Architektur-planung	Anpassung der übergreifenden Architekturplanung auf das ergänzte IS-Portfolio	IS-Portfolio Anforderungen Szenarien	Entwurf zur übergreifenden Architekturplanung
Architektur-basisplanung	Restrukturierung des IS-Portfolios durch Architekturdomänen und Festlegung von Referenzarchitekturen, Anwendungstypen und Architekturkonfigurationen	IS-Portfolio Anforderungen Szenarien	Entwurf zur neu gestalteten übergreifenden Architektur-planung
Infrastruktur-planung	Entwurf zur Anpassung der Plattform- und Security-Strategie und der Zuordnung von Basisplattformen zum IS-Portfolio Grobplanung notwendiger Maßnahmen	Anforderungen Übergreifende Architekturplanung Infrastrukturanalyse	Entwurf zur Infrastrukturplanung
Anpassung IT-Projektportfolio	Abstimmung der notwendigen Maßnahmen auf das IT-Projektportfolio	Entwurf Architekturplanung Entwurf Infrastrukturplanung	Angepasstes Projektportfolio
Abstimmung Planung	Entscheidung über notwendige Maßnahmen zur Umsetzung der übergreifenden Architekturplanung und Auslösen von Folgeworkflows	Entwurf Architekturplanung Entwurf Infrastrukturplanung	Auftrag Architekturentwicklung Angepasste Infrastrukturplanung Angepasste Architekturplanung

- Muss die IT-Basisinfrastruktur weiterentwickelt werden, um eine adäquate Zielplattform bereitzustellen?

- Welche Aktivitäten müssen durchgeführt werden, um die IT-Basisinfrastruktur weiter zu entwickeln?

- Welche Szenarien sind denkbar und wie sind diese aus Sicht von Kosten, Nutzen und Risiko zu bewerten?

8.3 Architekturprinzipien bei der Fantasia Versicherung

Bei der Fantasia Versicherung führt die *Übergreifende Architektur-planung* zur Definition einer Architekturdomäne „Multikanalplattform" (vgl. Kap. 4). In ihr sind alle Informationssysteme, Subsysteme und wesentlichen Komponenten zusammengefasst, deren Entwicklung durch die Multikanalarchitektur gesteuert wird.

Teil der *Übergreifenden Architekturplanung* ist die Festlegung der Architekturkonfiguration. Dazu werden vor allem die Architekturprinzipien herangezogen. Unter ihnen werden die relevanten extrahiert und in die Architekturkonfiguration der Multikanalarchitektur übernommen. Sie werden so zu übergreifenden Anforderungen, die bei der Architektur-entwicklung zur Multikanalplattform zu berücksichtigen sind.

Architekturprinzipien als Teil der Architekturkonfiguration

Wie im dritten Kapitel erläutert, ist das IS-Portfolio des Unternehmens trotz erfolgreicher Einführung neuer Systeme wie der Call Center-Anwendung, dem Data Warehouse oder der mobilen Systeme zur Sales Force Automation weiterhin stark auf die CICS-basierten Großrech-neranwendungen ausgerichtet. Dies schlägt sich in den Architektur-prinzipien nieder. Tabelle 8-2 zeigt einen Auszug derjenigen Archi-tekturprinzipien des Unternehmens, die in die Architekturkonfiguration der Multikanalplattform eingehen. Die Aufstellung der Architekturprin-zipien wurde bei der Durchführung des Workflows *Übergreifende Architekturplanung* überarbeitet. So wurde zum Beispiel das Prinzip „A7 – Integrationsplattform" neu aufgenommen.

Tabelle 8-2: Architekturprinzipien bei der Fantasia Versicherung

Nummer	Bezeichnung	Beschreibung	Scope
Allgemeine Prinzipien			
A1	Referenz-software-architektur	Alle neu entwickelten operativen Anwendungen richten die Soft-warearchitektur an der bestehen-den Referenzsoftwarearchitektur aus	Neu zu entwickelnde operative Anwendungen Konzeptionelle/logische Softwarearchitektur
A2	Multikanal-fähigkeit	IT-Architekturen sind auf die funk-tionale Integration mit den Ver-triebspartnern ausgerichtet.	Angebots-, Antrags-, Leis-tungsprozesse, die über ver-teilte Anwendungen unter-stützt werden
A3	Serviceorien-tierung	Die Architektur verteilter Anwen-dungen ist so gestaltet, dass die serviceorientierte Bereitstellung von versicherungsfachlichen Funktionen unterstützt wird	Unternehmenskritische An-wendungen zu Angebots-, Antrags-, Leistungsprozessen

Nummer	Bezeichnung	Beschreibung	Scope
A4	Schutz des Backend	Die zentralen, zu schützenden Ressourcen sind die CICS-basierten Backend-Systeme. Die Backend-Schicht ist hinsichtlich Security von besonderer Bedeutung und möglichst stark zu schützen.	Operative Versicherungssysteme
A5	Sichere Produkte	An sicherheitsrelevanten Stellen werden nur Produkte eingesetzt, die im Markt etabliert sind und über deren Sicherheitslücken zeitnah Informationen im Markt verfügbar sind	Unternehmenskritische Anwendungen
A6	Schutz von Ressourcen	Der Zugriff auf Ressourcen ist so zu administrieren, dass alle Zugriffe, die nicht explizit erlaubt sind, verboten sind.	Zugriff aus Extranet und Internet
A7	Integrations-plattform	Das führende System für Integrationslösungen des Unternehmens ist ein Application Server	Lösungen zur funktionalen Integration mehrerer Geschäftsanwendungen Systemarchitektur
A8	Daten-replikation	Die Replikation von operativen Daten des Backend ist zu vermeiden	Operative Prozesse
A9	Ausrichtung auf Vertriebs-partner	IT-Architekturen richten sich an den Plattformen der Vertriebspartner aus.	Unternehmenskritische Anwendungen zu Angebots-, Antrags-, Leistungsprozessen
A10	Minimalität der Softwarearchi-tektur	Die Softwarearchitekturen zu operativen Anwendungen zur Unterstützung von Vertriebspartnern sind als Integrationsarchitekturen auszulegen. Das bedeutet, dass die Menge fachlicher Funktionen, die nicht auf dem Backend implementiert sind, minimal gehalten wird.	Operative Anwendungen zu Angebots-, Antrags-, Leistungsprozessen mit Unterstützung für Vertriebspartner
...	...	...	...
Technologische Ausrichtung			
T1	Backend-anbindung	Die Anbindung der Backend-Versicherungssysteme erfolgt auf der Basis message-orientierter Middleware	Alle unternehmenskritischen Anwendungen mit Backend-Integration

Nummer	Bezeichnung	Beschreibung	Scope
T2	Ausrichtung auf J2EE	Technologische Basis für verteilte Systeme ist der Komponentenstandard J2EE	Unternehmenskritische verteilte Anwendungen
T3	Application-Server	Application-Server J2EE-Server der Firma XY ist zur Umsetzung des J2EE Standard einzusetzen	Unternehmenskritische verteilte Anwendungen
...	...	...	...

8.4   Zusammenfassung

In diesem Kapitel wurde der Workflow zur *Übergreifenden Architekturplanung* beschrieben. Dabei wurde deutlich, dass der Umfang der Planung stark variiert. Einmal handelt es sich um die klar abgegrenzte Entwicklung der Architektur eines einzelnen Informationssystems, für das die bestehende Architekturplanung lediglich ergänzt werden muss. Ein anderes Mal ergibt sich aus Veränderungen der Business-Architektur die umfangreiche Anpassung des IS-Portfolios und daraus die Notwendigkeit, die Basisinfrastruktur weiter zu entwickeln und mehrere IT-Architekturen parallel über die Festlegung von Architekturdomänen zu planen, abzugrenzen und zu entwickeln. In diesem Fall wird eine umfassende Anpassung der Architekturplanung notwendig. Dies wurde als Architekturbasisplanung bezeichnet.

Die Diskussion um die Substanz einer flexiblen IT-Architektur zeigte, dass es für die Entwicklung und Planung von Architekturen unerlässlich ist, sich auf der Grundlage eines Architekturplanungsmodells, wie es in Kapitel 4 erarbeitet wurde, Klarheit darüber zu verschaffen, was der gewünschte Sollzustand der IT ist und welche IT-Architekturen zu entwickeln sind.

Das dabei verwendete Modell muss nicht perfekt sein. Entscheidend ist, dass dadurch eine Systematik in den Planungsprozess Einzug hält, die zu bewussten Entscheidungen führt. Entscheidungen, die zur Initialisierung von Architekturentwicklungen führen. Der hierzu notwendige Workflow wird im folgenden Kapitel beschrieben.

9 Die Initialisierung einer Architekturentwicklung

Die Entwicklung einer IT-Architektur muss systematisch und in Abstimmung mit dem zugehörigen Softwareentwicklungsprojekt aufgesetzt werden. Dies stellt sicher, dass übergreifende und projektspezifische Anforderungen gleichermaßen berücksichtigt, erfasst, bewertet und im Auftrag zur Architekturentwicklung fixiert werden.

Der Auftrag kann zu einem eigenen Architekturprojekt führen oder als Teilaufgabe in ein Softwareentwicklungsprojekt eingebettet sein.

Im Vordergrund des Workflows *Initialisierung Architekturentwicklung* stehen Aktivitäten, die sicherstellen, dass eine Architekturentwicklung geordnet aufgesetzt wird.

Am Beispiel der Entwicklung der IT-Architektur zur Multikanalplattform der Fantasia Versicherung wird die Anwendung des Workflows verdeutlicht.

9.1 Der Workflow im Überblick

Auslöser des Workflows ist die Beauftragung einer Architekturentwicklung durch ein Architekturboard. Dort wird abgestimmt, welche IT-Architekturen zu entwickeln sind, wie sie in die übergreifende Architekturplanung eingebettet sind und welche Architekturszenarien verfolgt werden.

Innerhalb des Workflows zur *Übergreifenden Architekturplanung* (vgl. Kapitel 8) wurde eine Architekturkonfiguration definiert und der zu entwickelnden IT-Architektur zugeordnet. In der Architekturkonfiguration ist festgelegt, welche Architekturprinzipien, Grundstrukturen, Standards, technologischen Vorgaben, Richtlinien und Rahmenbedingungen für die anstehende Architekturentwicklung gelten. Auf diese Weise wird die übergreifende Sicht in die Entwicklung der IT-Architektur eingebracht.

Der Workflow *Initialisierung Architekturentwicklung* umfasst drei Schritte:

- die Abgrenzung des Scope,
- die Auftragsklärung und
- die Planung.

1. Abgrenzung

Die klare, nachvollziehbare Beschreibung und Abstimmung des Sollzustandes, der Reichweite und der Anforderungen der Architekturentwicklung stellen sicher, dass eine vollständige Beschreibung des Leistungsumfangs der Architekturentwicklung entsteht. Zu diesem Zweck werden in der Abgrenzung alle Anforderungen an die Architekturentwicklung zusammengetragen.

Dies sind:

- Anforderungen, die sich aus dem konkreten Business Case ergeben, der der Softwareentwicklung zu Grunde liegt[40],

- die festgelegte Architekturkonfiguration,

- weitere Anforderungen, die sich aus Architektur- und aus Infrastruktursicht ergeben[41].

Die Überprüfung und Ergänzung der vorgegebenen Architekturszenarien (in der *Übergreifenden Architekturplanung* festgelegt), die Bestimmung der Risiken und die Ermittlung der kritischen Erfolgsfaktoren sind Teil der Abgrenzung der Architekturentwicklung. Aus Anforderungen, Szenarien, Risiken und Erfolgsfaktoren wird der Sollzustand für die Architekturentwicklung abgeleitet und im Architekturboard abgestimmt. Dies ist der Zustand, der zu einem definierten Zeitpunkt erreicht sein soll, damit die Architekturentwicklung als erfolgreich gilt.

Zwischenergebnisse des Prozessschrittes:

- Abgestimmter Sollzustand,

- Architekturszenarien,

- Anforderungen,

- Risiken und

- Erfolgsfaktoren

---

[40] Der Business Case wird im Workflow *Initial Planning* im Rahmen des Softwareentwicklungsprozesses beschrieben.

[41] Zum Beispiel wird durch den IT-Architekt die Anforderung eingebracht, dass das Errorhandling einer umfassenden Integrationsarchitektur durch einen zentralen Dienst erbracht wird.

2.   Auftragsklärung

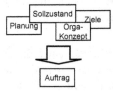

Die explizite Definition und Abstimmung des Auftrages für die Architekturentwicklung wird in diesem Prozessschritt durchgeführt. Der Sollzustand geht in die Auftragsdefinition ein. Wesentlich für die Auftragsdefinition ist die Beschreibung der Ziele und der Wege zum Nachweis ihrer Erreichung. Dies sind Ziele,

- die aus übergreifender Sicht erreicht werden müssen,

- die aus Sicht des Softwareentwicklungsprojektes erreicht werden müssen; also desjenigen Projektes, das das Informationssystem erstellt, für das die Architektur die Grundlage bildet.

Da eine Architektur immer im Spannungsfeld vielfältiger Interessen entwickelt wird, muss die Auftragsklärung folgende Punkte einschließen:

- Die Festlegung der organisatorischen Einbettung in Form eines Organisations- und Kommunikationskonzeptes, in dem auch die Eskalationswege festgelegt werden.

  Häufig wird die Architekturentwicklung bei großen Entwicklungsvorhaben als eigenes Projekt oder hervorgehobenes Teilprojekt durchgeführt[42].

- Den Entwurf der Architekturreleaseplanung. Diese Planung wird auf den Entwurf der Planung des Softwareentwicklungsprojektes abgestimmt.

Das Ergebnis der Auftragsklärung wird in einem Auftrag fixiert und im Architekturboard abgestimmt. Ein Mitglied dieses Gremiums übernimmt dabei die Rolle des Auftragnehmers. Die Rolle des Aufragnehmers wird in der Regel durch den IT-Architekten auf Projektebene übernommen.

Zwischenergebnisse des Prozessschrittes:

- Organisations- und Kommunikationskonzept

- Zieldefinition

- Entwurf Releaseplanung, abgestimmter Auftrag

3.   Planung

Dieser Schritt vervollständigt die zuvor entworfene Architekturreleaseplanung. Dies geschieht gemeinsam mit der Softwareent-

---

[42]   (vgl. Kap. 4, Abb. 4-23)

wicklung. In der Releaseplanung wird der Umfang von Architekturreleases festgelegt, die zu definierten Meilensteinen dem Softwareentwicklungsprojekt zur Durchführung des Workflows *Analyse &Design* zur Verfügung stehen muss.

Festlegung der führenden Sichten

Zu diesem Zweck legt der IT-Architekt die wichtigsten Architektursichten fest. Sie können aus den festgelegten Zielen und Anforderungen abgeleitet werden. Mit Hilfe dieser Sichten werden die Schwerpunkte von Architekturreleases gebildet – zum Beispiel die Entwicklung bestimmter Sichten der Softwarearchitektur. Ergänzend werden diejenigen Aktivitäten und Artefakte fixiert, die in den Folgeschritten – den Workflows zur Architekturentwicklung – durchgeführt werden.

Vorgehen zum Changemanagement

Parallel dazu wird die Vorgehensweise zum Architektur-Changemanagement definiert. Hier wird beschrieben, wie Change Requests an die Architektur erhoben und bearbeitet werden. Change Requests kommen aus

- dem Softwareentwicklungsprojekt,

- dem Prozess zum Management der IT-Basisinfrastruktur

- oder dem Architekturmanagementprozess selbst.

Zielpriorisierung als Grundlage der Sichtbildung

Die Sichtbildung stellt einen kritischen Erfolgsfaktor für die Architekturentwicklung dar. Deshalb sollte der IT-Architekt diesen Schritt sorgfältig in Abstimmung mit dem Softwareentwicklungsprojekt durchführen und sich Klarheit darüber verschaffen, welche Architektursichten zu welchem Zweck genutzt werden sollen. In der Regel lassen sich aus den definierten und priorisierten Zielen die wichtigsten Architektursichten ableiten.

Nach diesen Aktivitäten liegen alle Ergebnisse vor, um die Grundstruktur des Architektur-Outline festzulegen und die Planungsaspekte aufzunehmen. Im Architektur-Outline werden alle Ergebnisse des Workflows zusammengefasst, so dass ein konsistenter Überblick über die Kernfakten der Architekturentwicklung aus Planungs- und Anforderungssicht gewährleistet ist. Das Architektur-Outline wird durch den Auftraggeber abgenommen. Das Architektur-Outline wird im Verlauf der weiteren Architekturentwicklung sukzessive ausgebaut.

Ergebnisse des Prozessschrittes:

- Abgestimmte Struktur des Architektur-Outline und abgenommener Stand des Architektur-Outline

Architektur-Outline

Als Architektur-Outline wird ein Dokument bezeichnet, das die Kernfakten einer Architekturentwicklung – von der Planung bis zur physischen Ebene – zusammenfasst.

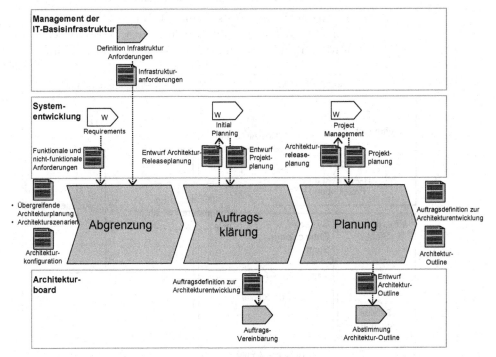

Abbildung 9-1:   Schritte des Workflows Initialisierung Architekturentwicklung

Abbildung 9-1 gibt den Überblick über die Prozessschritte, die erzeugten Artefakte und wichtige Interaktionen des Workflows *Initialisierung Architekturentwicklung*.

Beteiligte Rollen

Bei der *Initialisierung der Architekturentwicklung* treffen die übergreifende Sicht und die Business Case-spezifische Sicht – die Projektsicht – zusammen. Die übergreifende Sicht wird insbesondere durch folgende Rollen eingebracht:

171

- IT-Architekt auf Unternehmensebene; vertritt die übergreifende Architektursicht

- Service Manager; vertritt die übergreifende Sicht der IT-Basisinfrastruktur

Die Business Case-spezifische Sicht wird insbesondere durch folgende Rollen eingebracht:

- Projektleiter, steuert die Entwicklung des Informationssystems

- Business-Architekt, definiert die Business-Anforderungen

- IT-Architekt auf Projektebene; definiert auf der Grundlage der übergreifenden und der Business Case-spezifischen Anforderungen die Architektur zum Informationssystem

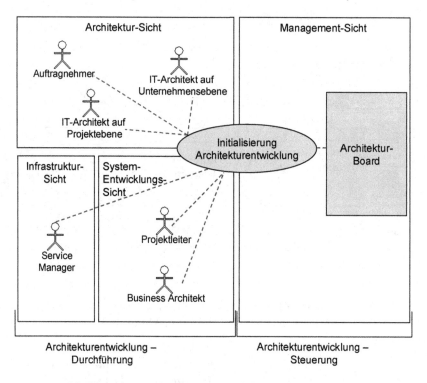

Abbildung 9-2:   Rollen bei Initialisierung Architekturentwicklung

Die Aufgabe der Initialisierung besteht darin, zwischen diesen Rollen einen „Handshake" über Ziele, Scope, Vorgehen und Planung herbeizuführen. Auf diese Weise wird das Fundament einer erfolgreichen Architekturentwicklung gelegt. Abbildung 9-2 zeigt die beteiligten Rollen. Das Architekturboard fungiert als Steuerungs- und Entscheidungsgremium. Der IT-Architekt auf Unternehmensebene bringt die übergreifenden Anforderungen ein, deren Umsetzung der IT-Architekt auf Projektebene sicherstellt.

Die Festschreibung der Ziele und des Scope

Die Festlegung der Ziele und des Scope ist eine der zentralen Aktivitäten für die Initialisierung einer Architekturentwicklung. Hier werden die Ziele und ihre Reichweite festgeschrieben, die durch die Entwicklung der Architektur erreicht werden sollen. Auf diese Weise werden die bewerteten Architekturanforderungen in klar strukturierte Zieldefinitionen überführt. Für jedes dieser Ziele wird festgelegt, wie die Zielerreichung nachzuweisen ist und wie das Ziel priorisiert ist[43]. Die Ziele werden so beschrieben, dass sie die konkrete Architekturreleaseplanung unterstützen.

Sie bilden den Input für den Entwurf Architektur. Die Zieldefinition sollte so konkret sein, dass zum Beispiel im Falle der Architekturentwicklung für ein unternehmenskritisches Geschäftssystem aus den Zielen Vorgaben für den Last- und Performance-Test abgeleitet werden können. Dies wird im übernächsten Abschnitt am Beispiel der Zieldefinition für die Architektur der neuen Multikanalplattform der Fantasia Versicherung verdeutlicht.

9.2   Der Workflow im Detail

Im Folgenden wird der detaillierte Ablauf des Workflows beschrieben. Abbildung 9-3 zeigt das Activity-Diagramm zum Workflow. In Tabelle 9-1 sind die Aktivitäten des Workflows beschrieben.

---

[43]   z. B. A, B und C Ziele

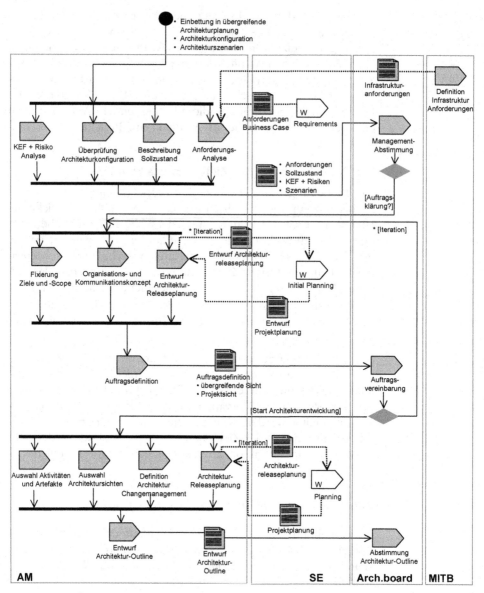

Abbildung 9-3:   Der Workflow „Initialisierung Architekturentwicklung"[44]

---

[44]   SE = Softwareentwicklung

Tabelle 9-1: Aktivitäten zur Initialisierung Architekturentwicklung

Activity	Inhalt	Input	Output
Anforderungs-analyse	Analyse und Bewertung aller Anforderungen an die zu entwickelnde Architektur	Architekturkonfiguration Anforderungen Business Case spezifisch Ergänzende Anforderungen des IT-Architekten (U-Ebene) Ergänzende Anforderungen des Service Managers der IT-Basisinfrastruktur	Bewertete Anforderungen
Überprüfung Architektur-konfiguration	Konsolidierung der Architekturkonfiguration und der zugeordneten Architekturszenarien zur Ergänzung der Anforderungsanalyse	Architekturkonfiguration und Szenarien aus der übergreifenden Planung	Konsolidierte Architekturkonfiguration und Szenarien
KEF + Risiko Analyse	Beschreibung der relevanten kritischen Erfolgsfaktoren und Risiken	Analysen des IT-Architekten KEF des Architekturmanagement[45]	Bewertete KEF und Risiken
Beschreibung Sollzustand	Zusammenfassende Beschreibung des Zustandes, der eintreten muss, damit die Architekturentwicklung als erfolgreich gelten kann	Anforderungen Szenarien Risiken Erfolgsfaktoren	Sollzustand der Architekturentwicklung
Fixierung Ziele und Scope	Festschreibung der Ziele und der Reichweite der Architekturentwicklung	Anforderungen und Rahmenbedingungen	Beschriebene Ziele incl. Definition des Scope und der Abnahmekriterien
Organisations- und Kommunikationskonzept	Festlegung der organisatorischen Einbettung incl. Eskalationsverfahren und Rollenverteilung	Ziele Risiken und KEF Projektorganisation	Organisations- und Kommunikationskonzept

---

[45]   vgl. Kapitel 5; Erfolgsfaktoren des Architekturmanagement

Activity	Inhalt	Input	Output
Entwurf Architekturreleaseplanung	Grobe Festlegung, welche Anforderungen durch definierte Architektur-Releases adressiert werden und welche Ergebnisse dazu erzeugt werden müssen.	Entwurf der Planung des Softwareentwicklungsprojektes Ziele, Scope, Anforderungen	Entwurf der Releaseplanung
Auftragsdefinition	Zusammenfassende, abnahmefähige Beschreibung des Auftrages zur Architekturentwicklung.	Ziele und Scope, Entwurf Releaseplanung, Organisations- und Kommunikationskonzept	Schriftlicher Auftrag
Auftragsvereinbarung	Commitment zwischen Auftragnehmer und Auftraggeber zum Auftrag der Architekturentwicklung	Auftragsdefinition	Auftragsvereinbarung
Definition Architektur Changemanagement	Festlegung, wie Veränderungen an der Architektur von der Anforderung bis zur Umsetzung strukturiert und nachvollziehbar durchgeführt werden und wie das Change Request Verfahren bis hin zur Abnahme von Change Requests gestaltet wird.	Organisationkonzept Bestehende Change Request Verfahren	Abgestimmtes Vorgehen zum Changemanagement
Auswahl Architektursichten	Definition der wesentlichen Sichten (Sichten im Großen), die bei der Architekturentwicklung erarbeitet werden müssen	Abgenommene Anforderungen Definierte Ziele und Scope Kommunikationskonzept	Wesentliche Architektursichten (im Großen)
Auswahl Aktivitäten und Artefakte	Überprüfung der Architektur-Entwicklungs-Workflows auf durchzuführenden Aktivitäten und die zu erstellenden Artefakte. Ggf. Reduktion oder Ergänzung.	Entwicklungs-Workflow	Festlegung des Umfangs der Entwicklungs-Workflow
Architekturreleaseplanung	Vervollständigung der Releaseplanung	Auftrag Ausgewählte Sichten Ausgewählte Aktivitäten und Artefakte	Releaseplanung

9.3 Zur Initialisierung der Architekturentwicklung zur Multikanalplattform

Die zu entwickelnde Architektur fungiert als Referenzarchitektur für den Aufbau der Multikanalplattform der Fantasia Versicherung. Im ersten Schritt soll das B2B-Portal für die Angebots- und Antragsprozesse über den Zugangskanal Mitarbeiter Partnerbank via Extranet entwickelt werden.

9.3.1 Ziele und Scope der Multikanalplattform

Die Tabelle 9-2 zeigt einen Auszug der Ergebnisse der Aktivität „Definition Ziele und Scope" der *Initialisierung Architekturentwicklung* für die Entwicklung der Referenzarchitektur zur Multikanalplattform. Es werden Teilziele dargestellt, die für das Verständnis der weiteren Architekturentwicklung bei Fantasia Versicherung wichtig sind. Auf die Darstellung der Priorisierung wird hier verzichtet. In die Festlegung der Ziele gehen die Architekturprinzipien ein (vgl. Tabelle 8-2).

Die Zieldefinition zeigt, wie Anforderungen des Business Case „B2B-Portal" und übergreifende Anforderungen gemeinsam das Gesamtzielsystem der Architekturentwicklung erzeugen. Aus dieser Zieldefinition können unmittelbar wesentliche Architektursichten abgeleitet werden. So ist zu erkennen, dass die Sichten „Skalierung, Failover und Lastverteilung" und „Performance Management" bei der Entwicklung der Systemarchitektur erstellt werden müssen, um den Abstimmprozess mit der Entwicklung der IT-Basisinfrastruktur zu unterstützen.

Initialisierung Arch.Entwicklung — Konzeptioneller Zyklus

Die Zieldefinition bei der Fantasia Versicherung ist zudem ein Beispiel für den phasenübergreifenden Charakter der Architektur Workflows. In der Zieldefinition wird z. B. die Integrationszone der Systemarchitektur adressiert. Die Integrationszone wird im *Konzeptionellen Zyklus* zur Abdeckung der Anforderungen aus der *Initialisierung Architekturentwicklung* als Baustein der System- und Sicherheitsarchitektur definiert. Die beiden Workflows bedingen einander.

Ausreichende Aufwandsbemessung für Anforderungsanalyse und Zieldefinition

Tabelle 9-2 gibt einen Ausschnitt der aus den abgenommenen Anforderungen abgeleiteten Ziele wieder. Hier wird deutlich, dass der Aufwand für Anforderungsanalyse, Zieldefinition und Abstimmungen erheblich sein kann. Das sollte daher bei der Planung entsprechend berücksichtigt werden, damit eine Zieldefinition entsteht, die die Anforderungen aller Stakeholder angemessen wiedergibt.

Tabelle 9-2:   Ziele und Scope der Architekturentwicklung zur Multikanalplattform der Fantasia Versicherung

Bezeichnung	Beschreibung	Scope	Nachweis
Anforderungen an IT-Architektur – übergreifend			
Referenzsoft-warearchitektur	Verwendung der Referenz-softwarearchitektur für neue operative Anwendungen	Konzeptionelle/ logische Ebene	Architekturaudit
Multikanalfähig-keit	IT-Architekturen sind auf die funktionale Integration mit den Vertriebspartnern ausgerich-tet.	Angebots-, Antrags-, Leistungsprozesse	Architekturaudit
Sichere Produkte	An sicherheitsrelevanten Stel-len werden nur Produkte ein-gesetzt, die im Markt etabliert sind und über deren Sicher-heitslücken zeitnah Informati-onen im Markt verfügbar sind	Zugangs-, Service- und Integrationszone	Architekturaudit
Integration mit anderen Web-Anwendungen	Informationssysteme, die auf der Grundlage der Multikanal-architektur entwickelt werden, sind mit den Oberflächen and-rer browserbasierter Systeme integrierbar. Die Architektur erlaubt die Service orientierte Bereitstellung von Versiche-rungsfunktionen zur Nutzung aus sicheren Fremdanwen-dungen nach dem Webservi-ce-Modell	Anwendungs-architektur Entwicklungs-prozess	Architekturaudit
Ausbau mit Geschäfts-entwicklung	Die Plattform kann mit der Geschäftsentwicklung der Fantasia Versicherung aus-gebaut werden. Es bestehen keine konzeptionellen Barrie-ren für den weiteren Ausbau.	Gesamtarchitektur	Architekturaudit
Ausrichtung auf Bereitstellung Content durch CMS	Informationssysteme, die auf Basis der Architektur entwi-ckelt werden, erhalten ihren statischen Content aus dem definierten CMS. Die Präsen-tationsschicht der Softwarear-chitektur sieht dies vor	Content Delivery Softwarearchitek-tur	Architekturaudit Die Funktionsfähigkeit der Integration mit dem CMS wird in der Last- und Performance Testumgebung nach-gewiesen
Backend-Integration	Die Anbindung von Backend-Systemen erfolgt konform zur definierten Architektur des Integrationsbrokers	Systemarchitektur, Softwarearchitek-tur	Architekturaudit
...			

Bezeichnung	Beschreibung	Scope	Nachweis
Anforderungen an IT-Architektur, Business Case – spezifisch			
Unterstützung der definierten Kanäle	Das System ist so gestaltet, dass Bankmitarbeiter via Extranet und Makler via Internet unterstützt werden		Die korrekte Durchführung von ausgewählten Use Cases wird in der Last- und Performance-Test Umgebung für alle Zugangskanäle nachgewiesen.
Skalierbarkeit ist Gewähr leistet	Die Systemarchitektur kann ohne prinzipielle Änderungen auf größere Transaktions- und Benutzerzahlen ausgelegt werden.	Produktionsumgebung	Die Architektur besitzt keine prinzipiellen Grenzen für den Ausbau auf bis zu 2000 Concurrent User. Mit der Anwendung sind Lasttests gefahren, die die Funktionsfähigkeit der Skalierbarkeitsmechanismen nachweisen.
	Die Softwarearchitektur ist auf die Nutzung der Skalierbarkeitsmechanismen der Systemarchitektur ausgerichtet.	Softwarearchitektur	Architekturaudit
Die Lastanforderungen werden erreicht	Das definierte Mengengerüst wird durch die Systemarchitektur sicher gestellt	Produktionsumgebung	Der Last- und Performancetest zeigt mindestens für den Zugangsweg Bank über Extranet für ausgewählte Use Cases die Erreichung der vordefinierten Antwortzeit von max. 5s für 500 Concurrent User. Im Rahmen des Last- und Performancetest wird das Verhalten des Systems für bis zu 1000 Concurrent User getestet.

Bezeichnung	Beschreibung	Scope	Nachweis
Sicherstellung Failover-Fähigkeit	Die Multikanalplattform ermöglicht den Failover der Nutzer-Session für alle Zugangskanäle	System- und Softwarearchitektur	Für definierte Use Cases funktioniert der Session Failover im Falle des Ausfalls mindestens eines Rechners in der Integrationszone für eine definierte Anzahl von Nutzern. Der Test erfolgt in der Last- und Performance Testumgebung
...			

Zielplattform

| Zielplattform | Alle in der Systemarchitektur definierten Zonen jenseits der Backend-Zone basieren auf der Unix-Plattform des Unternehmens | Alle Systeme mit hohen Anforderungen an Ausfallsicherheit und Managebility | Architekturaudit |
| ... | | | |

Anforderungen aus Infrastruktursicht

Monitoring von Geschäftssystemen	Informationssysteme, die auf der Basis der Architektur erstellt und in Produktion überführt wurden, können überwacht werden. Die Lösung stellt dazu Protokollsätze zur Verfügung	Last- und Performancetest Umgebung Produktionsumgebung	Die Funktionalität wird im Rahmen des Last- und Performancetest nachgewiesen
Verfahren zum Performance Management	Es gibt ein Verfahren „Kapazitäts- und Performance Management", das auf den bereitgestellten Protokollsätzen aufsetzt	Last- und Performancetest Umgebung Produktionsumgebung	Die Funktionsfähigkeit des Verfahrens wird im Rahmen des Last- und Performancetest nachgewiesen
Zentralisierte Lösung	Die Systemarchitektur ist so gestaltet, dass die zentrale Administration von Ressourcen, Security, Zugriff auf Ressoucen und Security Configuration ermöglicht wird		Architekturaudit
...			

9.3.2 **Die Referenzsoftwarearchitektur für die Multikanalplattform der Fantasia Versicherung**

Bei der Fantasia Versicherung ist in den Architekturprinzipien die Verwendung der Referenzsoftwarearchitektur für neue operative Anwendungen fixiert (siehe Tabelle 9-3).

Innerhalb des Schrittes „Abgrenzung" der *Initialisierung Architekturentwicklung* wird dieses Prinzip als Anforderung für die Entwicklung der Softwarearchitektur der Multikanalplattform festgehalten und in die Zielbeschreibung aufgenommen. Es wird festgelegt, dass der Nachweis der Zielerreichung durch Architekturaudits geführt wird.

Die Referenzsoftwarearchitektur definiert die Strukturvorgabe für die logische Softwarearchitektur. Die physische Ebene wird in der Referenzarchitektur offen gelassen, da sie je nach Informationssystem unterschiedlich sein kann. So basiert die in Kapitel 3 angesprochene Call Center-Anwendung der Fantasia Versicherung auf der Referenzsoftwarearchitektur. Die physische Softwarearchitektur wurde dort auf der Grundlage des CORBA-Standards erstellt.

Im Falle der Multikanalplattform ist im Unterschied zur Call Center-Anwendung in der Architekturkonfiguration festgelegt, dass auf J2EE-Technologie gesetzt wird. Somit wird die physische Softwarearchitektur auf der Grundlage von J2EE beschrieben.

Abbildung 9-4 zeigt die Verwendung für die Gestaltung der Softwarearchitektur der Multikanalplattform. Die Referenzsoftwarearchitektur liefert Strukturdefinitionen – z. B. Komponenten, Dienste und Designgrundsätze – für die Definition der logischen Softwarearchitektur.

Abbildung 9-5 zeigt die Blaupause zur konzeptionellen Ebene der Referenzsoftwarearchitektur. In ihr sind die wesentlichen Typen von Softwarebausteinen und deren Beziehungen beschrieben. Die Softwarearchitektur der Multikanalplattform muss sich dieser Typen bedienen.

Tabelle 9-3: Auszug aus den Architekturprinzipien

A1	Referenzsoft-warearchitektur	Alle neu entwickelten operativen Anwendungen richten die Softwarearchitektur an der Referenzsoftwarearchitektur aus	Neu zu entwickelnde operative Anwendungen Logische Software-architektur

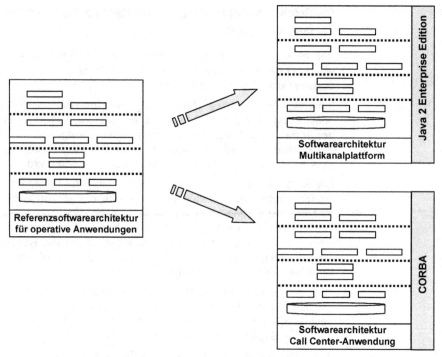

Abbildung 9-4:   Verwendung der Referenzsoftwarearchitektur für die Architektur zur Multikanalplattform

Mit der Referenzarchitektur werden vor allem folgende Anforderungen adressiert:

- Ausrichtung auf Multikanalfähigkeit durch die Definition einer Schicht zur Kanalintegration,

- Ausrichtung auf die vorgangsorientierte Verarbeitung eines Versicherungsunternehmens durch die Definition von Vorgangskomponenten,

- lose Kopplung von Schichten über die Einführung von Integrationsschichten,

- Entkopplung von Infrastrukturdiensten und

- Zentralisierung geschäftlicher Funktionen durch Backend-Integration.

In der Beschreibung der Workflows zum *Logischen und Konzeptionellen Zyklus* wird diese Referenzsoftwarearchitektur aufgegriffen. Auf ihrer Grundlage wird die Softwarearchitektur der Multikanalplattform dargestellt. J2EE-Designpattern werden genutzt, um die physische Ebene zu gestalten.

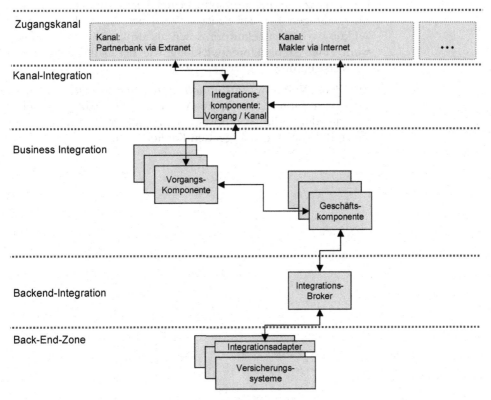

Abbildung 9-5:   Konzeptionelle Ebene der Referenzsoftwarearchitektur

9.4   Zusammenfassung

In diesem Kapitel wurde der Workflow zur *Initialisierung der Architekturentwicklung* detailliert ausgearbeitet. Dabei wurde deutlich, dass der Schwerpunkt auf der Konsolidierung und Abstimmung aller funktionalen und nicht-funktionalen Anforderungen – sowohl übergreifender Art als auch Business Case-spezifisch – liegt. Durch die Definition des Organisations- und Kommunikationskonzeptes und die Abstimmung eines expliziten Architekturauftrages wird sichergestellt, dass die Architekturentwicklung gezielt in die Projektorganisation eines Unternehmens eingebettet ist. Die Auswahl von Sichten, Aktivitäten und Artefakten der Architekturentwicklung muss sich direkt auf die Anforderungsanalyse und die Zielfestlegung stützen und bildet so das Fundament der Architekturreleaseplanung.

Der Einsatz der Referenzsoftwarearchitektur für neue operative Anwendungen bei der Fantasia Versicherung verdeutlichte die Wirkung von Architekturprinzipien als strukturierendes Rahmenwerk einer Architekturentwicklung wie der Multikanalplattform der Versicherung.

Aus dem Workflow zur *Initialisierung der Architekturentwicklung* wird dann die konkrete Architekturentwicklung ausgelöst. Sie wird durch die Workflows zur Architekturentwicklung unterstützt, die Thema des folgenden Kapitels sind.

10 Die Workflows der Architekturentwicklung

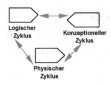

Nachdem in den Kapiteln 7 bis 9 die Workflows zur Architekturplanung erarbeitet wurden, werden nun die Workflows der Architekturentwicklung vorgestellt. Im Fokus dieser Workflows steht die iterative Entwicklung der konzeptionellen, logischen und physischen Ebene von IT-Architekturen.

Dabei werden auf jeder dieser Ebenen Sichten „im Großen", zum Beispiel übergreifende Blaupausen, und Sichten „im Kleinen", zum Beispiel die Sicht zur Verfeinerung eines Management-Dienstes in der Systemarchitektur, erarbeitet.

Die den Ebenen zugeordneten Workflows sind nicht als sequenziell auszuführende Aktivitätenfolgen zu verstehen. Sie sind vielmehr darauf ausgerichtet, die Sichten der an der Architektur- und Softwareentwicklung Beteiligten zu bedienen und werden dementsprechend situationsbezogen eingesetzt.

Die Workflows zur Architekturentwicklung fungieren als Leitfaden, der es dem IT-Architekten erlaubt, die für den gegebenen Kontext adäquaten Aktivitäten und Artefakte auszuwählen. Auf diese Weise hat der Nutzer der Workflows die Möglichkeit, die Vollständigkeit der geplanten Aktivitäten einer Architekturentwicklung zu verifizieren.

Das Vorgehen zur Architekturentwicklung wird durch die Workflows so strukturiert, dass die systematische Durchführung von Architekturenentwicklungen gezielt unterstützt wird. Die detaillierte Umsetzung der Workflows innerhalb eines Unternehmens, die dabei gewählte Detailtiefe und Formalisierung liegen in der Hand derjenigen, die die Rollen des IT-Architekten auf Unternehmensebene und des IT-Architekten auf Projektebene ausfüllen.

Durch die Anwendung der Workflows auf die Multikanalplattform der Fantasia Versicherung, erhält der Leser einen unmittelbaren Einblick in die Anwendung der Workflows. Dazu werden die Ergebnisse der *Initialisierung Architekturentwicklung* aufgegriffen, und die Entwicklung der Referenzarchitektur der Multikanalplattform wird an der System- und Sicherheitsarchitektur sowie der Softwarearchitektur beleuchtet. Ein weiteres umfang-

reiches Beispiel zur Anwendung der Workflows der Architekturentwicklung findet der Leser in Kapitel 11.

*Der verwendete
Komponenten-
begriff*

Der Begriff „Architekturbaustein" wird verwendet, um allgemein
eine abgrenzbare Einheit einer Architektur zu bezeichnen. Das
kann zum Beispiel eine Softwarekomponente oder ein zentraler
Dienst sein. Der Begriff „Komponente" bezieht sich rein auf eine
Softwarekomponente.

10.1   Sichtbildung als Prinzip der Architekturentwicklung

Sichtbildung bildet bei allen drei Workflows zur Architekturentwicklung das zentrale Prinzip. Der IT-Architekt wählt Architektursichten, um Schlüsselstellen der Architektur zu bearbeiten und
die Ergebnisse, zugeschnitten auf den Informationsbedarf der Beteiligten, aufzubereiten.

Jede Architektursicht, gleich welcher Detaillierung, wird über die
Durchführung derselben Teilschritte gestaltet. Dazu zählt zum
Beispiel die Definition von Szenarien und Varianten, die zur Aus-
arbeitung von Sichten – sei es eine Sicht „im Großen" oder „im
Kleinen" – genutzt werden. Jede Sicht wird durch die Ausfüh-
rung der folgenden Teilschritte ausgearbeitet:

- Anforderungsanalyse
- Szenarien- und Variantendefinition
- Blaupausenerstellung
- Sichtbildung
- Stabilisierung
- Abstimmung und Abnahme

Der Entwurf einer übergreifenden Blaupause einer Anwendungsarchitektur wird demnach ebenso mittels dieser sechs Teilschritte vollzogen, wie die Ausarbeitung einer Sicht „Lastverteilung" einer physischen Systemarchitektur. Unterschiedlich ist lediglich der Umfang der jeweiligen Sicht. Während die Stabilisierung in einem Fall ein Review unter externer Beteiligung umfasst, beschränkt sie sich ein anderes Mal auf die abschließende
Konsistenzprüfung durch IT-Architekten und Software und System-Ingenieure.

Beispiel: Szenarien- und Variantendefinition

Architektur im Großen

Für die Entwicklung der IT-Architektur zur neuen Decision Support-Umgebung eines Telekommunikationsunternehmens werden bei der Initialisierung der Architekturentwicklung zwei Gesamtszenarien definiert. Ein „Low-Risk"-Szenario, das durch die sukzessive Gestaltung von Data Marts unter Verzicht auf ein Data Warehouse geprägt ist sowie ein „High-Potential"-Szenario, das auf ein zentrales Data Warehouse mit angeschlossenen Data Marts setzt. Zu beiden Szenarien wird im konzeptionellen Zyklus der Entwurf der Anwendungsarchitektur erarbeitet. Damit wird die Auswahl eines der beiden Szenarien unterstützt.

Architektur im Kleinen

Für die Entwicklung einer Integrationsarchitektur eines Finanzdienstleisters werden im konzeptionellen Zyklus für die Integrationsschicht der Softwarearchitektur zwei Szenarien definiert. Das Erste setzt auf die Eigenentwicklung der zentralen Integrationskomponente, das Andere auf den Einsatz eines marktgängigen Integrationsservers. Für das erste Szenario werden zwei Varianten festgelegt. Variante 1 basiert auf message-orientierter Middleware; Variante 2 baut auf den Einsatz von Standard-Konnektoren zur Anbindung von Backend-Systemen.

10.2   Der konzeptionelle Zyklus

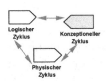

In diesem Abschnitt steht der *Konzeptionelle Zyklus* im Mittelpunkt. Entsprechend seiner Definition liegt der Schwerpunkt auf der Klärung des „Was". Die konzeptionelle Ebene wird unabhängig von physischen Einschränkungen definiert.

Die Fragestellungen, die der *Konzeptionelle Zyklus* in erster Linie beantworten muss, lauten:

- Was muss die zu entwickelnde Architektur leisten. Welche Architekturanforderungen muss sie erfüllen? Wie muss sie dazu logisch aufgebaut sein?

- Welches Architekturszenario wird weiter verfolgt?

Aus dem *Konzeptionellen Zyklus* werden Iterationen des *Logischen* und des *Physischen Zyklus* angestoßen, wenn Detaillierungen notwendig werden, um Entscheidungen oder Planungsprozesse zu unterstützen. Das ist zum Beispiel der Fall, wenn über Architekturszenarien entschieden werden soll. Hier kann es erforderlich sein, bis auf die physische Ebene zu verfeinern, um die Entscheidung für oder gegen ein Szenario zu untermauern.

10.2.1   Der konzeptionelle Zyklus im Überblick

Der Workflow wird aus der *Initialisierung Architekturentwicklung* ausgelöst. Er wird durchgeführt, um die Abgrenzung, die Auftragsklärung oder die Planung durch erste Architekturentwürfe zu untermauern oder aber um nach der Abnahme des Architektur-Outline in die konkrete Entwicklung der angeforderten Architektur einzusteigen.

Im Architektur-Outline sind nach der Durchführung der *Initialisierung der Architekturentwicklung* die wichtigsten Szenarien für die zu gestaltende IT-Architektur beschrieben. Sie fungieren als Grundlage des *Konzeptionellen Zyklus*.

Der Fokus des *Konzeptionellen Zyklus* liegt auf der Auswahl des Zielszenarios und der Ausgestaltung der konzeptionellen Ebene, d.h. der Strukturierung der logischen Sicht auf die IT-Architektur. So wird die Zuordnung von Anforderungen und die Architekturreleaseplanung unterstützt und gleichzeitig die Struktur der logischen Ebene entworfen.

Der Workflow umfasst drei Schritte:

- Vorbereitung

- Architekturentwurf

- Stabilisierung

1. Vorbereitung

Dieser Schritt bereitet den eigentlichen Entwurf der Architektur vor. Dazu wird zunächst festgelegt, wann die Gestaltung der konzeptionellen Ebene erfolgreich ist (Definition der Erfolgskriterien). Parallel werden die Anforderungen konsolidiert, die gewählten Architektursichten vervollständigt und die Szenarien überprüft. Für diese Schritte bildet das Architektur-Outline die Grundlage. Es wird ggf. entsprechend angepasst.

Hat sich die Anforderungslage stark verändert, müssen die an die Architektur erhobenen Anforderungen insgesamt konsolidiert werden. Dann wird eine *Iteration der Initialisierung Architekturentwicklung* notwendig, um die Ziele und den Scope der Architekturentwicklung anzupassen.

Teil der Vorbereitung des Architekturentwurfs ist die Überprüfung der bereits definierten Architekturszenarien und deren Anpassung. Die Ergebnisse des Prozessschrittes werden mit dem Architekturboard abgestimmt.

Zwischenergebnisse des Prozessschrittes:

- Konsolidierte Rahmenbedingungen für den Architekturentwurf: Szenarien, Anforderungen

- Architektursichten

- Erfolgskriterien

2. Architekturentwurf

Der Architekturentwurf besteht aus drei Teilschritten:

- dem Entwurf der Anwendungsarchitektur

- der Auswahl des gültigen Szenarios

- der Verfeinerung der Anwendungsarchitektur durch den Entwurf der Architekturbereiche[46]

Beim Entwurf der Anwendungsarchitektur wird das Zusammenspiel grober Einheiten des Gesamtsystems analysiert. Das können einzelne Informationssysteme, Subsysteme oder wichtige Komponenten wie zum Beispiel eine zentrale Buchungskomponente oder eine zentrale Datenbank sein. Der Entwurf erfolgt durch die Festlegung der wichtigen logischen Komponenten des geplanten Gesamtsystems, ihrer Leistungen, ihres Zusammenspiels und ihrer Abgrenzung. Dazu werden die Ergebnisse des Workflows *Business Modeling* des Softwareentwicklungsprozesses genutzt.

Aus den dort erzeugten Beschreibungen von fachlichen Anwendungsfällen und Teilprozessen sowie den konsolidierten Anforderungen leitet der IT-Architekt die funktionalen Fähigkeiten ab, die das System erbringen muss. Daraus wird dann für jedes Sze-

---

[46] Fachliche, Software-, System- und Sicherheitsarchitektur als Detaillierungsebenen der Anwendungsarchitektur sowie Modell des Softwareentwicklungsprozesses

nario der Entwurf der wichtigsten Komponenten und ihres Zusammenspiels abgeleitet.

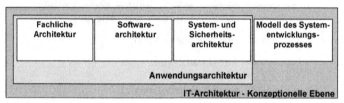

Es wird also zwischen dem Teil der Anwendungsarchitektur, der unabhängig von den definierten Szenarien beschrieben werden kann (z. B. der Informationsbedarf in Form eines Datenmodells) und den Verfeinerungen für jedes gültige Szenario (z. B. durch spezifische Komponentendiagramme) unterschieden.

Auf diese Weise entstehen Szenario-spezifische Entwürfe, die genutzt werden, um die Szenarioentscheidung im Architekturboard vorzubereiten. Für das im Board gewählte Szenario (das Zielszenario) wird die Architektur verfeinert, indem die einzelnen Be-

Fachliche Architektur	Software-architektur	System- und Sicherheits-architektur	Modell des System-entwicklungs-prozesses

Anwendungsarchitektur

IT-Architektur - Konzeptionelle Ebene

Abbildung 10-1: Architekturbereiche und konzeptionelle Ebene

reiche der konzeptionellen Architektur parallel weiter entwickelt werden. Hier gehen ggf. Artefakte des *Logischen* und des *Physischen Zyklus* ein.

Zwischenergebnisse des Prozessschrittes:

- Entwurf der Anwendungsarchitektur

- Ausgewähltes Zielszenario

- Verfeinerung der Anwendungsarchitektur durch Entwurf der Architekturbereiche

- Entwurf des Modells zum Softwareentwicklungsprozess

3. Architekturstabilisierung

Die Stabilisierung[47] der konzeptionellen Architektur dient dazu, die Konsistenz des Architekturentwurfs sowie die Validität in Bezug auf die Anforderungen zu prüfen und die Releaseplanung entsprechend anzupassen. Die Stabilisierung umfasst Reviews und kann je nach Komplexität der Anforderungen, der Techno-

---

[47] Über die Tiefe, den Grad der Formalisierung sowie interne und externe Beteiligte bei der Stabilisierung entscheidet der IT-Architekt in Abstimmung mit dem Board.

logie und der Fachlichkeit bis zur Erstellung von Prototypen gehen.

Die Ergebnisse der Überprüfung der Architektur ergänzen das Architektur-Outline. Sie werden fixiert und im Architekturboard abgenommen. Die Architekturergebnisse werden gemäß dem definierten Kommunikationskonzept *(aus Initialisierung Architekturentwicklung)* weiter gegeben.

Ergebnisse des Prozessschrittes:

- Stabilisierter Architekturentwurf
- Angepasste Architekturreleaseplanung
- Verfeinertes Architektur-Outline

Validierung mittels ausgewählter Anwendungsfälle

Bereits bei der Analyse der fachlichen Anwendungsfälle im Entwurf der Anwendungsarchitektur, können die Anwendungsfälle ausgewählt werden, die zur Stabilisierung der Architektur herangezogen werden. Sie werden genutzt, um zu überprüfen, ob die Architektur vollständig ist oder ergänzt werden muss.

Die Abbildung der Anwendungsfälle auf die Architektur kann durch die Erstellung von Kollaborationsdiagrammen unterstützt werden. In ihnen werden die Anwendungsfälle durch Interaktionen von Architekturkomponenten abgebildet, so dass die Vollständigkeit der Architektur überprüft werden kann.

Die ausgewählten Anwendungsfälle können später herangezogen werden, um einen Last- und Performance-Test gegen die Architektur zu fahren[48].

Abbildung 10-2 fasst die Prozessschritte, die erzeugten Artefakte und wichtige Interaktionen des *Konzeptionellen Zyklus* zusammen.

---

[48]   Bei der *Initialisierung der Architekturentwicklung* der Multikanalplattform der Fantasia Versicherung wird der Nachweis einzelner Ziele explizit an die Überprüfung ausgewählter Anwendungsfälle im Last- und Performance-Test geknüpft.

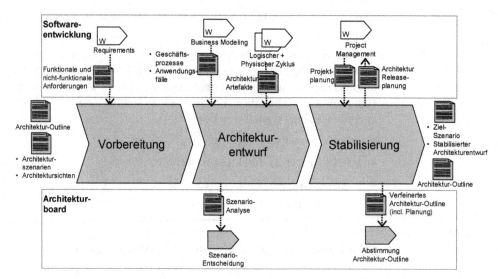

Abbildung 10-2: Schritte des konzeptionellen Zyklus

Beteiligte Rollen

Die Aufgabe des *Konzeptionellen Zyklus* besteht darin, zu konsolidierten Anforderungen den logischen Entwurf der Architektur vorzunehmen. Dabei sind auf der einen Seite die Rollen beteiligt, die Teile der Architektur entwickeln – System-Ingenieur, Architekt auf Projektebene, Software-Ingenieur, Business-Architekt. Auf der anderen Seite sind die Rollen vertreten, die die Steuerung der Architekturentwicklung übernehmen. Das sind die Rollen des IT-Architekten auf Unternehmensebene und als Entscheidungsgremium ein Architekturbord.

Abbildung 10-3 zeigt die beteiligten Rollen. Das Architekturboard fungiert als Steuerungs- und Entscheidungsgremium. Der IT-Architekt auf Unternehmensebene steuert die Umsetzung der übergreifenden Anforderungen durch den IT-Architekten auf Projektebene.

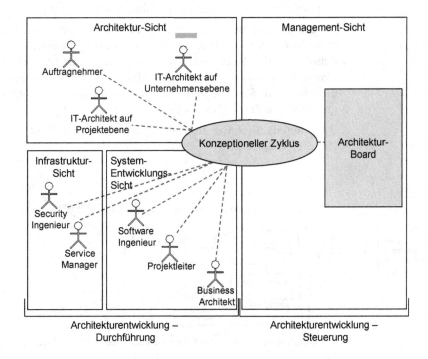

Abbildung 10-3: Rollen im konzeptionellen Zyklus

10.2.2 Der Workflow im Detail

In diesem Abschnitt wird die Entwicklung der konzeptionellen Ebene einer IT-Architektur genauer beleuchtet. Zunächst wird ein Vorgehen zum Entwurf der Anwendungsarchitektur skizziert. Dann wird der vollständige Workflow dargestellt. Anschließend wird das Vorgehen zur Verfeinerung der Software- sowie der System- und Sicherheitsarchitektur beleuchtet.

10.2.2.1 Der Entwurf der Anwendungsarchitektur

Beim Entwurf der Anwendungsarchitektur stellt sich die Frage, wie aus den Anforderungen systematisch die Grundstruktur der zu entwickelnden Architektur abgeleitet werden kann. Auf der einen Seite stehen fachliche Anwendungsfälle, auf der anderen

193

Seite Leistungen, die das System bereitstellen muss, um die Durchführung der Anwendungsfälle zu unterstützen.

System-abgrenzung Ausgangspunkt ist die Festlegung der Systemgrenzen. Hier werden die Grenzen des Gesamtsystems zu umgebenden Systemen definiert, mit denen Informationen ausgetauscht werden. In einem Kontextdiagramm werden dazu das geplante System, die umgebenden Systeme und die auftretenden Informationsflüsse grob dargestellt (s. Abb. 10-4).

Die weitere Verfeinerung wird durch die Ableitung zentraler Dienste eingeleitet.

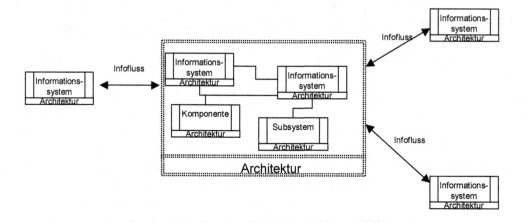

Abbildung 10-4: Kontextdiagramm zur Systemabgrenzung

Zentrale Dienste

Zentrale Dienste werden definiert, um Funktionalität, die von mehreren Architekturbausteinen genutzt wird, zu zentralisieren und so übergreifende Anforderungen an die Architektur umzusetzen.

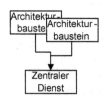

Zentrale Dienste gliedern sich in fachliche Dienste und diejenigen Dienste, die nicht-funktionale Anforderungen an die Software- bzw. System- und Sicherheitsarchitektur umsetzen. Zentrale Dienste der Softwarearchitektur werden als Infrastruktur-Dienste, solche der System- und Sicherheitsarchitektur als Management-Dienste bezeichnet.

Zentrale Dienste können zum Beispiel mit Hilfe logischer Interfaces beschrieben werden, deren Umsetzung im Zuge der Architekturverfeinerung beschrieben wird.

Aus den Beschreibungen von Geschäftsprozessen und fachlichen Anwendungsfällen sowie den funktionalen Anforderungen werden fachliche Dienste abgeleitet. Nicht-funktionale Anforderungen werden nach ihrem Bezug zur System- oder Softwarearchitektur unterschieden und dann in Management- und Infrastruktur Dienste überführt.

Auf diese Weise entsteht ein Katalog der zentralen Dienste, die zur Abdeckung der übergreifenden Anforderungen und der zu unterstützenden fachlichen Prozesse und Anwendungsfälle notwendig sind.

Beispiele

- Fachlicher Dienst

  An die fachliche Architektur der Buchungssysteme einer Bank wird die Anforderung erhoben, dass die Verarbeitung der Buchungslogik zentral erfolgt.

  Daraus wird ein fachlicher Dienst „Regelverarbeitung" zur Verarbeitung von Buchungsregeln abgeleitet.

- Infrastrukturdienst

  An die Softwarearchitektur desselben Buchungssystems wird die Anforderung gestellt, dass das Logging zentral erfolgt. Daraus wird ein Infrastruktur Dienst „Logging" abgeleitet, der im Zuge der Architekturverfeinerung durch die Loggingkomponente eines J2EE-Frameworks realisiert wird.

- Management-Dienst

  An die System-Architektur eines Online-Transaktionssystems wird die Anforderung erhoben, dass die Nutzer-Session Failover fähig ist.

  Das erfordert einen Management-Dienst „Session Failover"

Auf die Weise entsteht eine Dienste-Anforderungs-Matrix, die die klare Darstellung von Anforderungen und Diensten erlaubt (s. Abb. 10-5).

Bei der Anforderungsanalyse, der Analyse der Anwendungsfälle, der Ableitung von Diensten entstehen für jedes Architekturszenario erste Entwürfe zu Architekturblaupausen, in denen die wichtigsten Komponenten und deren Interaktionen unterschieden werden. So entsteht zu jedem Architekturszenario der Entwurf eines Komponentenkatalogs und ergänzender Diagramme, wie z. B. Komponentendiagramme, die die Beziehungen (z. B. Aggregation) zwischen den Architekturbausteinen visualisieren.

Diese Entwürfe können verfeinert werden, indem geprüft wird, welche Architekturbausteine – fachliche Komponenten, Komponenten der System- und Sicherheitsarchitektur oder der Softwarearchitektur – zentrale Dienste nutzen. So entsteht eine Dienste-Komponenten-Matrix als Teil der Anwendungsarchitektur für jedes relevante Szenario (s. Abb. 10-6).

	Zentr. Buchungslogik	Anforderung 2	Anforderung 3	Anforderung 4	Anforderung 5	...
Regelverarbeitung	x			x		
Dienst 2		x	x			
Dienst 3				x	x	
...						

Abbildung 10-5: Dienste-Anforderungs-Matrix

	Regelengine	Komponente 2	Komponente 3	Komponente 4	...
Dienst 1	x				
Errorhandling	x		x	x	
Dienst 3					
...					

Abbildung 10-6: Dienste-Komponenten-Matrix eines Szenarios

Auf diese Weise wird ein Bild der Leistungen geschaffen, die von den Architekturbausteinen angeboten werden müssen. Es wird beschrieben, wie dazu Leistungen anderer Komponenten genutzt werden und welche Informationen zwischen den Komponenten ausgetauscht werden (Datenfluss-Diagramme). Die Ergebnisse bilden dann die Grundlage für die weitere Verfeinerung auf der logischen Ebene nach fachlicher, Software-technischer und

System-technischer Sicht. Das geschieht zum Beispiel durch die Festlegung logischer Interfaces je Komponente und die Erstellung von Kollaborations-Diagrammen.

Der Entwurf der Anwendungsarchitektur führt somit zu folgenden Ergebnissen:

- Unabhängig vom gewählten Architekturszenario:
  - Systemabgrenzung: Kontextdiagramme
  - Definition zentraler Dienste: Dienst-Anforderungs-Matrix
  - Grobe Strukturierung und Beschreibung des Informationsbedarfs: z. B. Datenmodell

- Abhängig vom gewählten Szenario
  - Definition der wichtigsten Bausteine des Systems: Komponentenkatalog, Komponenten-Diagramme, Blaupausen
  - Nutzungsbeziehung zwischen Komponenten und Diensten: Komponenten-Dienste-Matrix
  - Informationsflüsse[49] zwischen den Komponenten des Systems: Datenflussdiagramme

10.2.2.2   Das Activity-Diagramm zum Workflow

Im Folgenden wird der detaillierte Ablauf des *Logischen Zyklus* beschrieben. Abbildung 10-7 zeigt das Activity-Diagramm zum Workflow. Tabelle 10-1 fasst die Definition der Aktivitäten zusammen.

---

[49] Informationsflüsse betreffen zum einen fachliche, zum anderen software- und systemtechnische Informationen. Letztere sind die Informationen, die Infrastruktur- und Management-Dienste verarbeiten.

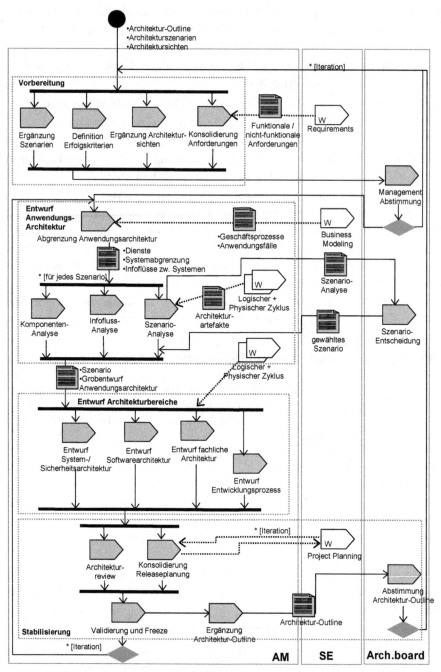

Abbildung 10-7: Der Workflow zum konzeptionellen Zyklus

Tabelle 10-1:   Aktivitäten des konzeptionellen Zyklus

Activity	Inhalt	Input	Output
Konsolidierung Anforderungen	Aktualisierung der abgenommenen Anforderungen	Abgenommene Architekturanforderungen Ergänzende funktionale- und nicht-funktionale Architekturanforderungen	Konsolidierte Anforderungen
Ergänzung Architektursichten	Analyse und Bewertung der ausgewählten Sichten, Artefakte im Hinblick auf die konsolidierten Anforderungen. Ergänzung um zusätzliche Sichten der konzeptionellen Ebene	Funktionale- und nicht-funktionale Anforderungen	Festlegung des Umfangs des konzeptionellen Zyklus
Ergänzung Szenarien	Ergänzung der bereits definierten Szenarien aufgrund der konsolidierten Anforderungen	Funktionale- und nicht-funktionale Anforderungen Definierte Szenarien	Vervollständigte Szenarien
Abgrenzung Anwendungsarchitektur	Abgrenzung der logischen Grundstruktur der IT-Architektur – Ableitung von zentralen Diensten, die zur Erfüllung der funktionalen und nicht-funktionalen Anforderungen benötigt werden – Systemabgrenzung und Analyse der Informationsflüsse	Abgestimmte Architekturanforderungen Geschäftsprozessbeschreibungen Fachliche Anwendungsfälle	Dienste-Katalog Dienste-Anforderungs-Matrix Kontextdiagramme und Informationsflüsse zur Systemabgrenzung
Szenario-Analyse	Überprüfung eines Architekturszenarios im Hinblick auf Anforderungserfüllung, Kosten, Nutzen, Risiko	Konzeptionelle Ebene der Anwendungsarchitektur Abgestimmte Architekturanforderungen Anwendungsfälle	Szenariobewertung

Activity	Inhalt	Input	Output
Infofluss-Analyse	Je Szenario – Grobanalyse der fachlichen, software- und systemtechnischen Informationsflüsse zwischen den Bausteinen der entworfenen Anwendungsarchitektur	Entwurf Anwendungsarchitektur Szenarien Systemabgrenzung	Je Szenario – Infoflüsse – Komponentenkatalog – Komponentendiagramme Komponenten-Dienst-Matrix
Komponenten-Analyse	Je Szenario – Ableitung der logischen Komponenten der Anwendungsarchitektur – Zuordnung von Diensten – Analyse der Beziehungen und Interaktionen	Dienste-Katalog Abgestimmte Architekturanforderungen Entwurf Anwendungsarchitektur Szenarien	Je Szenario – Blaupause – Komponentenkatalog – Komponentendiagramme – Komponenten-Dienst-Matrix
Entwurf fachliche Architektur	Verfeinerung und Strukturierung der wesentlichen fachlichen Funktionen Definition von Komponenten, die zur Erfüllung der funktionalen Anforderungen erforderlich sind (einschließlich ihrer Beziehungen untereinander) Definition der konzeptionellen Ebene der Datenhaltung.	Funktionale Anforderungen Ggf. Referenzarchitekturen Dienste-Katalog Dienste-Komponenten-Matrix Entwurf Datenmodell	Strukturdefinition der Fachlichkeit der zu entwickelnden Systeme
Entwurf Entwicklungsprozess	Strukturentwurf des Vorgehens zur Entwicklung von Informationssystemen zum gegebenen Anwendungstyp	Anwendungsarchitektur und Verfeinerung zu – Softwarearchitektur – Fachliche Architektur – System- und Sicherheitsarchitektur Anwendungstyp	Entwurf Entwicklungsprozess
Architekturreview	Überprüfung der Konsistenz der definierten Architektur	Konzeptionelle Ebene Anwendungsfälle zur Architekturüberprüfung	Abgestimmte Architekturreleaseplanung

Activity	Inhalt	Input	Output
Konsolidierung Releaseplanung	Anpassung der Architektur-releaseplanung auf der Grundlage der definierten Anwendungsarchitektur	Aktuelle Architektur-releaseplanung Architekturszenarien Anwendungsarchitektur Abgestimmte Architekturanforderungen	Abgestimmte Architekturrelease-planung
Validierung und Freeze	Überprüfung der definierten konzeptionellen Architektur im Hinblick auf die abgestimmten Anforderungen	Konzeptionelle Ebene der IT-Architektur Abgestimmte Architekturanforderungen Anwendungsfälle zur Architekturüberprüfung	Validierte Architektur für das gültige Szenario

10.2.2.3   Entwurf der System- und Sicherheitsarchitektur

Abbildung 10-8 zeigt die Ausgestaltung der Aktivität „Entwurf konzeptionelle System- und Sicherheitsarchitektur" innerhalb des *Konzeptionellen Zyklus*.

Das Ziel dieser Aktivität besteht darin, eine konsistente Blaupause zur konzeptionellen System- und Sicherheitsarchitektur zu entwickeln. In ihr ist die Abbildung auf die in der IT-Basisinfrastruktur festgelegten Zielplattform grob beschrieben. Beteiligt sind die Rollen IT-Architekt auf Projektebene, System-Ingenieur und Security-Ingenieur.

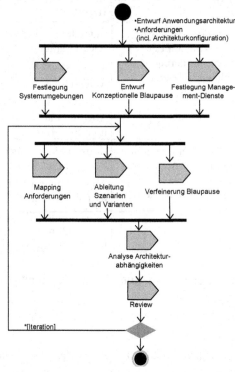

Abbildung 10-8: Entwurf System- und Sicherheitsarchitektur

Der Entwurf der Blaupause zur System- und Sicherheitsarchitektur zielt darauf ab, eine erste Vorstellung zu beteiligten Systemkomponenten und deren Zusammenspiel zu gewinnen und dabei die wichtigsten Szenarien festzuhalten.

Dazu werden in der Regel zunächst die relevanten Zonen und Schichten und die Einordnung von logischen Systemkomponenten beschrieben. Dabei wird festgelegt, welche Systemumgebungen[50] und welche Management-Dienste erforderlich sind, um die Einbettung in die IT-Basisinfrastruktur und die IT-Produktion sicherzustellen.

Management-Dienst

Ein Management-Dienst ist eine logische Gruppierung von Leistungen der System- und Sicherheitsarchitektur, die übergreifend

---

[50]   Zum Beispiel: Entwicklung, Integrationstest, Last- und Performance-Test und Produktion

über Zonen, Schichten und Systemkomponenten bereitgestellt wird, um die Erfüllung der nicht-funktionalen Anforderungen an Informationssysteme sicherzustellen und das Management und den Betrieb der Systeme zu unterstützten.

Beispiele: Failover, Lastverteilung, Performance Management

Entwicklung entlang der Management-Dienste

Die übergreifende Blaupause der System- und Sicherheitsarchitektur wird verfeinert, indem die relevanten Management-Dienste sowie zugeordnete Systemkomponenten und deren Beziehungen festgelegt werden. Parallel dazu werden die Anforderungen an die System- und Sicherheitsarchitektur weiter analysiert und auf die Komponenten der Blaupause abgebildet. Gegebenenfalls werden Architekturszenarien und Varianten abgeleitet, die speziell auf die System- und Sicherheitsarchitektur bezogen sind.

Beispiel:
Systemarchitektur mit und ohne Security-Gateway bei der Fantasia Versicherung

Der Entwurf der System- und Sicherheitsarchitektur wird auf Abhängigkeiten zur Softwarearchitektur, zur Weiterentwicklung der IT-Basisinfrastruktur und zum Entwicklungsprozess untersucht. Das Review der System- und Sicherheitsarchitektur sichert die Konsistenz und Qualität.

10.2.2.4 Entwurf der Softwarearchitektur

Abbildung 10-9 zeigt die Ausgestaltung der Aktivität „Entwurf Softwarearchitektur" innerhalb des *Konzeptionellen Zyklus.*

Anwendungsarchitektur und abgenommene Anforderungen werden unter der Beteiligung der Rollen IT-Architekt, Software-Ingenieur und Security-Ingenieur analysiert und in den Entwurf einer konzeptionellen Blaupause der Softwarearchitektur überführt. Damit einher geht die Festlegung der Schichtung, die Einordnung logischer Komponenten und die Definition von Infrastruktur-Diensten.

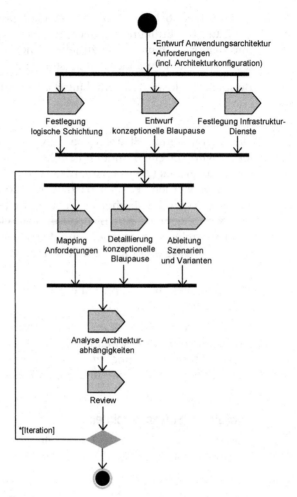

Abbildung 10-9: Entwurf Softwarearchitektur

Infrastruktur-Dienst

Ein Infrastruktur-Dienst ist eine logische Gruppierung von Leistungen innerhalb der Softwarearchitektur, die übergreifend über Schichten bereitgestellt wird, um fachliche Funktionalität von der zu Grunde liegenden Infrastruktur zu entkoppeln. Infrastruktur-Dienste können durch Eigenentwicklungen, Entwicklungsframeworks oder durch Komponenten der Systemarchitektur umgesetzt werden.

Beispiele:

Infrastruktur-Dienst „Logging" umgesetzt durch ein ausgewähltes Entwicklungsframework

Infrastruktur-Dienst „Autorisierung" umgesetzt durch einen J2EE-Application Server.

Die Blaupause wird verfeinert, indem die relevanten Komponenten, Schichten und Infrastruktur-Dienste zugeordnet und in Beziehung gesetzt werden. Parallel dazu werden die Anforderungen an die Softwarearchitektur analysiert und abgebildet. Wenn notwendig, werden Szenarien und Varianten abgeleitet, die speziell auf die Softwarearchitektur bezogen sind.

Beispiel: Softwarearchitektur mit und ohne Nutzung eines zentralen Integrationsbrokers zur Anbindung von Back-End-Systemen.

Wesentlich für die Gestaltung der Softwarearchitektur ist die Abbildung auf die Systemarchitektur, die fachliche Architektur und den Entwicklungsprozess. So sind die Artefakte der Softwarearchitektur zum Beispiel zentrale Anknüpfungspunkte für die Definition des Modells zum Entwicklungsprozess. Dieses Modell legt insbesondere fest, wie die Artefakte der fachlichen Architektur in die Softwarearchitektur überführt werden. Gleichzeitig ist die Softwarearchitektur der Schlüssel zur performanten Nutzung der zugeordneten Systemarchitektur. Die Abhängigkeitsanalyse auf der konzeptionellen Ebene liefert hier erste Ansatzpunkte, die auf der logischen und insbesondere der physischen Ebene weiter verfolgt werden.

Das Review der Softwarearchitektur sichert die Konsistenz und Qualität der logischen Softwarearchitektur.

Abhängigkeit der fachlichen Architektur

In der fachlichen Architektur zu einem operativen System werden die wesentlichen Anwendungsfälle festgelegt. In der Softwarearchitektur zu diesem System wird festgelegt, dass die Anwendungsfälle deklarativ innerhalb eines eigens entwickelten Frameworks abgebildet werden. Der Entwicklungsprozess beschreibt, wie Analyse und Design auf diesem Hintergrund zu gestalten sind.

10.2.3 Architekturentwicklung bei der Fantasia Versicherung

In diesem Abschnitt wird am Beispiel der Fantasia Versicherung dargestellt, wie konzeptionelle Blaupausen zur Referenzarchitektur der Multikanalplattform erarbeitet werden. Ausgangspunkt sind die Ergebnisse der *Initialisierung Architekturentwicklung*. Um die Übersichtlichkeit zu erhöhen, wird mit Vereinfachungen gearbeitet. Die vorgestellten Beispiele zur konzeptionellen Ebene werden im *Logischen* und *Physischen Zyklus* weiter verfeinert.

Definition der konzeptionellen System- und Sicherheitsarchitektur

Den Ausgangspunkt der Blaupause bilden die Architekturanforderungen. Sie werden zunächst in ein klassisches Architekturmodell umgesetzt. Im Mittelpunkt des Beispiels steht die Produktionsumgebung. Für Entwicklung, Test und Last- und Performance-Test werden analog Blaupausen entwickelt.

Es wird eine Einteilung in Zonen vorgenommen, die nach dem Grad der Anforderungen an Sicherheit und nach der Sensitivität der darin enthaltenen Komponenten unterschieden werden. Die Zonenübergänge werden durch Systemkomponenten wie beispielsweise Firewalls gesichert, so dass zonenübergreifende Kommunikation nur kontrolliert stattfinden kann.

- Partner-Zone
  Alle Bausteine der System- und Sicherheitsarchitektur, die durch den B2B-Partner bereitgestellt werden, um die B2B-Prozesse mit der Fantasia Versicherung zu implementieren

- Zugangszone
  Alle Bausteine der System- und Sicherheitsarchitektur, die den Zugriff auf andere Zonen aus den Zugangskanälen regeln

- Bereitstellungszone
  Alle Bausteine der System- und Sicherheitsarchitektur, die die fachliche Funktionalität der Integrationszone für die Zugangszone verfügbar machen.

- Integrationszone
  Alle Bausteine der System- und Sicherheitsarchitektur, die die fachliche Funktionalität der Backend-Zone für die Bereitstellungszone verfügbar machen.

- Back-End-Zone
  Alle Bausteine der System- und Sicherheitsarchitektur, die die Umgebung für die Einbindung der unternehmenskritischen Bestandsführungssysteme bilden

Zusätzlich zur Zonendefinition werden die relevanten Management-Dienste ausgewählt. Management-Dienste sind auf die System- und Sicherheitsarchitektur bezogene zentrale Dienste. Aus ihnen werden bei Entwicklung der Systemarchitektur Sichten auf Zonen und die darin enthaltenen Bausteine abgeleitet. Durch die Analyse der Anforderungen und Rahmenbedingungen ergibt sich die Priorisierung dieser Dienste und somit der Sichten, die zur Gestaltung der logischen Ebene herangezogen werden. Die am höchsten priorisierten Sichten definieren die Schwerpunkte der Architekturdefinition bis hin zur physischen Ebene.

Aus den Anforderungen werden zwei führende Szenarien zur Systemarchitektur abgeleitet (vgl. Ausführungen in Kapitel 5 zur Fantasia Versicherung):

- Szenario 1: Einsatz einer übergreifenden Security-Management-Lösung

- Szenario 2: Verzicht auf eine übergreifenden Security-Management-Lösung

Ausgehend von Abbildung 5-7 ergibt sich die folgende Blaupause zur System- und Sicherheitsarchitektur der Multikanalplattform. Abbildung 10-10 zeigt diese Blaupause mit ausgewählten Management-Diensten für Szenario 1, d.h. unter Einsatz eines Security-Gateways.

Bei der Gestaltung der Blaupause werden aus den Anforderungen Entscheidungen zur Systemarchitektur abgeleitet und Komponenten definiert:

- In der Zugangszone werden Load Balancer eingesetzt, um die Last auf das redundant ausgelegte Security-Gateway und den HTTP-Server zu verteilen.

- Es wird ein Application Server Cluster für Failover und Lastverteilung eingesetzt. Die Zugriffe werden durch einen vorgeschalteten Load Balancer verteilt.

- Alle dynamische Komponenten (z. B. Softwarebausteine, die die Business-Logik implementieren) werden durch den Application Server Cluster bereitgestellt. Der HTTP-Server stellt ausschließlich statische Inhalte bereit.

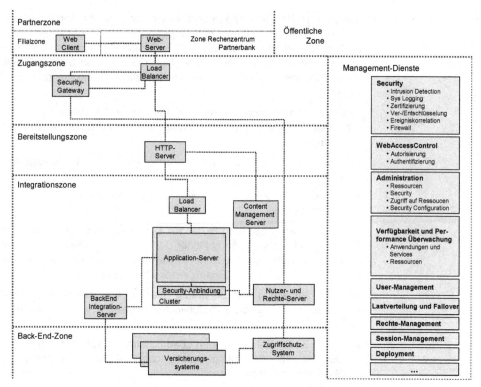

Abbildung 10-10:   Konzeptionelle Blaupause der System- und Sicherheitsarchitektur für Szenario 1

- Es wird eine zentrale Komponente zum Nutzer- und Rechte Management eingesetzt.

- Eine zentrale Komponente zum Content Management stellt Inhalte via HTTP-Server bereit.

Definition der konzeptionellen Softwarearchitektur

Im Workflow *Initialisierung Architekturentwicklung* wurde festgelegt, dass die Referenzsoftwarearchitektur für die Gestaltung der Multikanalplattform verwendet wird. Sie wird bei der Definition der Blaupause zu Grunde gelegt und für den Kanal „Partnerbank via Extranet" verfeinert. Dabei wird sie um Infrastruktur-Dienste erweitert.

Die Referenzsoftwarearchitektur definiert die Grundstrukturen der konzeptionellen und logischen Ebene. In ihr sind die einzelnen Bausteine (Komponenten und Dienste) in ihrer Funktionalität, in ihren Eigenschaften und ihrem Zusammenspiel definiert. Die zentrale Schicht der Referenzarchitektur ist die Schicht zur Business-Integration. Von ihr ausgehend wird die Softwarearchitektur erläutert.

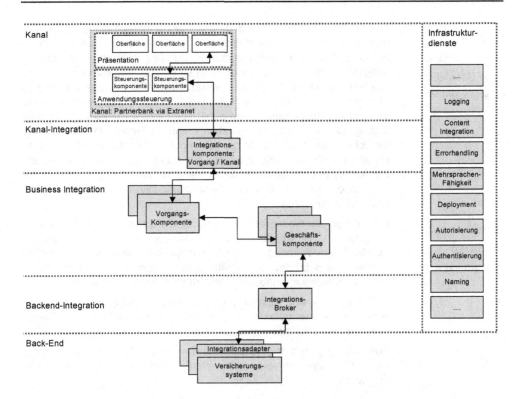

Abbildung 10-11:   Konzeptionelle Blaupause zur Softwarearchitektur

Die Schicht zur „Business Integration"

Die Business-Integrationsschicht stellt Komponenten bereit, die eine einheitliche Sicht auf die durch Backend-Systeme bereitgestellte Geschäftslogik erzeugen. Diese Komponenten bilden Kapselungen der Geschäftsfunktionen der Backend-Systeme. Neue fachliche Funktionen, die nicht durch die bestehenden Backend-Systeme bereitgestellt werden, können ihre Geschäftslogik direkt in der Business-Integrationsschicht implementieren. Die Schicht zur Business-Integration hat somit die Aufgabe, durch die Nutzung der Komponenten der Schicht „Backend-Integration"-konsistente Daten für die „Kanal-Integration" bereitzustellen.

Kanal-Integration   Die Komponenten der Schicht zur „Kanal-Integration" stellen eine einheitliche Schnittstelle für den Zugriff auf die Vorgangskomponenten der Business-Integrationsschicht aus verschiedenen Kanälen bereit. Sie beinhalten Hilfskomponenten, die die kanalspezifische Sicht zur Verfügung stellen.

*Vorgangs-
komponenten
und Geschäfts-
komponenten*

Geschäftskomponenten sind grob-granulare datenorientierte Komponenten, die die Daten verschiedener Backend-Systeme zusammenführen und den Vorgangskomponenten zur Durchführung von Anwendungsfällen zur Verfügung stellen. In einer Vorgangskomponente sind fachlich zusammenhängende Anwendungsfälle so gruppiert, dass grob-granulare, Anwendungsfall-orientierte Komponenten entstehen. Vorgangskomponenten stellen somit komplexere Funktionen zur Verfügung, die durch die Kombination mehrerer Geschäftskomponenten entstehen. Die durch die Vorgangskomponente realisierten Funktionen werden mittels einer Komponente zur Kanalintegration bereitgestellt. Daraus ergibt sich, dass die Komponente zur Kanalintegration über die Information zur Kombination Anwendungsfall/Vorgangskomponente/ Kanal verfügen muss.

*Beispiel einer
Vorgangs-
komponente*

Die Vorgangskomponente „Kundengesamtsicht" realisiert alle Anwendungsfälle zur Beschaffung und zum Anzeigen einer Gesamtsicht aus Kundendaten, Adressdaten und Vertragsdaten eines Versicherungskunden. Sie nutzt dazu Geschäftskomponenten zum Partnermanagement, zum Adressmanagement und zum Vertragsmanagement.

In Tabelle 10-2 sind wichtige Eigenschaften der Business-Integrationsschicht zusammengefasst. Daraus können weitere Infrastruktur-Dienste wie die Plausibilisierung abgeleitet werden.

Aus den Vorgaben der Referenzsoftwarearchitektur und den Architekturanforderungen ergeben sich weitere Entscheidungen zur Softwarearchitektur:

- Back-End-Systeme werden durch die Erstellung von Integrationsadaptern auf die Integration in die Multikanalplattform vorbereitet.

- Geschäftskomponenten nutzen die durch den Integrationsbroker gelieferten Daten, um ein konsistentes Bild fachlicher Objekte zu erzeugen

  Beispiel: Die Geschäftskomponente „Partner" nutzt über den Integrationsbroker mehrere Backend-Systeme, um die fachliche Methode „Partner mit Adresse und Vertrag anlegen" auszuführen.

- Der Integrationsbroker übersetzt die Datensicht der Business-Integration in die Datensicht des Backend

- Für den Zugangskanal „Partnerbank via Extranet" übernehmen Steuerungskomponenten die Anwendungssteuerung unter Nutzung der Komponenten zur Vorgangs-/Kanal-Integration

Die Abhängigkeitsanalyse der Softwarearchitektur konzentriert sich im Falle der Multikanalplattform auf die System- und Sicherheitsarchitektur. Dazu wird die Abbildung von Schichten auf Zonen vorgenommen. So können Komponenten der Softwarearchitektur auf die Systemarchitektur abgebildet werden. Tabelle 10-3 zeigt einen Ausschnitt der Zuordnung.

Tabelle 10-2: Eigenschaften der Business-Integrationsschicht

Eigenschaft	Erläuterung
Aufnahme von Requests aus Kanälen	Requests werden in einem Kanal-spezifischen Format von den Komponenten zur Kanalintegration entgegengenommen und interpretiert. Über den Naming-Service werden die Komponenten der Business-Integration aufgerufen und mit den Daten im Schicht-spezifischen Format versorgt.
Transaktions-steuerung	Die Transaktionssteuerung wird von den jeweiligen Backend-Systemen durch-geführt. An der Ausführung einer Funktion der Business-Integration können mehrere Transaktionen der Backend-Systeme beteiligt sein. Die Transaktionsklammer wird durch die Logical Unit of Work des Backend-Sys-tems definiert.
State Handling	Die Komponenten der Business-Integration sind zustandslos („stateless"). Sie wer-den bei jedem Aufruf mit einem entsprechenden Zustand versorgt.
Plausibilitäts-prüfung	Bei komplexen Komponenten können Komponenten-übergreifende Plausibilitäts-prüfungen erfolgen.
Geschäftslogik	Die Komponenten der Business-Integration stellen die Funktionalität der Backend-Systeme zur Verfügung. Der Zugriff auf die Funktionalität der Backend-Systeme erfolgt über die Backend-Integrationsschicht unter Nutzung der Komponente „Integrationsbroker". Die Ergebnisse des Zugriffs auf die Backend-Systeme werden im (temporären) Zu-stand der Komponenten der Business-Integration zur Verfügung gestellt. Je nach Anforderung können die Komponenten der Business-Integration verschie-dene logische Interfaces implementieren. – Suche / Liste – (einfaches) Objekt ...
Persistenz	Geschäftskomponenten verfügen über die Möglichkeit, ihren Zustand an das Back-end zu übertragen.
Caching	Die Host-Daten werden durch Caching-Funktionen vorübergehend in der Busi-ness-Integration gehalten. Es werden keine Objekthierarchien aufgebaut.

Tabelle 10-3: Abbildung Softwarearchitektur auf Systemarchitektur

Schicht / Komponente	Zone / Komponente
Backend	Backend-Zone
Backend-Integration	Integrationszone/KomponentenContainer
Backend-Integration/ Integrationsbroker	Integrationszone/Backend-Integrations-Server
Business-Integration	Integrationszone/Application-Server/ Komponenten-Container
Kanal-Integration	Integrationszone/Application-Server/ Komponenten-Container
Anwendungssteuerung	Integrationszone/Application-Server/ Web-Container
Präsentation	Bereitstellungszone/http-Server

10.3 Der logische Zyklus

Der *Logische Zyklus* besitzt die Zielsetzung, die Ergebnisse des *Konzeptionellen Zyklus* entlang der dort ausgewählten Sichten so zu verfeinern, dass eine Technologie-unabhängige Gesamtdarstellung der Architektur entsteht. Auf diese Weise wird sichergestellt, dass das durch die Architektur repräsentierte Gesamtkonzept stabil gegen Veränderungen der Technologie ist. Entsprechend liegt der Schwerpunkt auf folgenden Fragestellungen:

- Wie muss die logische Ebene gestaltet werden, damit die Architekturanforderungen erfüllt sind und das Design der Informationssysteme abgeleitet werden kann?

- Wie kann sichergestellt werden, dass die Architektur möglichst stabil gegenüber technologischen Veränderungen ist?

Technologische Einschränkungen bleiben innerhalb des *Logischen Zyklus* im Hintergrund.

10.3.1 Der logische Zyklus im Überblick

Der Workflow wird aus dem *Konzeptionellen Zyklus* ausgelöst, um die Verfeinerung der dort definierten logischen Grobstruktur vorzunehmen. Die Entwicklung der logischen Architektur erfolgt entlang der innerhalb des *Konzeptionellen Zyklus* festgelegten Architektursichten. Bei der Entwicklung sind Detaillierungstiefe und Perspektive gegenüber dem *Konzeptionellen Zyklus* verändert. Die Softwareentwicklungs- und Architektur/Infrastruktursicht steht im Vordergrund. Die Planungs- und Steuerungssicht besitzt geringere Bedeutung.

Nach der Durchführung des *Konzeptionellen Zyklus* ist zum definierten Zielszenario die logische Grobstruktur für alle Architekturbereiche festgelegt. Sie bildet die Grundlage des *Logischen Zyklus*.

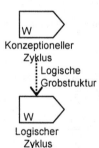

Der Workflow umfasst vier Schritte:

- Vorbereitung

- Verfeinerung Anwendungsarchitektur

- Verfeinerung der Architekturbereiche

- Architekturstabilisierung

1. Vorbereitung

Dieser Schritt bereitet die logische Verfeinerung der Architektur vor. Dazu werden die Erfolgskriterien ausgewählt und Anforderungen konsolidiert. Das im *Konzeptionellen Zyklus* verfeinerte Architektur-Outline bildet hierfür die Grundlage. Es wird verifiziert und ggf. angepasst.

Zwischenergebnisse des Prozessschrittes:

• Konsolidierte Rahmenbedingungen für den Architekturentwurf: Erfolgskriterien und Anforderungen

2. Verfeinerung Anwendungsarchitektur

Die Verfeinerung der Anwendungsarchitektur erfolgt durch die Detaillierung der auf der konzeptionellen Ebene erarbeiteten Architekturartefakte. Logische Komponenten werden ergänzt, definierte Artefakte wie Kontext- und Komponentendiagramme verfeinert und dabei Informationsflüsse zwischen Architekturbausteinen detailliert. Parallel dazu werden die logischen Schnittstellen analysiert, so dass sich die logische Darstellung der Architekturbausteine, ihrer Schnittstellen und ihres Zusammenwirkens (Kollaboration) ergibt. Abbildung 10-12 zeigt schematisch die Kollaboration von Komponenten und Diensten einer Anwendungsarchitektur.

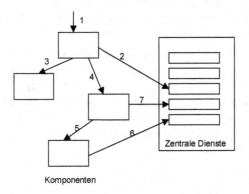

Abbildung 10-12: Schema der Kollaboration von Komponenten und zentralen Diensten in der Anwendungsarchitektur

Auf der Basis der vollzogenen Verfeinerung kann die Vollständigkeit der zentralen Dienste überprüft werden. Dabei werden erste Design-Entscheidungen zur Umsetzung der zentralen Dienste getroffen. Welche werden mittels eigener Komponenten realisiert, welche zugekauft, welche zum Beispiel durch ein Framework[51] abgebildet? Die Ergebnisse werden zur weiteren Verfeinerung von Komponenten, Kollaborationen etc. genutzt.

Design-Entscheidungen auf der logischen Ebene werden durch die Betrachtung der physischen Ebene unterstützt. Dazu wird ggf. eine Iteration des *Physischen Zyklus* angestoßen.

Zwischenergebnisse des Prozessschrittes:

* Verfeinerte Anwendungsarchitektur

3. Verfeinerung der Architekturbereiche

Grundlage dieses Schrittes sind die verfeinerte Anwendungsarchitektur und die Ergebnisse des *Konzeptionellen Zyklus*. Die Verfeinerung der Softwarearchitektur, der System- und Sicherheitsarchitektur und der fachlichen Architektur wird analog zum Vorgehen zur Verfeinerung der Anwendungsarchitektur durchgeführt. Analog werden Komponenten verfeinert, Interfaces abgeleitet und Kollaborationen analysiert. Durch die Konzentration auf einen Architekturbereich – z. B. auf die Softwarearchitektur – ergibt sich eine weitergehende Detaillierung. Bei der Detaillierung gehen Artefakte des *Physischen Zyklus* und des Softwareentwicklungsprozesses (*Analysis & Design*) ein, um Design-Entscheidungen zu untermauern.

Das Modell des Softwareentwicklungsprozesses wird in diesem Schritt von der groben Strukturierung der konzeptionellen Ebene in ein durchgängiges integriertes Vorgehen verfeinert, das beschreibt, wie durch die Architektur strukturierte Informationssysteme entwickelt werden. Insbesondere die Artefakte der Softwarearchitektur liefern wichtige Anhaltspunkte für die Gestaltung des Modells.

Ergebnisse des Prozessschrittes:

* Verfeinerung der Anwendungsarchitektur durch detaillierte Darstellung der Software-, System- und Sicherheitsarchitektur sowie der fachlichen Architektur
* Vollständige Beschreibung des Modells zur Softwareentwicklung

---

51 Beispiel: Infrastruktur-Dienst „Logging" als Teil eines J2EE-Frameworks

4. Architekturstabilisierung

Die Stabilisierung der logischen Architektur dient der Konsistenzprüfung und Validierung der ausgearbeiteten logischen Architektur. Dabei wird insbesondere die Abdeckung der Anforderungen geprüft und die Architekturreleaseplanung entsprechend angepasst.

Die Architekturbereiche sind Sichten auf die gesamte IT-Architektur. Deshalb umfasst die Konsistenzprüfung die Analyse der Abhängigkeiten zwischen diesen Bereichen, um so Schwachstellen der Architektur aufzudecken.

Wurden im *Konzeptionellen Zyklus* Anwendungsfälle definiert, die zur Überprüfung der Architektur genutzt werden sollen, wird die Architektur gegen diese Anwendungsfälle „getestet". In einem „Schreibtischtest" wird die Konsistenz der Architektur geprüft, indem analysiert wird, wie diese Anwendungsfälle unter Nutzung der Bausteine der Architektur abgebildet werden.

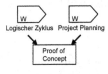

Bei der Konsolidierung der Releaseplanung werden ggf. Erprobungsaktivitäten zur Überprüfung der Leistungsfähigkeit der IT-Architektur („Proof of Concept") geplant, die als Teil des Schrittes „Architekturdeployment" im *Physischen Zyklus* durchgeführt werden. Die Ergebnisse dieser Überprüfung ergänzen das Architektur-Outline und werden im Architekturboard abgestimmt.

Ergebnisse des Prozessschrittes:

- Stabilisierte logische Architektur

- Angepasste Architekturreleaseplanung

- Verfeinertes Architektur-Outline

Abbildung 10-13 fasst die Schritte des *Logischen Zyklus* zusammen.

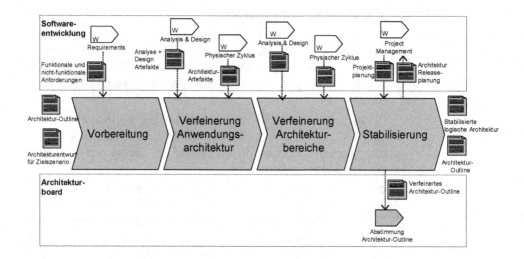

Abbildung 10-13: Prozessschritte des logischen Zyklus

Beteiligte Rollen

Im *Logischen Zyklus* stehen die Rollen im Vordergrund, die sich auf die logische Strukturierung von IT-Architektur, Informationssystem und Infrastruktur konzentrieren – System-Ingenieur, Architekt auf Projektebene, Software-Ingenieur und Security-Ingenieur. Daneben sind die Rollen beteiligt, die die Steuerung der Architekturentwicklung übernehmen. Das sind die Rolle des IT-Architekten auf Unternehmensebene und das Entscheidungsgremium, das Architekturbord. Die beteiligten Rollen konzentrieren sich auf die Abdeckung der Anforderungen an die Architektur durch die Entwicklung adäquater Architekturreleases.

Abbildung 10-14 zeigt die Rollen. Das Architekturboard fungiert als Steuerungs- und Entscheidungsgremium. Der IT-Architekt auf Unternehmensebene steuert die Umsetzung der übergreifenden Anforderungen durch den IT-Architekten auf Projektebene.

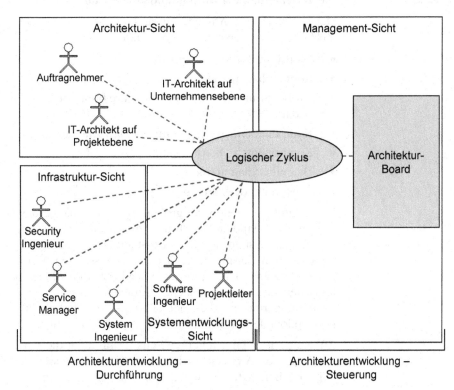

Abbildung 10-14: Rollen im logischen Zyklus

10.3.2 Der Workflow im Detail

In diesem Abschnitt werden neben dem detaillierten Activity-Diagramm verschiedene Detailbetrachtungen zum *Logischen Zyklus* durchgeführt. Zunächst wird ein Blick auf die Verfeinerung der Anwendungsarchitektur geworfen. Dann wird analysiert, was genau die Verfeinerung der fachlichen Architektur ausmacht und wie dabei die Abgrenzung zur Softwarearchitektur und zum Workflow *Analysis & Design* des Softwareentwicklungsprozesses vorgenommen werden kann. Anschließend werden die Verfeinerung der Softwarearchitektur und der System- und Sicherheitsarchitektur betrachtet. Im nachfolgenden Abschnitt werden dann Auszüge aus der logischen Architektur der Multikanalplattform der Fantasia Versicherung vorgestellt.

10.3.2.1   **Die Verfeinerung der Anwendungsarchitektur**

Der Entwurf der Anwendungsarchitektur (im *Konzeptionellen Zyklus)* erzeugt verschiedene Artefakte; z. B.:

- Dienste-Anforderungs-Matrix
- Kontextdiagramme
- Grobe Strukturierung und Beschreibung des Informations-bedarfs
- Komponentenkatalog, Komponenten-Diagramme
- Komponenten-Dienste-Matrix
- Datenflussdiagramme
- Übergreifende Blaupause

Diese Artefakte stellen die groben Zusammenhänge des Gesamt-systems dar. Handelt es sich um ein einzelnes, eng abgegrenztes Informationssystem, ist diese Darstellung von geringerer Bedeu-tung als zum Beispiel im Fall einer umfassenden Architekturdo-mäne. Insbesondere im ersten Fall ist die Abgrenzung zur logischen Ebene der fachlichen Architektur und der Softwarear-chitektur gering, so dass der IT-Architekt auf die Aufteilung in konzeptionelle und logische Ebene verzichten kann.

Anders sieht es im zweiten Fall aus. Dann dient die Verfeinerung der logischen Architektur dazu, die Sollstruktur aller an der Ar-chitektur beteiligten Systeme, Subsysteme, zentralen Komponen-ten und wichtigen Systemkomponenten zu definieren. Bei der Verfeinerung der Anwendungsarchitektur geht es dann – neben der Verfeinerung der bereits vorliegenden Artefakte – um die Analyse und Definition der Interaktionen der Komponenten, die notwendig sind, um die definierten Anwendungsfälle abzu-decken. Dazu sind zwei Teilschritte nötig:

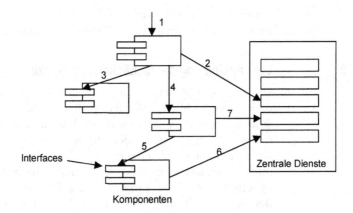

Abbildung 10-15: Verfeinerung einer Kollaboration durch Allokation von Interfaces (Schnittstellen)

- Kollaborationsdiagramme der beteiligten Architekturbausteine werden beschrieben. In ihnen wird definiert, wie die Bausteine interagieren, um fachliche Anforderungen zu erfüllen. Hier gehen die in *Analysis & Design* analysierten Anwendungsfälle ein.

- Aus den Anforderungen und Anwendungsfällen werden logische Schnittstellen abgeleitet, die von den Bausteinen der Anwendungsarchitektur bereitgestellt werden müssen.

Abbildung 10-15 zeigt schematisch die Verfeinerung einer Kollaboration durch die Zuordnung von Interfaces (vgl. Abb. 10-12).

Auf diese Weise entstehen gleichzeitig

- verfeinerte Informationsflüsse zwischen den Architekturbausteinen

- logische Interfaces und deren Zuordnung zu den Architekturbausteinen – Interface-Katalog, Interface-Komponenten-Matrix

- Kollaborationen der Architekturbausteine, Interfaces und Dienste – Kollaborationsdiagramme zur Abbildung wesentlicher Anwendungsfälle

Fließender Übergang zur Softwarearchitektur und Systemarchitektur

Der Übergang von der Darstellung der Anwendungsarchitektur auf die Darstellung der Architekturbereiche, d.h. der fachlichen Architektur, der Softwarearchitektur sowie der System- und Sicherheitsarchitektur ist fließend, da es sich um spezialisierte, verfeinernde Sichten auf dieselbe IT-Architektur handelt. Das betrifft besonders die logische Ebene der fachlichen Architektur.

10.3.2.2   Die Verfeinerung der fachlichen Architektur

Das Ziel der Beschreibung der fachlichen Architektur besteht darin, die fachlich geforderten Funktionen und Daten so zu strukturieren, dass sie über die Abbildung auf die Softwarearchitektur als Leistungen der Informationssysteme bereitgestellt werden können. Gleichzeitig wird durch die fachliche Architektur eine einheitliche fachliche Strukturierung von Informationssystemen erreicht – Voraussetzung für die bessere Integration der Systeme. Deshalb müssen fachliche und Softwarearchitektur aufeinander abgestimmt sein.

Ausrichtung der Beschreibung der fachlichen Architektur auf die Softwarearchitektur

Der Kern der Softwarearchitektur wird vor allem auf der logischen Ebene definiert. Deshalb sollte die logische Ebene der fachlichen Architektur so beschrieben werden, dass die einfache Abbildung auf die Softwarearchitektur möglich wird – idealerweise werden in der Softwarearchitektur vorgesehene Konstrukte verwendet, um die fachliche Architektur zu beschreiben.

Entwicklung der logischen Ebene der fachlichen Architektur

Die logische Ebene der fachlichen Architektur sollte in enger Abstimmung mit der Softwarearchitektur entwickelt werden, um sicherzustellen, dass die fachliche Funktionalität und die fachlichen Daten so gruppiert und strukturiert sind, dass sie mit möglichst geringem Aufwand in der Softwarearchitektur abgebildet werden können.

Auf die physische Ebene der fachlichen Architektur kann verzichtet werden, wenn die Abbildungsvorschrift auf die Softwarearchitektur definiert ist.

Abbildung 10-16 zeigt die Auflösung der Aktivität „Verfeinerung fachliche Architektur" des *Logischen Zyklus* unter Einbeziehung der Abhängigkeiten zur Softwarearchitektur und zum Softwareentwicklungsprozess.

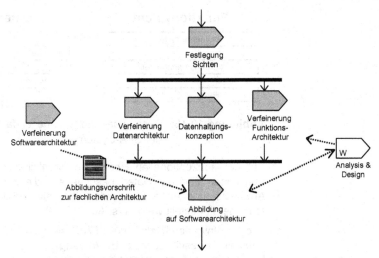

Abbildung 10-16: Verfeinerung fachliche Architektur

Logische Architektur der SFA-Systeme der Fantasia Versicherung

Abbildung 10-17 zeigt die konzeptionelle Ebene der Anwendungsarchitektur der Systeme zur Sales Force Automation (SFA) der Fantasia Versicherung.

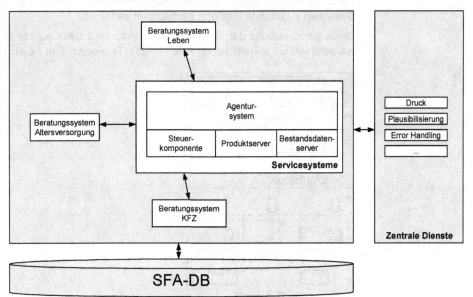

Abbildung 10-17:   Konzeptionelle Anwendungsarchitektur SFA-System – konzeptionelle Ebene

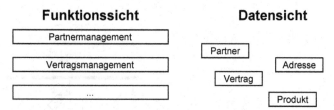

Abbildung 10-18:   Auszug der konzeptionellen fachlichen Architektur
der SFA-Systeme

Auf der konzeptionellen Ebene der fachlichen Architektur sind die
Funktionen und die Daten beschrieben, die zur Unterstützung von
Angebots- und Antragsprozessen über die mobilen Außendienstsys-
teme bereit gestellt werden (s. Abb. 10-18).

In der Softwarearchitektur der SFA Systeme sind Typen von Softwarebausteinen beschrieben, z. B. Vorgangskomponenten und Geschäftskomponenten. Dies umfasst die Definition der notwendigen Interfaces,
die Beziehungen zu Infrastruktur-Diensten und das Zusammenspiel
der Teilsysteme aus Software-technischer Sicht. Die fachliche Architektur wird auf der logischen Ebene unter Nutzung dieser Typen von
Softwarebausteinen beschrieben (s. Abb. 10-19).

Es stellt sich nun die Frage, wie die logische Ebene der fachlichen
Architektur beschrieben wird. Wie in Abbildung 10-20 dargestellt, wird
zunächst auf der logischen Ebene der fachlichen Architektur die den
Systemen zu Grunde liegende Fachlichkeit verfeinert.

Diese Beschreibung der fachlichen Architektur wird dann auf die Softwarearchitektur abgebildet (s. Abb. 10-21). In diesem Fall heißt das,

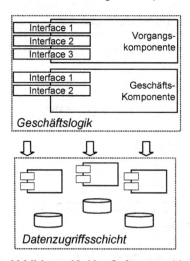

Abbildung 10-19:   Softwarearchitektur der mobilen Systeme

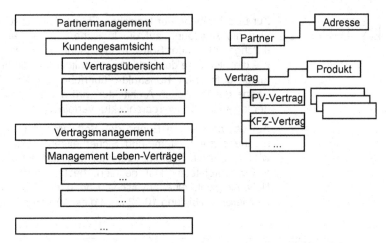

Abbildung 10-20: Verfeinerung der fachlichen Architektur

dass Interfaces abgeleitet werden, fachliche Bausteine in Form von Vorgangskomponenten, Geschäftskomponenten etc. festgelegt werden und der Datenhaushalt der Interfaces aus der Beschreibung der fachlichen Daten abgeleitet wird[52]. Es wird festgelegt, wie fachliche Funktionen wie Partnermanagement gruppiert und in logische Komponenten wie Vorgangskomponente Kundengesamtsicht oder Geschäftskomponente (Personenversicherungsvertrag) überführt werden.

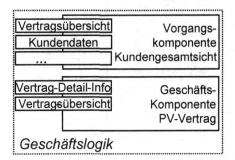

Abbildung 10-21: Abbildung Fachlichkeit in der Softwarearchitektur

---

[52] Der Übergang zu *Analysis & Design* ist hier fließend. Die Abbildungsvorschrift ist Teil der Architektur. Die Abbildung an sich kann als Teil des Designs und damit außerhalb der Architekturentwicklung durchgeführt werden.

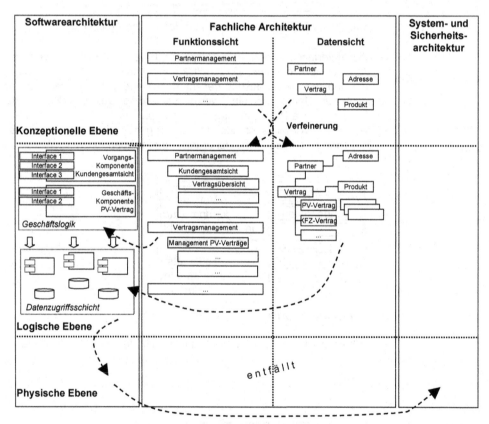

Zur Beschreibung der logischen Ebene der fachlichen Architektur wird also die Abbildung auf die logische Ebene der Softwarearchitektur durchgeführt. In der Softwarearchitektur muss dazu festgelegt werden, wie die Elemente der fachlichen Architektur in die in der Softwarearchitektur definierten Konstrukte überführt werden. Die konzeptionelle Ebene der fachlichen Architektur wird auf diese Weise unter Nutzung der logischen Softwarearchitektur verfeinert.

Auf der physischen Ebene der Softwarearchitektur wird der Zusammenhang zur System- und Sicherheitsarchitektur beschrieben – sie wird so auf die Systemarchitektur projiziert. Ist die Abbildung auf die Softwarearchitektur klar definiert, besteht deshalb keine zwingende Notwendigkeit, eine physische Ebene der fachlichen Architektur zu definieren. Abbildung 10-22 fasst dieses Vorgehen zusammen.

Abbildung 10-22: Abbildung der logischen Ebene der fachlichen Architektur in der Softwarearchitektur

10.3.2.3   Das Activity-Diagramm zum Workflow

Im Folgenden wird der detaillierte Ablauf des *Logischen Zyklus* beschrieben. Abbildung 10-23 zeigt das Activity-Diagramm zum Workflow. Tabelle 10-4 fasst die Definition wesentlicher Aktivitäten zusammen.

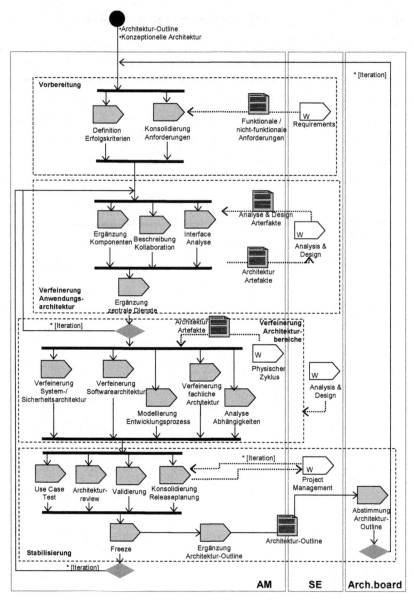

Abbildung 10-23:   Activity-Diagramm zum logischen Zyklus

Tabelle 10-4:   Aktivitäten des logischen Zyklus

Activity	Inhalt	Input	Output
Beschreibung Kollaboration	Analyse und Beschreibung der Interaktionen der logischen Komponenten und ihrer logischen Interfaces innerhalb der Anwendungsarchitektur	Verfeinerte Komponentendiagramme Verfeinerte Informationsflüsse Logische Interfaces	Kollaborationsdiagramme
Interface-Analyse	Definition logischer Interfaces, die von den Bausteinen der Anwendungsarchitektur zur Verfügung gestellt werden Zuordnung von Interfaces zu Komponenten	Verfeinerte Komponentendiagramme Kollaborationsdiagramme Artefakte aus Analysis & Design	Interface-Katalog Komponenten-Interface-Matrix
Ergänzung zentrale Dienste	Ableitung weiterer zentraler Dienste aus der verfeinerten Anwendungsarchitektur	Verfeinerte Anwendungsarchitektur Dienstekatalog	Dienstekatalog Anforderungs-Dienste-Matrix Dienste-Komponenten-Matrix
Modellierung Entwicklungsprozess	Strukturierung des Entwicklungsprozesses auf der Grundlage der Artefakte der Softwarearchitektur	Softwarearchitektur Fachliche Architektur System- und Sicherheitsarchitektur	Logische Struktur des Entwicklungsprozesses
Analyse Abhängigkeiten	Überprüfung der Abhängigkeiten zwischen den Architekturbereichen zur Sicherstellung der Konsistenz der gesamten IT-Architektur	Logische Ebene der vier Architekturbereiche	Abhängigkeitsanalyse und Konsistenzcheck
Use Case-Test	Überprüfung der Konsistenz der IT-Architektur durch die Abbildung ausgewählter Anwendungsfälle	Logische Ebene der IT-Architektur	Überprüfte IT-Architektur
Validierung	Überprüfung der definierten logischen Architektur im Hinblick auf die abgestimmten Anforderungen	Logische Ebene der IT-Architektur Abgestimmte Architekturanforderungen Anwendungsfälle zur Architekturüberprüfung	Validierte Architektur

10.3.2.4   ### Verfeinerung der logischen System- und Sicherheitsarchitektur

Abbildung 10-24 zeigt die Aktivität „Verfeinerung logische System- und Sicherheitsarchitektur" im *Logischen Zyklus*.

Ausgangspunkt für die Definition der logischen System- und Sicherheitsarchitektur sind die in der Vorbereitung konsolidierten Anforderungen, der Entwurf aus dem *Konzeptionellen Zyklus* sowie die dort für die Gestaltung der System- und Sicherheitsarchitektur ausgewählten Sichten.

Aus der Konsolidierung der Management-Dienste und ihrer Bewertung im Hinblick auf die Anforderungen an die System- und Sicherheitsarchitektur ergeben sich die für die weitere Verfeinerung führenden Sichten. Parallel wird überprüft, welche Szenarien für die System- und Sicherheitsarchitektur existieren, und Varianten werden festgelegt.

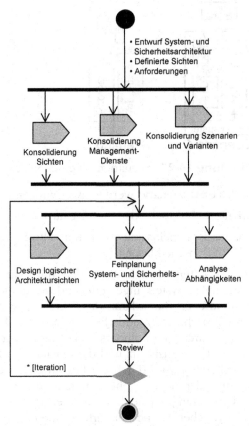

Abbildung 10-24: Die Aktivität „Verfeinerung logische System-
und Sicherheitsarchitektur"

**Varianten zur Definition einer Application-Server-zentrier-
ten Systemarchitektur**

Für die Entwicklung der Systemarchitektur eines Online-Transak-
tions-Systems werden zwei Szenarien definiert. Das erste Szenario dreht sich um den Einsatz eines Application Server Cluster.
Das zweite Szenario verzichtet auf den Cluster und die damit
verbundenen Fähigkeiten zur Implementierung des Failover-
Dienstes.

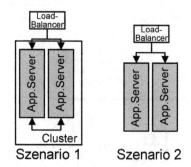

Szenario 1   Szenario 2

Abbildung 10-25: Szenarien zu einer Systemarchitektur

Für das erste Szenario werden zwei Varianten definiert.

Variante 1: Physische Separierung http-Server und WebContainer

Variante 2: Gemeinsame Allokation http-Server und WebContainer je Maschine.

Die gewählten Sichten, Szenarien und Varianten werden von IT-Architekt, System-Ingenieur und Security-Ingenieur gemeinsam erarbeitet. Damit kann die Feinplanung der System- und Sicherheitsarchitektur und die Analyse der Abhängigkeiten zur Soft warearchitektur und der IT-Basisinfrastruktur durchgeführt werden. Die Konsistenz und die Qualität der Ergebnisse der Systemarchitektur wird durch ein Review sicher gestellt. In die Ausarbeitung der Sichten gehen Artefakte des *Physischen Zyklus* ein. Die Beurteilung der beiden Varianten ist nur möglich, indem auf der physischen Ebene Entwürfe zu ihrer Ausgestaltung mit Technologien und Produkten erstellt werden.

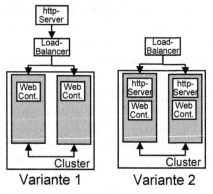

Variante 1   Variante 2

Abbildung 10-26: Varianten eines Szenarios zur Systemarchitektur

10.3.2.5   **Verfeinerung der logischen Softwarearchitektur**

Abbildung 10-27 zeigt die Aktivität „Verfeinerung logische Softwarearchitektur" im *Logischen Zyklus*.

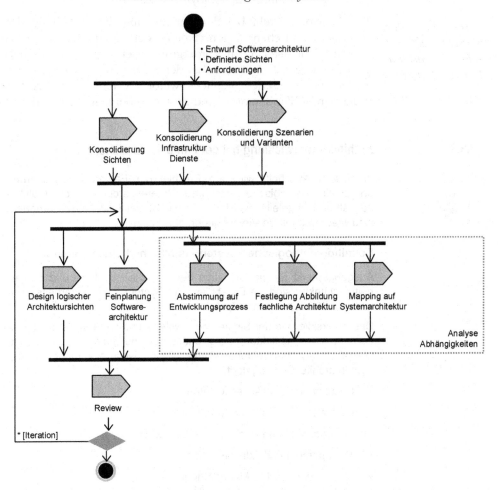

Abbildung 10-27: Die Aktivität „Verfeinerung logische Software-architektur"

Analog zur Verfeinerung der Systemarchitektur werden Sichten und Szenarien konsolidiert und Varianten gebildet. Infrastruktur Dienste übernehmen nun die Rolle der Management-Dienste. Die Abhängigkeitsanalyse besitzt im Falle der Softwarearchitektur großen Stellenwert. Sie umfasst die Abstimmung auf das Modell des Entwicklungsprozesses, die Festlegung der Abbildung der fachlichen Architektur auf die Artefakte der Softwarearchitektur (s. 10.3.2.2), sowie die Abbildung der Softwarearchitektur auf die System- und Sicherheitsarchitektur. Dies geschieht zum Beispiel durch die Erstellung von Deployment-Diagrammen.

Beschreibung der Software-technischen Eigenschaften der Bausteine

Typischerweise steht bei der Verfeinerung die Festlegung der Software-technischen Eigenschaften der Architekturbausteine und der Schnittstellen im Vordergrund. Definierte Designprinzipien fungieren als Leitlinien bei der Verfeinerung der Softwarearchitektur. Logische Interfaces werden verfeinert, Übergabestrukturen, Kollaborationen und Zustandsübergänge definiert.

10.3.3 Architekturentwicklung bei der Fantasia Versicherung

In diesem Abschnitt wird am Beispiel der Fantasia Versicherung dargestellt, wie logische Sichten zur Referenzarchitektur der Multikanalplattform abgeleitet werden. Um die Übersichtlichkeit zu erhöhen, wird wiederum mit Vereinfachungen gearbeitet.

Definition der logischen System- und Sicherheitsarchitektur

Ausgangspunkt für die Definition der logischen System- und Sicherheitsarchitektur sind die Ergebnisse zur System- und Sicherheitsarchitektur im *Konzeptionellen Zyklus*.

Die Konsolidierung der Sichten zur System- und Sicherheitsarchitektur durch den IT-Architekten erfolgt entlang der definierten Management-Dienste. Es werden folgende Sichten für die weitere Verfeinerung der Systemarchitektur festgelegt:

- Security und WebAccessControl
- Lastverteilung, Failover und Skalierbarkeit
- Verfügbarkeit und Performance-Überwachung
- Management und Administration
- Nutzer- und Rechte-Management
- Session-Management

Der IT-Architekt legt folgende Struktur für die Beschreibung der Sichten fest:

1. Zieldefinition und Beschreibung
2. Anforderungen
3. Implikationen

4. Blaupausen und Szenarien

5. Grobkonzeption

6. Schnittstellenkonzept

7. Zusammenfassung

Die Zusammenfassung aller dokumentierten Szenarien, Varianten und Sichten ergibt dann die logische Ebene der System- und Sicherheitsarchitektur.

Um den Umfang des Buches zu beschränken, wird nun eine ausgewählte Sicht verfeinert. Dabei wird deutlich, dass die Entwicklung der logischen Ebene die Schlüsselstelle beim Design der Systemarchitektur darstellt. Wesentliche Szenarien und Varianten werden festgelegt und wichtige Design-Entscheidungen getroffen. Dazu werden je nach Fragestellung Iterationen des *Physischen Zyklus* durchgeführt, um Design-Entscheidungen zu untermauern.

Im Folgenden wird für die Sicht „Security und WebAccessControl" die Blaupause für das Szenario 1 für die Produktionsumgebung dargestellt (s. Abb. 10-28). In der Darstellung werden die unter WebAccess Control zusammen gefassten Management-Dienste den in den Zonen definierten Bausteinen zugeordnet. Die Blaupause zur Sicht „Security und WebAccessControl" dient als Grundlage der Grobkonzeption und des daraus abgeleiteten Schnittstellenkonzeptes. In der Blaupause sind Design-Entscheidungen zur Systemarchitektur fest gehalten; z. B.:

- zur Positionierung der Firewall

- zum Einsatz von Hardware zur Ver- und Entschlüsselung

- zur Entschlüsselung der Zugriffe aus der Partnerzone

- zur Verschlüsselung der Zugriffe auf den User- und Rechte-Server

- zur Bereitstellung statischer Inhalte aus dem Content-Management-Server

Abschließend soll anhand der Systemarchitektur verdeutlicht werden, worin ein wichtiger Vorteil der Einführung einer logischen Ebene liegt.

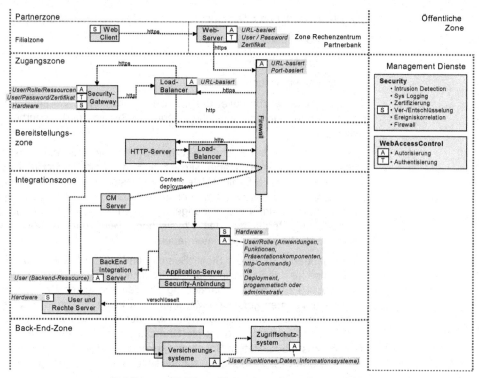

Abbildung 10-28:   Sicht 1 – Security und WebAccessControl für Szenario 1

Stabilität der Architekturentwicklung gegen Veränderungen der eingesetzten Technologie

Die hier vorliegende Blaupause zur Systemarchitektur definiert den logischen Baustein „Security-Anbindung". Er stellt die Funktionalität zur Verfügung, um das im Application-Server realisierte Autorisierungs- und Authentisierungsmodell auf den Nutzer- und Rechte-Server abzubilden. Dieser Baustein wiederum stellt Funktionalität zur Verfügung, um Rechte und Regeln von Nutzern auf zugeordneten Ressourcen bereitzustellen und zu verwalten. In der im *Physischen Zyklus* definierten Systemarchitektur (s. 10.4) wird diese logische Komponente in der eingesetzten Version des Web Application-Server (BEA WLS 6.1) durch den so genannten Security-Realm implementiert. Mit der Nachfolgeversion (BEA WLS 7.0) wird diese Implementierung durch den Hersteller jedoch zu Gunsten eines neuen Ansatzes aufgegeben. Damit verändert sich die physische Ebene, während die logische Ebene stabil bleibt. Da durch die logische Systemarchitektur Abstimmprozesse zwischen Architekt und System-Ingenieur unterstützt werden, bleibt die Basis stabil! Die Beteiligten können ihr Denkmodell beibehalten, einer babylonischen Sprachverwirrung wird vorgebeugt. Dies verbessert die Kontinuität und Stabilität der Architekturentwicklung erheblich.

Definition der logischen Softwarearchitektur

Ausgangspunkt ist der Entwurf der Softwarearchitektur aus dem *Konzeptionellen Zyklus*.

Die logische Ebene der Referenzsoftwarearchitektur für neue operative Anwendungen der Fantasia Versicherung gibt die Grundstruktur für die Verfeinerung der Softwarearchitektur der Multikanalplattform vor. In der Referenzsoftwarearchitektur sind für alle Schichten, Bausteine und Dienste folgende Punkte beschrieben:

- Aufgaben
- die softwaretechnischen Eigenschaften[53]
- die logischen Schnittstellen – die logische Beschreibung des Interface zu Bausteinen und Diensten
- die Kollaboration, z. B. in Form von Sequenzdiagrammen
- das Software-technische Modell der Komponenten, Dienste und Übergabestrukturen
- Design-Grundsätze für die Realisierung

Das Vorgehen Der IT-Architekt definiert folgendes Vorgehen für die Verfeinerung der Softwarearchitektur:

- Aus den konsolidierten Anforderungen werden Design-Grundsätze für die Softwarearchitektur der Multikanalplattform abgeleitet und Design-Entscheidungen getroffen.
- Die Beschreibungen der logischen Ebene der Referenzarchitektur werden überprüft und in die Definition der logischen Softwarearchitektur der Multikanalplattform überführt. Dabei werden notwendige Verfeinerungen vorgenommen.
- Die Aufgaben und Eigenschaften der Schichten, Bausteine und Dienste werden weiter detailliert.
- Die zu gestaltenden logischen Sichten auf die Softwarearchitektur werden festgelegt. Entlang dieser Sichten wird die logische Softwarearchitektur weiter detailliert.

---

[53] z. B. stateless vs. non stateless

Für jede Sicht werden

- notwendige logische Schnittstellen der beteiligten Bausteine abgeleitet

- Sequenzdiagramme definiert, um das Zusammenspiel der beteiligten Bausteine und Dienste dieser Sicht zu definieren

- notwendige Übergabestrukturen festgelegt

- das Zusammenspiel mit dem Softwareentwicklungsprozess und mit der Systemarchitektur abgestimmt.

Beispiele für Designgrundsätze und Design-Entscheidungen zur logischen Softwarearchitektur:

- Der Designgrundsatz „Technische Entkopplung Kanal- und Business-Integration" führt zur Definition von Komponenten zur *Vorgangsintegration* – sie entkoppeln die Komponenten zur Kanalintegration von den Vorgangskomponenten.

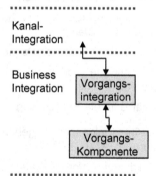

Abbildung 10-29:   Vorgangsintegration

- Die Komponenten zur Kanalintegration sind je Kanal generisch ausgelegt. Diese kanalspezifische Komponente „Vorgangsmanager" stellt übergreifende Abläufe durch die Einbindung verschiedener Vorgangskomponenten über den Aufruf der Komponenten zur Vorgangsintegration für den jeweiligen Kanal bereit. Die Information zur Struktur dieser Abläufe wird über einen Infrastruktur-Dienst „Konfiguration" zur Verfügung gestellt.

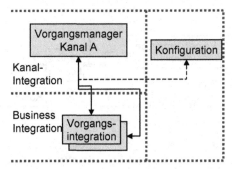

Abbildung 10-30:   Vorgangsmanager zur Kanalintegration

- Die Komponente „Integrationsbroker" wird in Form einer Eigenentwicklung – unter Verzicht auf einen marktgängigen Integrationsserver in der Systemarchitektur – realisiert[54].

- Der Designgrundsatz „Logische und technische Entkopplung Backend und Business-Integration" führt zur Definition von *Ressourcenadaptern* in der Backend-Integrationsschicht. Sie übernehmen die Abbildung des Datenmodells der Backend-Systeme auf das Datenmodell der Geschäftskomponenten. Die Ressourcenadapter greifen auf die Backend-Systeme über den Integrationsbroker zu. Jedes Backendsystem ist durch einen Ressourcenadapter in der Backend-Integrationsschicht repräsentiert.

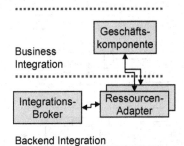

Abbildung 10-31:   Ressourcen-Adapter

- Der Designgrundsatz „Logische und technische Entkopplung Komponenten und Dienste" führt zur Definition einer Komponente *Service-Locator*. Sie entkoppelt Komponenten und Infrastruktur-Dienste. Die Bausteine der Softwarearchitektur nutzen Infrastruktur-Dienste, indem sie die Anforderung an den Service-Locator leiten und dieser den entsprechenden Dienst ruft.

---

[54] Dies folgt aus dem entsprechenden Architekturprinzip.

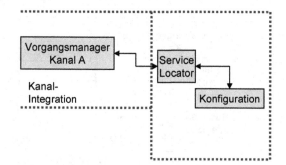

Abbildung 10-32:   Service-Locator

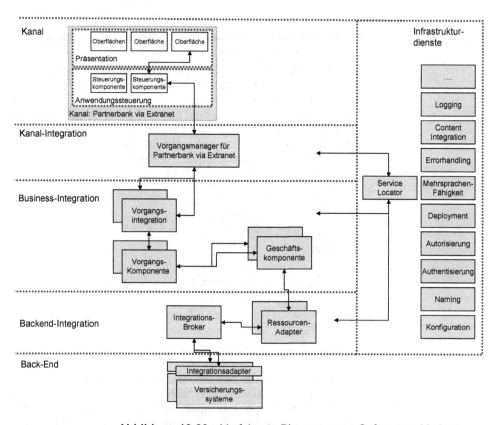

Abbildung 10-33:   Verfeinerte Blaupause zur Softwarearchitektur

Abbildung 10-33 zeigt die verfeinerte Blaupause der Softwarearchitektur der Multikanalplattform.

Für die weitere Ausgestaltung der logischen Softwarearchitektur werden die notwendigen Sichten durch den IT-Architekten definiert:

- Je Schicht der Softwarearchitektur eine verfeinernde Blaupause
- Hinzu kommen weitere Detailsichten, die sich aus den Infrastruktur-Diensten ableiten; z. B.:
  - Viewaufbereitung incl. Content-Integration
  - Error Handling
  - Logging
  - Ablaufsteuerung
  - Autorisierung und Authentisierung
  - Session-Management und Failover
  - Requestverarbeitung
  - Konfiguration

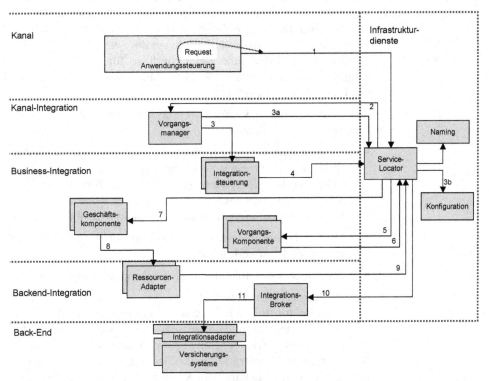

Abbildung 10-34:   Logische Softwarearchitektur – Verarbeitung eines Requests

Abbildung 10-34 zeigt die Blaupause zur Sicht „Requestverarbeitung". In ihr wurde die Blaupause aus Abbildung 10-33 aufgegriffen und der logische Ablauf der Verarbeitung eines Requests aus einem Zugangskanal beschrieben. Um das Beispiel zu vereinfachen, wird die Anwendungssteuerung nicht verfeinert.

Die Aufgabe der Beteiligten (Software-Ingenieur, IT-Architekt auf Projektebene) besteht nun darin, diese Sicht gemäß dem definierten Vorgehen zu beschreiben. Auf diese Weise entsteht über die Verfeinerung der Referenzsoftwarearchitektur und die Ausgestaltung aller Sichten die logische Ebene der Softwarearchitektur der Multikanalplattform. Sie bildet das Fundament für die Entwicklung des B2B-Portals.

Im *Physischen Zyklus* wird dieser Stand der Softwarearchitektur aufgegriffen, und es wird gezeigt, wie durch den Einsatz von Design Pattern die Abbildung auf die Technologie vorgenommen wird.

10.4   Der physische Zyklus

Der *Physische Zyklus* besitzt die Zielsetzung, auf der Grundlage der logischen Architektur physische Szenarien und Sichten abzuleiten und mit ausgewählten Technologien und Produkten auszugestalten. Das ausgewählte physische Szenario und dessen Ausgestaltung bildet dann die Grundlage für die Implementierung der Informationssysteme, den Aufbau der Zielplattform und der Entwicklungsumgebung.

Der Schwerpunkt des *Physischen Zyklus* liegt auf der Klärung folgender Fragestellungen:

* Mit welchen Designgrundsätzen, Technologien, Produkten und Vorgehensweisen wird die logische Architektur ausgestaltet, so dass die Architekturanforderungen erfüllt sind und sich eine aus Gesamtsicht (Einbeziehung Kosten, Knowhow Anforderungen, etc.) optimierte Architektur ergibt?

* Welche Technologieszenarien sind im Hinblick auf die definierten Ziele zu verfolgen?

* Wie werden gewählte Technologieszenarien umgesetzt?

Grundlage des *Physischen Zyklus* sind die definierte Anwendungsarchitektur und deren logische Verfeinerung für das Modell des Softwareentwicklungsprozesses, die System- und Sicherheitsarchitektur sowie die Softwarearchitektur. Die fachliche Architektur ist von untergeordneter Bedeutung, da die physische Ebene hier entfallen kann. Im Workflow *Analysis & Design* des Softwareentwicklungsprozesses wird die logische Ebene der fachlichen Architektur aufgegriffen und auf der Basis der Softwarearchitektur in das Softwaredesign überführt (vgl. Abb. 10-22).

10.4.1 Der physische Zyklus im Überblick

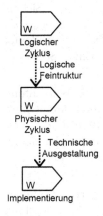

Logischer Zyklus

Logische Feintruktur

Physischer Zyklus

Technische Ausgestaltung

Implementierung

Der Workflow wird aus dem *Logischen Zyklus* mit der Zielsetzung ausgelöst, die dort definierte logische Struktur auf der Basis von Design-Entscheidungen, ausgewählter Technologien und Produkte zu detaillieren. Ergebnis des *Physischen Zyklus* ist die Beschreibung der physischen Architektur durch ausgewählte Technologien, Produkte, Standards, Designvorgaben bis hin zur Festlegung von Konfigurationen. Die Ergebnisse fungieren bei der Entwicklung der zugehörigen Informationssysteme und deren Abbildung auf die IT-Basisinfrastruktur (Zielplattform) als Strukturvorgabe.

Für die erfolgreiche Gestaltung der physischen Architektur ist die intensive Interaktion mit den Prozessen der Software- und Infrastrukturentwicklung von großer Bedeutung. Deshalb besteht die Aufgabe des IT-Architekten auf Projektebene und des Projektleiters darin, gemeinsam sicherzustellen, dass die Entwicklung der physischen Architektur durch die intensive Kommunikation der Beteiligten gekennzeichnet ist.

Der *Physische Zyklus* umfasst vier Schritte:

- Vorbereitung
- Architekturverfeinerung
- Architekturstabilisierung
- Architektureinführung

1. Vorbereitung

Konsolidierung technischer Rahmenbedingungen

Die Vorbereitung umfasst analog zum *Logischen Zyklus* die Definition der Erfolgskriterien und die Konsolidierung der Anforderung. Zusätzlich wird die Konsolidierung der in der Architekturkonfiguration zugeordneten technischen Rahmenbedingungen durchgeführt. Sie stellen Vorgaben für die physische Architektur dar und liegen in Form von definierten Technologien, Produkten und Standards vor. Falls vorhanden, geht ein im Unternehmen definierter Produktkatalog ein. Veränderungen der Architekturprinzipien des Unternehmens oder eines für die Entwicklung gültigen Produktkataloges können z. B. die Konsolidierung der technischen Rahmenbedingungen nach sich ziehen.

Zwischenergebnisse des Prozessschrittes:

- Konsolidierte Rahmenbedingungen für die physische Ebene
- Erfolgskriterien und Anforderungen

2. Architekturverfeinerung

Ableitung physi-
scher Szenarien

Die Architekturverfeinerung wird für die System- und Sicherheitsarchitektur, die Softwarearchitektur und das Modell des Softwareentwicklungsprozesses durchgeführt. Für letzteren bedeutet die Verfeinerung die Abbildung auf eine ausgewählte Softwareentwicklungsumgebung.

Wesentlich für die Verfeinerung ist die integrierte Betrachtung unter Einbeziehung aller Bereiche der physischen Architektur. Produkt- und Technologieentscheidungen im Bereich der System- und Sicherheitsarchitektur schränken zum Beispiel häufig die technische Ausgestaltung der Softwarearchitektur ein.

Beispiel:
Die Wahl eines bestimmten Web Application Server-Produktes definiert die Art und Weise, wie Failover und Lastverteilung implementiert werden. Daraus ergeben sich Vorgaben für die physische Ausgestaltung des Session-Handlings in der Softwarearchitektur.

Für die drei Architekturbereiche werden physische Szenarien abgeleitet. Durch sie werden die Alternativen zur technischen Ausgestaltung der Architekturbereiche unterschieden. Entlang der im *Logischen Zyklus* definierten Sichten werden die Szenarien durch die Zuordnung von Technologien und Produkten verfeinert. Die so erstellten physischen Sichten bilden die Grundlage für die Spezifikation der Zielplattform[55].

Im Rahmen der Verfeinerung sind ggf. Schritte zur Produkt- und Technologieauswahl durchzuführen.

Die Ergebnisse der Verfeinerung werden über das Architekturboard abgestimmt. Szenarien, Technologien und Produkte werden bewertet und entschieden. In die Bewertung gehen neben dem Grad der Erfüllung der Architekturanforderungen Kriterien wie Kosten, Skill-Anforderungen, Zuverlässigkeit von Herstellern, Abhängigkeitsgrad etc. ein.

Zwischenergebnisse des Prozessschrittes:

* Ausgewählte Szenarien zur physischen Architektur

* Ausgewählte Technologien, Standards, Produkte

* Verfeinerte physische Sichten

* Spezifikation der Zielplattform

---

[55]   Unterteilt nach den Stufen Entwicklung, Test, Produktion.

Szenarien zur physischen Architektur

- Szenarien zur Ausgestaltung einer Data Warehouse-Plattform

  Für die physische Ausgestaltung der Zielplattform einer Data Warehouse-Umgebung werden unterschiedliche Szenarien definiert, die sich nach der zugeordneten Hardwareplattform unterscheiden.

- Szenarien zur physischen Ausgestaltung einer Softwarearchitektur
  Für die Entwicklung der Softwarearchitektur eines Informationssystems wird in der Initialisierung der Architekturentwicklung festgelegt, dass sie auf der J2EE-Spezifikation beruht. Auf der physischen Ebene ergeben sich zwei Szenarien.

Buy-Szenario: Integration der Schichten und ihrer Bausteine mit den Infrastruktur-Diensten durch ein zugekauftes Framework

Build-Szenario: Eigenentwicklung der Infrastruktur-Dienste und deren Integration mit den Bausteinen der definierten Schichten

3. Architekturstabilisierung

Schreibtischtest und Proof of Concept

Die ausgewählten Szenarien werden entweder in einer weiteren Iteration verfeinert oder die Architekturstabilisierung (Review, Konsolidierung Releaseplanung, Validierung und Freeze) wird angestoßen. Wurden zuvor Anwendungsfälle definiert, die zur Überprüfung der Architektur genutzt werden, wird die physische Ebene der Architektur einem „Schreibtischtest" (Use Case-Test) unterzogen, in dem die Durchführung der Anwendungsfälle unter Nutzung der Bausteine der Architektur simuliert wird.

Planung der Einführung von Architektur-releases

Die Konsolidierung der Architekturreleaseplanung konzentriert sich auf die Einführung des aktuellen Architekturreleases. Die Planung legt die Zwischenstände der Architektur fest, die zu bestimmten Meilensteinen beschrieben und ggf. erprobt sein müssen. Die Planung eines Architekturreleases kann deshalb bis zur Feinplanung expliziter Implementierungsaktivitäten – zum Beispiel in Form eines gemeinsam mit der Softwareentwicklung definierten „Proof of Concept" – gehen[56].

---

[56] Sie werden in der Regel bereits als Teil der Architekturreleaseplanung im *Logischen Zyklus* festgelegt.

243

Zwischenergebnisse des Prozessschrittes:

- Stabilisierte physische Architektur

- Feinplanung Architekturrelease

- Beschreibung und Planung des Proof of Concept

4. Architektureinführung

Freigabe des Architektur-releases

Die Einführung umfasst diejenigen Aktivitäten, die notwendig sind, um die physische Ebene des Architekturreleases in Abstimmung mit der Software- und Infrastrukturentwicklung umzusetzen. Das bedeutet zum Beispiel, dass die Systemarchitektur durch die Spezifikation und Konfiguration der technischen Komponenten verfeinert, die entsprechende Infrastruktur aufgebaut und ein Betriebskonzept erstellt wird. Die Einführung beruht auf den ausgewählten und mittels Technologie- und Produktzuordnung besetzten Sichten.

Definition Vorgehen gemeinsam mit Entwicklung

Voraussetzung für die Einführung der Architektur ist die Abstimmung des gemeinsamen Vorgehens, die Festlegung der Detaillierungstiefe und die Verteilung der Verantwortlichkeiten für die einzelnen Arbeitspakete zwischen IT-Architekt, Projektleiter der Softwareentwicklung und Service-Manager für die IT-Basisinfrastruktur. Zum Beispiel wird abgegrenzt, wie detailliert die Architektur verfeinert wird, ob sie Aspekte der Konfiguration umfasst und ob Implementierungen in der Verantwortung der Architekturentwicklung vorgenommen werden.

Auf der Grundlage dieser Festlegungen wird das „Deployment" des Architekturreleases durchgeführt. Es umfasst die Implementierung der zur Architekturerprobung notwendigen Bausteine aller drei Architekturbereiche und die Erprobung der Architektur auf der Grundlage der in der *Initialisierung der Architekturentwicklung* und der Releaseplanung festgelegten Ziele (vgl. 9.3).

Deployment der Architektur eines Online-Banking-Systems

- Systemarchitektur

  Nach der Ausgestaltung der Systemarchitektur durch die zugeordneten Produkte und Technologien werden die Schnittstellen der Architekturbausteine festgelegt. Die Konfiguration des gewählten Application Server-Clusters wird durch Festlegung der notwendigen Application-Server-Instanzen und ihrer

Verteilung auf der Zielplattform gemeinsam von IT-Architekt und System-Ingenieur durchgeführt. Die detaillierte Konfiguration (z. B. Ports; IP-Adressen, etc.) des Clusters wird dabei innerhalb des Prozesses Infrastrukturentwicklung durchgeführt.

- Softwarearchitektur

  Die bereits beschriebenen logischen Schnittstellen der Bausteine der Softwarearchitektur werden von IT-Architekt und Software-Ingenieur gemeinsam auf der Basis der festgelegten technischen Plattform spezifiziert. Es wird ein Proof of Concept definiert, bei dem ausgewählte Anwendungsfälle in der Umgebung zum Last- und Performancetest implementiert werden. Die Architekturreleaseplanung, die Planung des Entwicklungsprojektes, sowie die Planung zum Aufbau der Infrastruktur der Last- und Performancetestumgebung werden entsprechend konsolidiert.

Die Ergebnisse werden im Architektur-Outline zusammengefasst. Ggf. wird der übergreifende Produktkatalog konsolidiert. Abhängig vom Ergebnis der Abstimmung im Board folgen weitere Iterationen zur physischen Architektur.

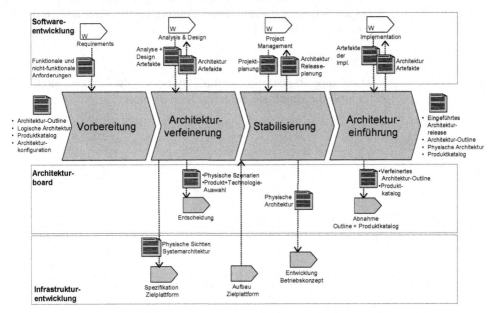

Abbildung 10-35: Prozessschritte des physischen Zyklus

Ergebnisse des Prozessschrittes:

- Eingeführtes Architekturrelease

- Verfeinertes Architektur-Outline

- Angepasster Produktkatalog

Abbildung 10-35 fasst die Schritte des *Physischen Zyklus* zusammmen.

Beteiligte Rollen

Bei der technischen Verfeinerung mit Hilfe von Produkten, Technologien und Standards treten Kosten- und Knowhow-Aspekte stärker in den Vordergrund. Deshalb gewinnt die Managementsicht gegenüber dem *Logischen Zyklus* wieder an Bedeutung. Das Architekturboard tritt in den Vordergrund, da durch die Festlegung von Produkten und Technologien Entscheidungen getroffen werden, die für die IT erheblich Bedeutung haben können. Die Reichweite der Entscheidung für einen bestimmten Web Application Server über die Architekturentwicklung für ein einzelnes Informationssystem hinaus. Die Entscheidung kann daher nur unter Einbeziehung der entsprechenden Entscheider aus der IT-Organisation getroffen werden. Je nach Kompetenz des Architekturboards erfordert dies die Einbindung weiterer Entscheidungsgremien. Die Festlegung dieser Abstimm- und Entscheidungsprozesse ist Teil des Organisations- und Kommunikationskonzepts, das in der *Initialisierung Architekturentwicklung* definiert wurde.

Abbildung 10-36 zeigt die am *Physischen Zyklus* beteiligten Rollen und die durch sie eingebrachten Sichten.

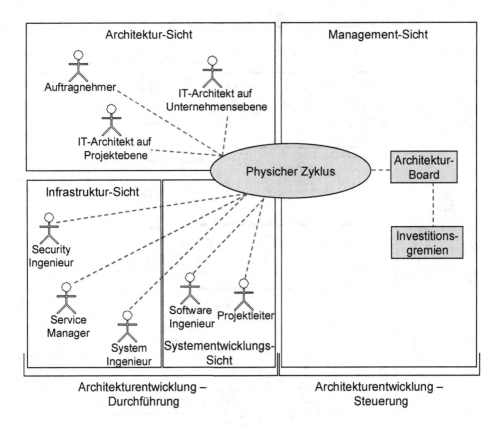

Abbildung 10-36: Rollen im physischen Zyklus

10.4.2   Der Workflow im Detail

In diesem Abschnitt wird der *Physische Zyklus* weiter verfeinert. Zunächst wird das vollständige Activity-Diagramm dargestellt. Dann werden die Stabilisierung und das Architektur-Deployment verfeinert und abschließend in Tabelle 10-5 alle noch offenen Aktivitäten definiert. Abbildung 10-37 zeigt das Activity-Diagramm zum Workflow.

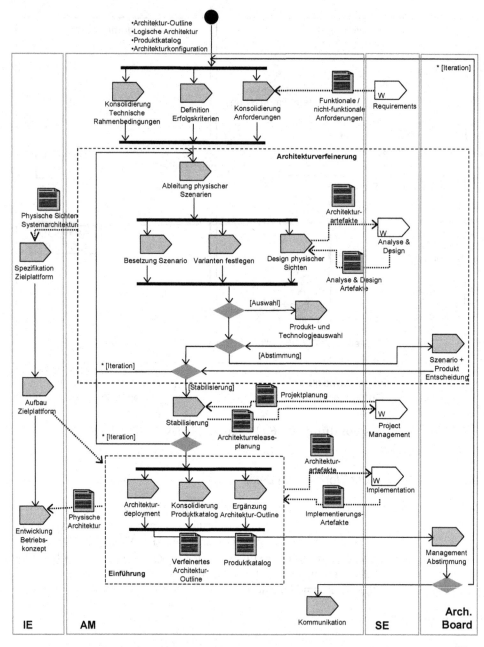

Abbildung 10-37: Activity-Digramm zum physischen Zyklus[57]

---

[57]   IE = Infrastrukturentwicklung

Architekturstabilisierung

Wie in den beiden vorangegangenen Workflows hat die Stabilisierung auch hier die Aufgabe, die Konsistenz und die Validität der Architektur sicherzustellen.

Typischerweise wird zumindest das erste Release komplexer Architekturen über einen Proof of Concept, der gemeinsam mit der Software- und der Infrastrukturentwicklung durchgeführt wird, abgesichert. Die Planung dieser Erprobung ist Teil der Stabilisierung. Die Grobplanung des Proof of Concept wird bereits im *Logischen Zyklus* vorgenommen. Mit der im *Physischen Zyklus* vorgenommenen physischen Verfeinerung kann der Proof of Concept dann in der Releaseplanung des *Physischen Zyklus* detailliert auf die Anforderungen des Softwareentwicklungsprozesses abgestimmt werden. In der Architekturreleaseplanung wird festgelegt, wie das „Deployment" der Architektur durchgeführt wird.

Das Ziel des Proof of Concept besteht darin, über die Implementierung ausgewählter fachlicher und technischer Anwendungsfälle, die Tragfähigkeit der Architektur gemäß den in der *Initialisierung* Architekturentwicklung definierten Zielen (vgl. Kap. 9) nachzuweisen. Dabei werden Schwachstellen der Architektur herausgearbeitet und gleichzeitig die Zusammenarbeit und das Knowhow der Beteiligten verbessert. Die ausgewählten Anwendungsfälle werden implementiert und zuvor festgelegten Testszenarien unterzogen. Die Implementierung erfolgt

- in der definierten Softwarearchitektur,

- in einer produktionsnahen Stufe der System- und Sicherheitsarchitektur,

- mit dem definierten Stand des Softwareentwicklungsprozesses und der zugeordneten SEU.

Abbildung 10-38 fasst die Aktivitäten der Stabilisierung zusammen.

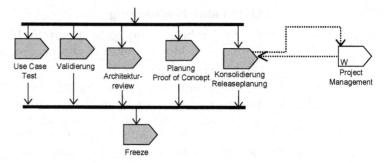

Abbildung 10-38: Architekturstabilisierung

Architekturdeployment

Auf der Grundlage der abgestimmten Releaseplanung wird die
Einführung des Architekturreleases vorgenommen. Abbildung
10-39 zeigt die Verfeinerung der Aktivität „Architekturdeployment" als Teil der Einführung.

Das Architekturdeployment besteht aus den beiden Aktivitäten

• Architekturimplementierung – Aufbau der technischen Bausteine der Softwarearchitektur, System- und Sicherheitsarchitektur sowie Softwareentwicklungsumgebung zur Durchführung des Proof of Concept zur Architektur.

• Architekturerprobung – Durchführung der geplanten und
  Erprobungsaktivitäten gemäß der zuvor festgelegten Auf-
  gaben- und Rollenverteilung.

Tabelle 10-5 definiert abschießend die noch offenen Aktivitäten
des *physischen Zyklus*.

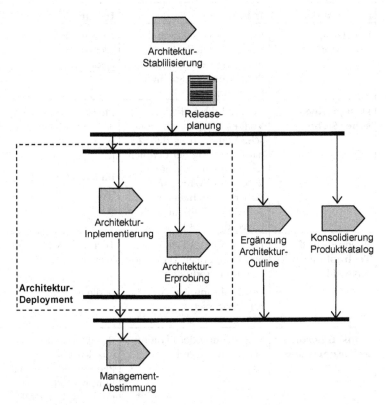

Abbildung 10-39: Aktivität Architekturdeployment

Tabelle 10-5: Aktivitäten des physischen Zyklus

Activity	Inhalt	Input	Output
Konsolidierung technische Rahmenbedingungen	Aktualisierung des definierten Rahmens für die Ausgestaltung von Technologien, Standards und Produkten	Zugeordnete Zielplattform, ggf. Produktkatalog, Architekturkonfiguration, Architektur-Outline	Konsolidierte technische Rahmenbedingungen
Ableitung physischer Szenarien	Festlegung der/des Szenarien für die Ausgestaltung der System- und Sicherheitsarchitektur, der Softwarearchitektur und die zugeordnete SEU	Technische Rahmenbedingungen, konsolidierte Anforderungen, logische Architektur	Physische Szenarien
Varianten festlegen	Definition von Varianten zu Szenarien	Technische Rahmenbedingungen, Szenarien	Varianten

Activity	Inhalt	Input	Output
Besetzung Szenarien	Physische Gestaltung der Szenarien durch Zuordnung von Technologien, Produkten und Rahmenbedingungen	Szenarien+Varianten, technische Rahmenbedingungen	Physisch „populierte" Szenarien
Design physischer Sichten	Auswahl der Sichten zur Verfeinerung und Technische Verfeinerung der Szenarien entlang der definierten physischen Sichten; jeweils für System- und Sicherheitsarchitektur, Softwarearchitektur und zugeordnete SEU	Physisch „populierte" Szenarien — Technische Rahmenbedingungen — Im logischen Zyklus definierte Sichten	Technische Verfeinerung der Szenarien
Produkt- und Technologieauswahl	Festlegung des Evaluationsbedarfs bzgl. Technologien und Produkten — Durchführung von Auswahlprozessen	Technisch verfeinerte Szenarien — Technische Rahmenbedingungen	Festgelegter Evaluationsbedarf und Umfang — Ausgewählte Produkte, Standards, Technologien
Konsolidierung Releaseplanung	Verfeinerung der Planung der Architekturreleases	Bestehende Architekturreleaseplanung, Planung des Entwicklungsprojektes, Planung der Infrastrukturentwicklung, definierte Erprobungsaktivitäten	Überarbeitete Architekturreleases inkl. der Planung des Deployment des nächsten Releases
Konsolidierung Produktkatalog	Ergänzung des Produktkataloges aufgrund der durchgeführten technischen Verfeinerung	Produktkatalog, physische Architektur	Aktualisierter Produktkatalog

10.4.3   Architekturentwicklung bei der Fantasia Versicherung

In diesem Abschnitt wird die erste Iteration des *Physischen Zyklus* der Entwicklung der physischen Architektur der Multikanalplattform dargestellt. Der Leser wird hier mit Technologien und Produkten konfrontiert. Dabei kommt es weniger auf die Aktualität der dargestellten Produktversionen an, sondern auf die Darstellung des strukturierten systematischen Vorgehens, das mit Hilfe des Workflows möglich wird. Die Entwicklung der physischen Architektur muss nicht unbedingt nach dem Motto ablaufen, das ein System-Ingenieur eines großen Finanzdienstleisters einmal folgendermaßen formulierte:

„Lasst uns doch die Kisten einfach bestellen und dann fangen wir mal an aufzubauen. Hat doch immer irgendwie noch geklappt"

Zurück zur Fallstudie. Nachdem die Architekturentwicklung zur Multikanalplattform initialisiert und die logische Struktur über den *Logischen Zyklus* definiert ist, wird nun an ausgewählten Aspekten die Anwendung des *Physischen Zyklus* verdeutlicht. Im Sinne des Workflow Konzeptes des RUP soll auch hier betont werden: der *Physische Zyklus* wird nicht durchgeführt, <u>nachdem</u> die beiden anderen Zyklen durchlaufen wurden. Vielmehr entscheidet der IT-Architekt, wann die Entwicklung der physischen Architektur begonnen wird und deshalb eine Iteration des *Physischen Zyklus* – zum Beispiel parallel zum *Logischen Zyklus* – durchgeführt wird. Der Architekt wählt dann die für die konkrete Iteration durchzuführenden Aktivitäten aus.

Durchführung des physischen Zyklus als Input für den logischen Zyklus

Eine solche Iteration bei der Fantasia Versicherung wird nun betrachtet. Die Definition der logischen System- und Sicherheitsarchitektur und der Softwarearchitektur ist fortgeschritten, und zu ausgewählten Sichten wurden die logischen Blaupausen erarbeitet. Es geht nun darum, das Grobkonzept, das Schnittstellenkonzept, Abläufe und Abhängigkeiten aus der logischen Ebene zu detaillieren. Der IT-Architekt der Versicherung wählt den Einstieg in die physische Architektur und damit die Durchführung einer Iteration des *Physischen Zyklus*, um die im *Logischen Zyklus* definierten Strukturen technisch nachzuvollziehen und zu überprüfen.

Vermeidung verfrühter, technisch orientierter Detaildiskussionen

So interessant und fordernd es auch ist, über Technologien, Produkte und Standards zu diskutieren und diese zu testen; für den IT-Architekten ist es wichtig, der Versuchung zu widerstehen, zu früh in detaillierte Technologiediskussionen einzusteigen. Dies verstellt oftmals den Blick für angemessene logische Entwürfe. Dies kann dazu führen, dass sich das Gesamtvorgehen zu schnell in technischen Diskussionen verliert. Dabei geht dann der Blick auf die eigentlichen Anforderungen verloren. Es gilt das Prinzip: Requirements first!

In der hier betrachteten Iteration sollen Szenarien definiert und besetzt werden, um so sicherzustellen, dass das, was auf der logischen Ebene spezifiziert wird, auch durch Technologie abgedeckt werden kann. Es soll erarbeitet werden, an welchen Stellen der Architektur noch Unklarheiten bestehen. Diese Stellen werden dann in der Aktivität „Planung Proof of Concept" aufgegriffen, um Inhalte und Ablauf einer Erprobung festzulegen. In der Architekturreleaseplanung wird zusammen mit den Verantwortlichen für die Software- und die Infrastrukturentwicklung ein erster Stand für die Architektureinführung erarbeitet.

Im Folgenden wird dargestellt, wie der IT-Architekt diese Iteration des *Physischen Zyklus* gestaltet. Dazu werden die vier Schritte des Workflows und die je Schritt durchgeführten Aktivitäten mit ihren Ergebnissen dargestellt.

10.4.3.1   Ergebnisse des Schrittes „Vorbereitung"

Aktivität „Definition Erfolgskriterien"

Als Erfolgskriterium für diese Iteration des *Physischen Zyklus* wird festgelegt: „Die Iteration ist erfolgreich, wenn die Blaupausen der logischen Ebene so verfeinert sind, dass Entscheidungen zum Design der Gesamtarchitektur fundiert getroffen werden können und ein Vorschlag für die Erprobung der Architektur vorliegt."

Aktivitäten „Konsolidierung technische Rahmenbedingungen"

Ergebnis der Aktivität ist der Entwurf des für die Architekturentwicklung gültigen Produktkataloges, der im Zuge der Ausgestaltung der physischen Ebene sukzessive verfeinert wird. Tabelle 10-6 zeigt einen Auszug der ersten Version des Produktkataloges für die System- und Sicherheitsarchitektur.

Tabelle 10-6:   Produktkatalog zur Systemarchitektur der Multikanalplattform

Logische Komponente	Technolgie/Produkt/Standard	Version	Plattform
Application-Server	BEA Weblogic	6.1 SP2	SUN
HTTP-Server	i-Planet Enterprise-Server	6.0	SUN
Loadbalancer (Hardware)	BigIP F5		
Firewall	Checkpoint 1 PIX		
User- und Rechte-Server	offen		SUN
Security-Gateway	offen		SUN
CM-Server	Interwoven Teamsite		Windows
Backend Integration-Server	MQSeries-Server	5.2	SUN

10.4.3.2   Ergebnisse des Schrittes „Verfeinerung"

Aktivität „Ableitung physischer Szenarien"

Es besteht keine Notwendigkeit, zu den bereits früher definierten Szenarien der System- und Sicherheitsarchitektur zusätzliche zu definieren.

Für die Softwarearchitektur werden zwei Szenarien definiert. Sie werden nach dem „Gewicht[58]" der Objekte abgegrenzt, die zur Implementierung der logischen Softwarearchitektur eingesetzt werden.

Szenario 1: Ausrichtung auf Leichtgewichtigkeit – möglichst weit gehender Einsatz leichtgewichtiger Objekte bei der Definition der physischen Softwarearchitektur

Szenario 2: Ausrichtung auf Flexibilität und Skalierbarkeit – Einsatz von leicht- und schwergewichtigen Objekten, um die Funktionalität des Application-Servers möglichst stark auszunutzen

Für die Zuordnung der Softwareentwicklungsumgebung zum Entwicklungsprozess werden zwei Szenarien definiert:

Szenario 1: Ausrichtung auf Integration – möglichst hoher Grad an Integration der eingesetzten Werkzeuge von der Analyse bis zu Implementierung und Deployment; hohes Maß an Integration mit Application-Server

Szenario 2: Low Cost und Einfachheit – Einsatz möglichst einfacher, kostengünstiger Entwicklungswerkzeuge (Open Source); hohes Maß an Integration mit Application-Server

Zusammenfassung der Szenarien:

- Für die Systemarchitektur bilden die beiden bereits definierten übergreifenden Szenarien (mit und ohne Security-Gateway) und die festgelegten Sichten die Basis für die Ausgestaltung der physischen Architektur.

- Für die Softwarearchitektur und für die Definition der Softwareentwicklungsumgebung sind jeweils zwei Szenarien definiert.

Aktivitäten „Besetzung Szenario", „Design physischer Sichten" und Varianten festlegen

Für die System- und Sicherheitsarchitektur wird zusätzlich zu den im logischen Zyklus definierten Sichten die Sicht „Hardwareplattform" definiert. Zur Ausgestaltung dieser Sicht werden drei Varianten festgelegt: Aufbau Application-Server-Cluster auf wenigen High-End-Systemen, auf Midrange-Systemen und auf Low-End-Systemen.

„Besetzung Szenario" für System- und Sicherheitsarchitektur

Verfeinerung der System und Sicherheitsarchitektur

Die Ausgestaltung der physischen Ebene der System- und Sicherheitsarchitektur wird am Beispiel für das Szenario 1 (Einsatz einer übergreifenden Security-Management Lösung) mit der Blaupause für die Sicht „Lastverteilung, Failover und Skalierbarkeit" dargestellt. Es wird die Variante ausgearbeitet, die auf den Einsatz von Midrange-

---

58   Welche Last erzeugt ein solches Objekt in seiner Laufzeitumgebung?

Systemen zur Ausgestaltung des Application-Server-Clusters setzt. Beim Entwurf der Blaupause werden von den Beteiligten (IT-Architekt, System-Ingenieur, Security-Ingenieur und Software-Ingenieur) Abwägungen durchgeführt; u.a.:

- Welche Bausteine (Hard- und Software) der Systemarchitektur müssen Failover-fähig sein?

- Wo genügt hot, wo cold Standby?

- Welchen Beitrag leistet der Application-Server-Cluster hinsichtlich Failover und Skalierbarkeit?

- Wie werden Hard- und Software optimal kombiniert?

- Welche Auswirkungen haben Failover-Lösungen auf die Performance; welche auf die Verfügbarkeit?

- Welche Wirkungen haben die eingesetzten Bausteine auf die Security?

- Welche Wechselwirkungen bestehen zur Softwarearchitektur? Wie soll die Anwendung skalieren und welchen Einfluss hat hier die Systemarchitektur? Welche Einschränkung folgt für die Softwarearchitektur aus der gewählten Technologie des Integration Servers?

- Welche Produkte implementieren das Security-Gateway und den Nutzer- und Rechte-Server?

Abbildung 10-40 zeigt das Ergebnis des Abstimmprozesses. Die Blaupause zeigt das Szenario für die Variante der Ausgestaltung des Application-Server-Clusters mittels Midrange-Servern. Folgende Design-Entscheidungen liegen der Blaupause zu Grunde:

- Alle Systeme werden mehrfach ausgelegt.

- Zur Erhöhung der Sicherheit wird die logische Komponente „Firewall" durch verschiedene Produkte realisiert.

- Der Backend-Integration-Server wird durch ein Message Queueing-System realisiert.

- Für Lastverteilung und Failover zwischen Bereitstellungszone und Integrationszone wird eine Hardware-basierte Lösung favorisiert.

- Für den Nutzer- und Rechte-Server werden zwei Produktoptionen ausgewählt.

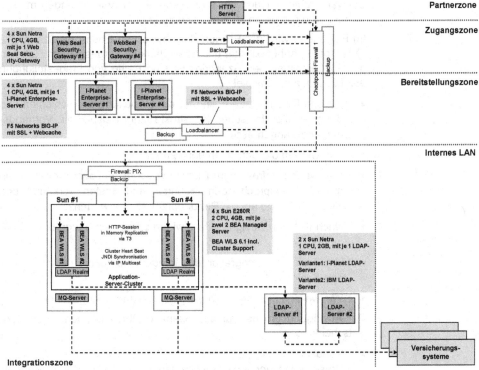

Abbildung 10-40: Physische Blaupause zur Sicht Lastverteilung, Failover und Skalierbarkeit

- Auf Grund der Herstellerstrategie der Versicherung wird ein bestimmtes Produkt für die Implementierung des Security-Gateways festgelegt.
- Die Verteilung der Instanzen des Application-Servers wird festgelegt.

„*Besetzung Szenario*" für die Softwarearchitektur

Verfeinerung der Softwarearchitektur

Auf der logischen Ebene wurden Entscheidungen zum Design der Softwarearchitektur getroffen. Diese werden durch die Beteiligten (IT-Architekt, Software-Ingenieur, System-Ingenieur) aufgegriffen und entlang der beiden definierten Szenarien im Rahmen der gewählten J2EE-Technologie verfeinert. Die Verfeinerung wird durch die Nutzung von J2EE-Design Pattern[59] strukturiert. Sie werden genutzt, um die

---

[59] Definition Design Pattern nach [J2EE01]: Simply put, patterns enable us to document a known recurring problem and its solution in a particular context, and to communicate this knowledge to other."

Softwarearchitektur und die an sie erhobenen Anforderungen mit bewährten und erprobten Mustern zu unterlegen.

Im Folgenden wird der Entwurf der physischen Ebene für Szenario 2 (Ausrichtung auf Flexibilität und Skalierbarkeit) dargestellt. Im Rahmen der Ausgestaltung des Szenarios ist eine Reihe von Fragestellungen abzuwägen; zum Beispiel:

- Welche Design-Pattern sind für die Gestaltung der Schichten und die gewählten logischen Konstrukte (zum Beispiel die Vorgangsmanager) angemessen?

- Wie werden die Schichten entkoppelt?

- Wie werden Infrastruktur-Dienste wie z. B. Failover realisiert, wie mit den entsprechenden Management-Diensten verknüpft und welche Wirkung auf die Performance ist zu erwarten?

- Nach welchen Design-Pattern wird die Backend-Integration durchgeführt?

- Wie erfolgt die Integration des Integrationsbrokers mit den Backend-Systemen?

- Wie werden die Infrastruktur-Dienste technisch angebunden?

Der Abwägungsprozess für das Szenario führt zu folgenden Design-Entscheidungen:

- Kanal:
  Präsentation und Anwendungssteuerung für den Kanal „Partnerbank via Extranet" werden mittels leichtgewichtiger Objekte realisiert (J2EE Pattern „Dispatcher View" und „Frontcontroller").

- Kanalintegration:
  Jeder kanalspezifische Vorgangsmanager wird als schwergewichtige, zustandsbehaftete Komponente realisiert. So wird sichergestellt, dass der Session State unabhängig von der Kanaltechnologie im EJB Container des Application-Servers gehalten werden kann. Die Komponente wird über ein leichgewichtiges Objekt („Request Handler") auf Kanalebene repräsentiert.

- Infrastruktur:
  Die Infrastruktur-Dienste werden mittels einer Komponente „Service Locator" auf der Basis des gleichnamigen Design-Pattern integriert.

- Business-Integration:
  Die Vorgangskomponenten werden als eine Fassade grob-granularer, schwergewichtiger, zustandsloser Komponenten realisiert, um so die Fähigkeiten des Application-Servers weitestgehend zu nutzen (J2EE Design-Pattern „Session Facade"). Sie werden aus der Kanal-Integration über die Nutzung eines leichtgewichtigen

Objektes, das die Vorgangskomponente repräsentiert, angesprochen. (J2EE Design-Pattern „Business Delegate" und „Service Locator") .

Die Geschäftskomponenten werden in Form weniger grob-granularer, schwergewichtiger, zustandsloser Komponenten realisiert, um so die Fähigkeiten des Application-Servers weitestgehend zu nutzen. Sie nutzen die leichtgewichtig realisierten Ressourcenadapter für den Backend-Zugriff. Die Vorgangskomponenten nutzen den Service-Locator, um Dienste von Geschäftskomponenten aufzurufen.

- Backend-Integration:
  Die Ressourcenadapter fungieren als „Data Access Object" im Sinne des gleichnamigen Design-Pattern.
  Der Integrationsbroker wird unter Nutzung der Messaging-Middleware als schwergewichtiges zustandsloses Objekt realisiert.

Mit diesen Design-Entscheidungen zur physischen Ebene ergibt sich Tabelle 10-7 zur technischen Umsetzung der Bausteine innerhalb der J2EE Technologie:

Abbildung 10-41 greift diese Tabelle auf und setzt sie in eine Blaupause zum Szenario um. Auf weitere Hilfskonstrukte und die Darstellung der Umsetzung der Infrastruktur-Dienste wird hier verzichtet. Sie werden in den definierten Sichten der Softwarearchitektur spezifiziert.

Die definierten Szenarien und Varianten der Softwarearchitektur, System- und Sicherheitsarchitektur und der Abbildung des Softwareentwicklungsprozesses auf die Softwareentwicklungsumgebung gehen in die nachfolgenden Schritte ein.

Tabelle 10-7: Technologiezuordnung zur Softwarearchitektur für Szenario 2

Baustein	Technologie
Vorgangsmanager	eine Stateful Session Bean für jeden Kanal
Vorgangsintegration	Leichtgewichtige Komponente für jede Vorgangskomponente; jeweils mittels normaler Java Klasse
Vorgangskomponente	Stateless Session Bean für jede Komponente
Geschäftskomponente	Stateless Session Bean für jede Komponente
Ressourcenadapter	Leichtgewichtige Komponente; je Adapter mittels normaler Java Klasse

Baustein	Technologie
Integrationsbroker	eine Stateless Session Bean für jeden Kanal
Service-Locator	Leichtgewichtige Komponente mittels mittels normaler Java Klasse

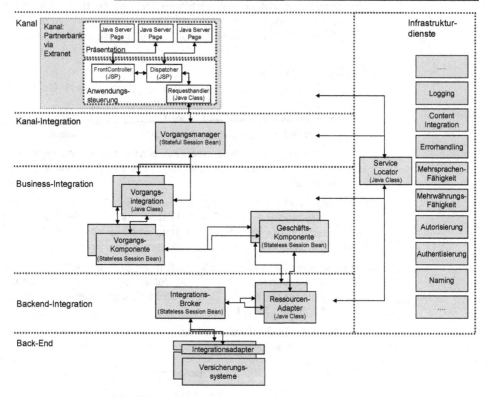

Abbildung 10-41:   Blaupause zur physischen Ebene zu Szenario 2

10.4.3.3   Ergebnisse der Schritte „Stabilisierung" und „Einführung"

Aktivität „Szenario+Produktentscheidung"

Die Variante zur Ausgestaltung des Application-Server-Clusters durch Low-End-Systeme wird fallen gelassen. Sie wird als nicht adäquat im Hinblick auf die Ausbaubarkeit und die Skalierbarkeit unter dem gewählten Application-Server betrachtet. So verbleiben die Varianten, die auf Midrange- bzw. High-End-Systeme[60] setzen. Für diese Konstellationen wird das Bewertungsschema definiert. Es umfasst Kriterien zu

---

60   Hier SUN E10K

- Erfüllung nicht-funktionaler Anforderungen
- Betreibbarkeit
- Kosten
- Zukunftsfähigkeit
- Risiko
- Knowhow

Die Bewertung der Szenarien und Varianten favorisiert das Szenario 1 (Einsatz einer übergreifenden Security-Management-Lösung) implementiert auf Midrange-Systemen. Diese Konstellation wird in Bezug auf die Erfüllung nicht-funktionaler Anforderungen zu Security, Manageability und Ausbaubarkeit in und in Bezug auf Kosten als die beste angesehen. Als offene Punkte der gewählten Konstellation werden u.a. festgehalten:

- Eingesetzter Nutzer- und Rechte-Server (LDAP-Server)
- Eingesetzter Load-Balancer zwischen http-Server-Farm und Application-Server-Cluster (Software-Lösung vs. bevorzugte Hardware-Lösung)

Aktivität "Planung Proof of Concept"

Nach der Auswahl der favorisierten Szenarien wird eine Gesamtkonstellation[61] definiert, die innerhalb eines Proof of Concept implementiert wird. Auf diese Weise sollen

- das Risiko reduziert,
- Schlüsselstellen geklärt,
- Skill, Knowhow und Kompetenz der Beteiligten ausgebaut,
- und die Zusammenarbeit der Beteiligten optimiert werden.

Grundlage des Proof of Concept sind die drei ausgewählten technischen Szenarien[62]:

- System- und Sicherheitsarchitektur: Einsatz einer übergreifenden Security-Management-Lösung auf der Basis von Midrange-Systemen (Szenario 1)
- Softwarearchitektur: Ausrichtung auf Flexibilität und Skalierbarkeit (Szenario 2)
- Softwareentwicklungsumgebung: Geringe Kosten und Einfachheit; hohes Maß an Integration mit dem Application-Server (Szenario 2)

---

[61] In diese Gesamtkonstellation gehen natürlich weitere physische Sichten – z. B. „Verfügbarkeit und Performance-Überwachung" in der System- und Sicherheitsarchitektur – ein.

[62] Auf die Darstellung des Auswahlprozesses Softwarearchitektur und die Softwareentwicklungsumgebung wird hier verzichtet.

Der „Scope" des Proof of Concept wird folgendermaßen festgelegt:

- Die gewählte Konstellation der System- und Sicherheitsarchitektur wird für die Last- und Performancetest Umgebung verfeinert und aufgebaut. Testinstallationen der beiden Varianten des Nutzer- und Rechte-Server (LDAP-Server) werden eingesetzt, um die Produktauswahl innerhalb der Erprobung durchzuführen. Die Umgebung wird zunächst mit den im Application-Server enthaltenen Software-Loadbalancern aufgebaut. Die Hardware-Lösung wird auf Architektur-Release 2 verschoben.

- Die Umgebung wird so aufgebaut, dass der Last- und Performance-Test einer Beispielanwendung, die gemäß der o.a. Softwarearchitektur strukturiert ist, durchgeführt werden kann.

- Grundlage des Last- und Performancetest bilden die Zieldefinitionen aus Abschn. 9.3.

- Die definierte „Low-Cost-Softwareentwicklungsumgebung" wird aufgebaut und eingesetzt, um einen ausgewählten Anwendungsfall für das B2B-Portal der Fantasia Versicherung nach dem definierten Modell des Softwareentwicklungsprozesses zu realisieren.

- Der Anwendungsfall wird so gewählt, dass er geeignet ist, den Last- und Performancetest der Gesamtarchitektur durchzuführen.

- Als Anwendungsfall wird „Anzeige Vertragsübersicht eines Versicherungsnehmers" ausgewählt. In ihm werden nach der Auswahl eines Versicherungsnehmers alle Verträge des Kunden in der Übersicht angezeigt. Dazu müssen Komponenten zum Partnermanagement, zur Adressverwaltung, zum Vertragsmanagement spezifiziert und unter Anbindung der entsprechenden Backend-Systeme über die Backend-Integrationsschicht implementiert werden.

- Mit diesem Anwendungsfall wird die Gesamtarchitektur gegen das definierte Mengengerüst getestet.

Aktivität „Konsolidierung Releaseplanung"

In der Konsolidierung der Architekturreleaseplanung wird die geplante Erprobung aufgegriffen und mit der Infrastrukturentwicklung und der Softwareentwicklung abgestimmt. Ziel der Architekturreleaseplanung ist es, die Stände der Architektur festzulegen, die zu bestimmten Meilensteinen vorliegen müssen. Diese Stände werden auf die Planung der Softwareentwicklung ausgerichtet. Ist diese Abgrenzung getroffen, werden Inhalte, Verantwortlichkeiten, Aufwände, Termine und Ressourcen des „Architekturdeployment" festgelegt. Zunächst werden die Verantwortlichkeiten für das erste umzusetzende Release definiert:

- Analyse, Design und Implementierung des Anwendungsfalls werden in der Verantwortung der Softwareentwicklung durchgeführt.

- Die Feinspezifikation der Softwarearchitektur liegt in der Verantwortung der Architekturentwicklung.

- Die Feinspezifikation der System- und Sicherheitsarchitektur und der Aufbau der Testumgebung liegen in der Verantwortung der Infrastrukturentwicklung.

- Der Last- und Performancetest wird von einem eigens definierten Testteam durchgeführt.

- Die Verantwortung für die Ergebniskonsolidierung liegt bei der Architekturentwicklung. Die Ergebnisse werden genutzt, um die Architektur weiter zu stabilisieren. Dies umfasst die Justierung der Architekturreleaseplanung.

- Die Gesamtsteuerung liegt gemäß dem (hier nicht ausgeführten) Organisationskonzept in der Verantwortung der Softwareentwicklung. Für die Lösung strittiger Architekturfragen gelten die im Organisationskonzept vorgesehenen Eskalationswege.

Für die Konsolidierung der Architekturreleaseplanung wird die bereits im *Logischen Zyklus* definierte grobe Planung, die hier nicht dargestellt wird, aufgegriffen und mit den bisher erreichten Ergebnisses des *Physischen Zyklus* verfeinert.

Zunächst werden die Arbeitspakete abgeleitet, die zur Durchführung des „Architekturdeployment" einschließlich der Durchführung des Proof of Concept bearbeitet werden müssen. Nachfolgend sind Beispiele zu Arbeitspaketen aufgelistet:

Pakete zur Verfeinerung und Implementierung der Softwarearchitektur:

- Spezifikation Content-Integration

- Realisierung Vorgangsmanager

- Realisierung Service-Locator

- Realisierung Basisversion Integrationsbroker:
  Rel1: ohne Einsatz des Java Messaging Service (JMS)

- Realisierung finale Version Integrationsbroker
  Rel2: Umstellung auf JMS

Pakete zum Aufbau der Softwareentwicklungsumgebung:

- Definition und Konfiguration Entwicklerarbeitsplatz

- Definition Anbindung Application-Server

- Definition Anbindung Source Code Management-System

Pakete zur Verfeinerung und Implementierung der System- und Sicherheitsarchitektur:

- Implementierung System- und Sicherheitsarchitektur

- Aufbau und Konfiguration der Zielplattform:
  Rel1: Last- und Performancetest-Umgebung

- Installation und Konfiguration Application-Server-Cluster
- Installation und Konfiguration Security-Gateway

Realisierung des ausgewählten Anwendungsfalls

- Fachliche Analyse
- Abbildung in der Softwarearchitektur
- Realisierung Anwendungssteuerung
- Realisierung Business-Integration

Last- und Performance-Test

- Definition Testfälle
- Auswahl Testszenarien
- Entwicklung Testscripte

Tabelle 10-8:   Architekturreleases bei der Fantasia Versicherung

Architekturrelease	Releasebeschreibung	Releasenummer	
Paket	**Beschreibung**	**Prio**	**Status**
Paket 1		a	geplant
...		b	in Arbeit
Paket N		c	fertig

Die Verantwortung der Pakete wird gemäß der oben definierten Verantwortlichkeiten verteilt. Den Paketen werden Architekturreleases zugeordnet, die auf die Planung der Softwareentwicklung abgestimmt sind. Tabelle 10-8 zeigt das Schema der Architekturreleaseplanung.

Für die Architekturreleases und die enthaltenen Pakete wird die Ressourcenzuordnung und -planung durchgeführt. Hier geht das in der *Initialisierung der Architekturentwicklung* definierte Organisationskonzept ein. Es ist auf intensive „Face-to-Face"-Kommunikation ausgerichtet. Deshalb werden Teams gebildet, in denen alle beteiligten Rollen (IT-Architekt, Security-Ingenieur, System-Ingenieur, Software-Ingenieure) eingebunden sind, so dass der Architektur-bezogene Informationsaustausch auf sehr kurzen Wegen möglich ist.

Ausgehend von der so definierten Planung wird die Aktivität „Architekturdeployment" durchgeführt. Dabei liegt der Fokus auf der Umsetzung von Architekturrelease 1. Parallel werden sukzessive das Architektur-Outline und der Produktkatalog angepasst.

10.5   Zusammenfassung

In diesem Kapitel wurden die Workflows der Architekturentwicklung definiert. Ausgehend von den Ergebnissen des Workflows zur *Initialisierung einer Architekturentwicklung* wurde gezeigt, wie eine IT-Architektur durch die zyklische, iterative Durchführung von Aktivitäten der konzeptionellen, logischen und physischen Ebene integriert entwickelt wird. Großen Raum nahm die Darstellung der durchgehenden Fallstudie ein. Mit Hilfe der Multikanalplattform der Fantasia Versicherung wurde dargestellt, wie der rote Faden, den die Workflows liefern, genutzt wird, um die Entwicklung einer komplexen Architektur anforderungsgetrieben durchzuführen.

Bei aller Systematik, die durch die beschriebenen Architektur-Workflows Einzug hält, sollte der Leser sich immer der in einem Buch notwendigen Idealisierung bewusst bleiben. Jede Architekturplanung und -entwicklung ist immer nur so gut, wie der IT-Architekt, der sie durchführt. Er muss systematisch planen, aber trotzdem in der Lage sein, permanente Änderungen – insbesondere der Anforderungen und der Technologie – als selbstverständlichen Bestandteil der Architekturentwicklung zu akzeptieren. Die Kapitel zur Gestaltung der Workflows sollen deshalb mit einem Zitat von Bertold Brecht abgeschlossen werden:

> *„Ja mach nur einen Plan, sei nur ein großes Licht! Und mach dann noch ´nen zweiten Plan. Gehen tun sie beide nicht.“*

11

Architekturentwicklung
bei einer internationalen Bank

**In Zusammenarbeit mit Christian Winterhalder, Vorstand
der Syracom Systems AG**

In diesem Kapitel wird ein weiteres Fallbeispiel für die Planung
und Entwicklung von IT-Architekturen in der Finanzindustrie
dargestellt. Im Fokus steht eine international operierende Ge-
schäftsbank. Das Beispiel beschreibt die Wirkung einer konzernweit gültigen Informationsarchitektur auf die Umstellung des
Bilanzierungsverfahrens der nationalen Tochter auf einen internationalen Standard. Alle Spartensysteme der Tochter müssen zu
diesem Zweck auf eine neue Referenzarchitektur ausgerichtet
und angepasst werden.

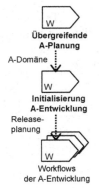

**Übergreifende
A-Planung**

A-Domäne

**Initialisierung
A-Entwicklung**

Release-
planung

**Workflows
der A-Entwicklung**

Als Ausgangspunkt wird in der *Übergreifenden Architekturplanung* eine neue Architekturdomäne im IS-Portfolio abgegrenzt.
Die Entwicklung einer Referenzarchitektur zu dieser Domäne
schafft die Basis für die Umstellung aller betroffenen Informationssysteme auf das neue Bilanzierungsverfahren. Architekturszenarien werden in der *Übergreifenden Architekturplanung*
entworfen, die sich nach dem Grad der Ausrichtung auf die Informationsarchitektur des Konzerns unterscheiden.

Auf der Grundlage der übergreifenden Planung werden zum
ausgewählten Zielszenario in der *Initialisierung der Architekturentwicklung* Architekturreleases definiert, die dann entlang der
Workflows der Architekturentwicklung (*Konzeptioneller, Logischer, Physischer Zyklus*) ausgearbeitet werden. Die Architekturreleases sind Teil der Gesamtplanung für das Vorhaben. Im hier
dargestellten Teil des Vorhabens wird das erste Architekturrelease genauer betrachtet.

11.1   Geschäftlicher Kontext und Aufgabenstellung

Nach der Übernahme einer national operierenden Bank durch
eine international operierende Bank soll das bestehende nationa-

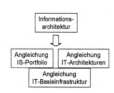

le Bilanzierungsverfahren der übernommenen Bank um ein zusätzliches nach dem Standard IAS[63] ergänzt werden.

Diese Umstellung ist Teil eines umfangreichen Programms zur Ausrichtung des IS-Portfolios der übernommenen Bank, ihrer IT-Architekturen und ihrer IT-Basisinfrastruktur auf die Informationsarchitektur der Mutter, die konzernweite Gültigkeit besitzt.

Mit dem Vorhaben werden strategische Ziele verfolgt:

- Ausrichtung der IT der Tochter auf die Businessstrategie der Mutter

- Ausrichtung der IT der Tochter auf die Informationsarchitektur des Konzerns

- Konzernweite Kostensenkung und Effizienzsteigerung

- Erhöhung der Flexibilität der IT

Für die Einführung des neuen Bilanzierungsverfahrens legen die in der Informationsarchitektur enthaltenen Architekturprinzipien fest, dass

- die fachliche Logik der Hauptbuchhaltung zentralisiert wird

- Hauptbuchhaltung und Management-Reporting Teil einer Gesamtlösung sind, bei der die Quellen für Bilanzierung und Management-Reporting durch die Nutzung eines konzernweit gültigen Data-Warehouse vereinheitlicht werden.

Die Ausrichtung auf IAS soll mit der Einführung einer neuen Standardanwendung für die Hauptbuchhaltung erreicht werden. Diese Software muss den nationalen und den internationalen Bilanzierungsstandards unterstützen. Mit der Einführung der Standardsoftware wird die bestehende Hauptbuchhaltung abgelöst.

Aufgabenstellung

Umgestaltung Datenflüsse im IS-Portfolio

Die Herausforderung bei der nationalen Tochter besteht darin, die relevanten Informationssysteme im IS-Portfolio so miteinander zu integrieren, dass der Informationsbedarf der neuen Bilanzierungsprozesse und des Management-Reporting befriedigt werden kann und gleichzeitig der Einstieg in die Ausrichtung auf die Informationsarchitektur des Konzerns vollzogen wird.

Folgende funktionale und nicht-funktionale Anforderungen stehen bei der Tochter im Fokus:

---

[63] International Accounting Standard

- Neugestaltung der Datenflüsse aus den Spartensystemen wie Wertpapier, Kontokorrent, Sparbuch, Kasse unter Anreicherung mit Daten für die Bilanzierung nach IAS und Ableitung der IAS-Kennzahlen,

- Nutzung einheitlicher Datenquellen für Hauptbuchhaltung und Management-Reporting,

- Erhöhung der Datenqualität,

- Zentralisierung der Logik zur Hauptbuchhaltung zur Steigerung der Wartungsfreundlichkeit und der Flexibilität (z. B. bei Produktneueinführungen),

- Verknüpfung der heute mit der Zielsetzung „Bilanzierung nach nationalem Standard" integrierten Informationssysteme, so dass die Bilanzierung nach dem neuen Standard IAS unterstützt werden kann, gleichzeitig die Bilanzierung nach nationalem Standard möglich bleibt und das Management-Reporting unterstützt wird,

- Integration der neuen Standardsoftware.

Entwicklung einer Referenzarchitektur   Um die Umstellung des Bilanzierungsverfahrens unter diesen Rahmenbedingungen systematisch durchzuführen, soll eine Referenzarchitektur entwickelt werden, die die Grundstrukturen für die gesamte Umstellung beschreibt. Auf diese Weise sollen alle Handlungsschwerpunkte systematisch und integriert bearbeitet werden. Diese sind:

- Einführung des neuen Bilanzierungsverfahrens,

- Einführung der Standardsoftware zur Finanzbuchhaltung,

- Einbindung des Management-Reporting und

- Angleichung IS-Portfolios, IT-Architekturen und IT-Basisinfrastruktur auf der Grundlage der konzernweit gültigen Informationsarchitektur.

Aus den in der Informationsarchitektur enthaltenen Architekturprinzipien werden die relevanten extrahiert und in die Architekturkonfiguration der geplanten Referenzarchitektur übernommen. Sie werden auf diese Weise als Anforderung an die Architekturentwicklung fixiert. So wird der Rahmen für die Anpassung aller durch die Umstellung auf das neue Bilanzierungsverfahren betroffenen Informationssysteme definiert.

Bevor die Architekturprinzipien genauer betrachtet werden, fasst die folgende Liste die treibenden Faktoren für die Entwicklung der Referenzarchitektur zusammen.

Treibende Faktoren

- Integration einer nationalen Bank in einen internationalen Konzern

- Einführung Bilanzierungsverfahren nach internationalem Standard

- Einführung Standardsoftware

- Einbindung Management Reporting

- Bereinigung IS-Portfolio und Vereinheitlichung der IT-Architekturen

- Informationsarchitektur des Konzerns

- Steigerung der Flexibilität und der Wartungsfreundlichkeit der Systeme z. B. für Produktneueinführungen

11.2   Die übergreifende Architekturplanung

Um die Architekturentwicklung der Bank in den übergreifenden Zusammenhang einzubetten, wird zunächst der Workflow zur *Übergreifenden Architekturplanung* (vgl. Abb. 8-3) durchgeführt.

Durch den IT-Architekten (auf Unternehmensebene) werden im Workflow folgende Schwerpunkte gesetzt[64]:

1. Aufnahme Anforderungen
    Alle Architekturanforderungen an die zu entwickelnde Referenzarchitektur werden strukturiert, analysiert und abgestimmt. Hier geht die Architekturkonfiguration ein.

2. Architekturanalyse
    Festlegung von Architekturszenarien und Durchführung einer ersten Iteration des *Konzeptionellen Zyklus* zum Entwurf der Anwendungsarchitektur für die gewählten Szenarien

3. Anpassung übergreifende Architekturplanung
    Eine neue Architekturdomäne wird definiert, und Anwendungstypen werden festgelegt
    Ergebnis: Strukturierung der Architekturdomäne

4. Managementabstimmung

5. Auslösen des Workflows *Initialisierung Architekturentwicklung*

---

[64] Im Activity-Diagramm des Workflows werden dazu vom IT-Architekten (auf Unternehmensebene) die für die gegebene Aufgabenstellung durchzuführenden Aktivitäten ausgewählt.

Die Ergebnisse der *Übergreifenden Architekturplanung* werden nun dargestellt. Zunächst werden die relevanten Architekturprinzipien zusammengefasst. Dann werden Architekturszenarien definiert und die zugehörigen Entwürfe der Anwendungsarchitektur dargestellt. Anschließend wird die Architekturdomäne strukturiert.

11.2.1   Architekturprinzipien

Die Architekturprinzipien des Konzerns sind entlang der Struktur der Architekturpyramide (vgl. Abb. 1-1) geordnet. Tabelle 11-1 stellt die Gruppierung dar.

Aus den Architekturprinzipien des Konzerns werden die für die Architekturentwicklung bei der Tochter relevanten ausgewählt und abgestimmt. Tabelle 11-2 zeigt einen Auszug derjenigen, die für die für die geplante Architekturentwicklung gelten sollen[65].

Tabelle 11-1:   Gruppierung der Architekturprinzipien

Prinzip	Inhalt
Gruppe 1	Gestaltung der Informationsarchitektur
Gruppe 2	Gestaltung und Management der IS-Portfolios
Gruppe 3	Planung und Steuerung der Entwicklung von IT-Architekturen

Gruppe 4
  Gruppe 4.1
    Gruppe 4.11
    Gruppe 4.12
    Gruppe 4.13
  Gruppe 4.2
	Entwicklung von IT-Architekturen
	  Anwendungsarchitektur
	    Fachliche Architektur
	    Softwarearchitektur
	    System- und Sicherheitsarchitektur
	  Entwicklungsprozess

Gruppe 5	Gestaltung und Management von IT-Architekturen
Gruppe 6	Technologische Standards
Gruppe 7	Organisation

---

[65] Zur Vereinfachung erfolgt keine Unterscheidung in Muss- und Kann-Prinzipien.

Tabelle 11-2:   Architekturprinzipien, Anforderungen an die Referenzarchitektur

Prinzip	Inhalt	Scope
Gruppe 1	Gestaltung der Informations-architektur	
Minimierung Time-to-Market	IT-Architekturen werden so gestaltet, dass Produktinnovationen und veränderte Geschäftsprozesse in möglichst geringer Zeit produktiv werden können	Konzern
Nutzung Infor-mationsarchitek-tur	Einsatz und konzernweite Nutzung einer zentralen Informationsarchitektur	Konzern
...	.	.
Gruppe 2	Gestaltung und Management der IS-Portfolios	
Architektur-management	Alle Entwicklungsprojekte mit einem Vo-lumen von mehr als 0,5 Mio unterliegen dem definierten Architekturmanagement Prozess	Konzern
Referenzanwen-dungsarchitektu-ren	Definition einer Referenz-Anwendungs-architektur zu jeder Architekturdomäne	Architektur-domäne
Buy vs. Build	Build before Buy im Kerngeschäft Buy before Build außerhalb des Kern-geschäftes	Konzern
...		
Gruppe 3	Planung und Steuerung der Ent-wicklung von IT-Architekturen	
Referenzarchi-tektur des Data Warehousing	Alle analytische Anwendungen nutzen die konzernweite Data Warehousing Referenz-architektur und deren Implementierung zur Versorgung mit konsolidierten, inte-grierten Daten	Konzern; analytische Anwendungen
Referenzarchi-tektur zur Bilan-zierung	Bilanzierungslösungen nutzen die kon-zernweite Referenzarchitektur zur Bilanzie-rung Die fachliche Logik zur Hauptbuchhaltung ist zentralisiert	Konzern
Referenzdaten-modell	Nutzung des Referenz-Datenmodells für das Data Warehousing	Konzern; analytische Anwendungen
Referenzarchi-tektur für Integ-rationslösungen	Nutzung der Referenzintegrationsarchitek-tur für die Integration lose zu koppelnder Systeme	Konzern

Prinzip	Inhalt	Scope
Gruppe 4	Entwicklung von IT-Architekturen	
Gruppe 4.1	Anwendungsarchitektur	
...		
Gruppe 4.11	Fachliche Architektur	
Separierung Kundenkontaktdaten	Separierung von Komponenten zum Management von Kundendaten	Konzernweit für jede nationale Tochter; operative Anwendungen
...		
Gruppe 4.12	Softwarearchitektur	
Skalierbarkeit und Erweiterbarkeit	Ausrichtung auf Skalierbarkeit und Erweiterbarkeit	Konzern
Separierung fachlicher Komponenten	Trennung fachlicher Komponenten von Infrastrukturkomponenten	Konzern
Mehrsprachenfähigkeit	Mehrsprachenfähigkeit	Konzern
Währungsunabhängigkeit	Mehrwährungs- und Mandantenfähigkeit	Konzern
...		
Gruppe 4.13	Systemarchitektur	
Standardinfrastruktur für zentrale Integrationslösungen	Einsatz von standardisierter Infrastrukturkomponenten zur Implementierung zentraler Integrationslösungen zu lose gekoppelten Systemen Grundlage hierfür ist Produkt „EAI-Werkzeug"	Konzernweit für jede nationale Tochter

11.2.2 Architekturszenarien

Die Architekturanalyse ergibt zwei Architekturszenarien. Beide
Szenarien führen ein zusätzliches Hauptbuch, das Hauptbuch
nach IAS, ein. Aus der Informationsarchitektur folgt, dass alle
buchungs- und reporting-relevanten Daten über eine zentrale
Komponente zusammengeführt werden. Abhängig vom Grad der
Ausrichtung auf diese Vorgabe ergeben sich zwei Szenarien.

Szenario 1

Architektur mit **zentralisierter Logik zur Hauptbuchhaltung**

- Die Logik für die Bereitstellung von Buchungsdaten an Hauptbücher und Reporting wird in einer zentralen Komponente verwaltet und angewandt.

- Die Spartensysteme lösen so genannte „Business Events[66]" aus, die die Verarbeitung von Daten mit Hilfe dieser Regeln in der zentralen Komponente auslösen.

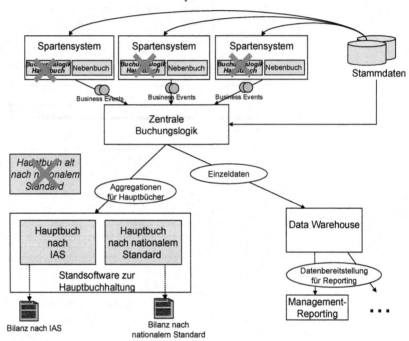

Abbildung 11-1: Entwurf der Anwendungsarchitektur zu Szenario 1

- Für Reporting und Hauptbücher werden Verdichtungsstufen auf der Grundlage der gleichen Daten geliefert.

- In die zentrale Buchungslogik fließen neben den Business-Events ergänzende Stammdaten aus den entsprechenden Quellsystemen.

Abbildung 11-1 zeigt den Entwurf der Anwendungsarchitektur zum Szenario 1.

---

[66] z. B. Statusänderung im Lebenszyklus eines Produktes oder ständig wiederkehrende Ereignisse wie Zinsabgrenzungen

Szenario 1 erfordert folgende Maßnahmen zur Umsetzung:

- Überführung der Buchungslogik der Hauptbuchhaltung aus den Spartensystemen in eine zentrale Komponente („Zentrale Buchungslogik"). Die Logik für die Befüllung der Nebenbücher verbleibt in den Spartensystemen[67].

- Entwicklung der Komponente „Zentrale Buchungslogik" auf der Grundlage der Referenzarchitektur zur Bilanzierung,

- Einführung der neuen Standardsoftware zur Hauptbuchhaltung inklusive Ablösung des alten Hauptbuches,

- Einsatz des Konzern-Data-Warehouse auf der Grundlage der entsprechenden Referenzarchitektur,

- Beschreibung der Datenflüsse auf der Basis des Referenzdatenmodells,

- Bereitstellung von Einzeldaten für das Data-Warehouse und von Aggregationen für die Hauptbücher,

- Aufbau von Schnittstellen aller beteiligten Systeme zur zentralen Komponente und Bereitstellung von Schnittstellen durch diese zentrale Komponente.

Die Bewertung des Szenario 1 aus Risikosicht führt zu einem zweiten Szenario, das mit geringerem Risiko behaftet ist, jedoch weniger stark auf die Informationsarchitektur ausgerichtet ist:

Szenario 2

Architektur mit **dezentraler Logik** der Hauptbuchhaltung (s. Abb. 11-2)

- Die Logik für die Bereitstellung von Buchungsdaten an beide Hauptbücher wird durch jedes Spartensystem selbst abgedeckt.

- Die Ausgabeformate der Spartensysteme werden auf den entsprechenden Standard umgesetzt und den Hauptbüchern zugeführt.

- Das Data-Warehouse erhält Stammdaten über die Spartensysteme mittels zusätzlicher Schnittstellen, die vor der Buchungslogik ansetzen.

---

[67] Die Spartensysteme fungieren zusammen mit Stammdatensystemen als Quellsysteme des Data-Warehouse

Die Schwachstellen dieses Szenarios bestehen insbesondere in der zusätzlich zu erstellenden Buchungslogik in jedem Sparten-system, der mittelbaren Bereitstellung von Stammdaten an das Data-Warehouse und der größeren Zahl von Datenflüssen zwischen den beteiligten Systemen. Problematisch ist zudem die geringere Ausrichtung auf die Informationsarchitektur des Konzerns.

Abstimmung im Architekturboard Beide Szenarien werden im Anwendungsboard abgestimmt. Die Entscheidung fällt zu Gunsten des ersten Szenarios. Den Aus-schlag gibt letztlich der mittel- bis langfristig zu erwartende Nut-zen der zentralisierten Buchungslogik und die engere Anlehnung an die Informationsarchitektur des Konzerns – trotz schlechterer Risikobewertung.

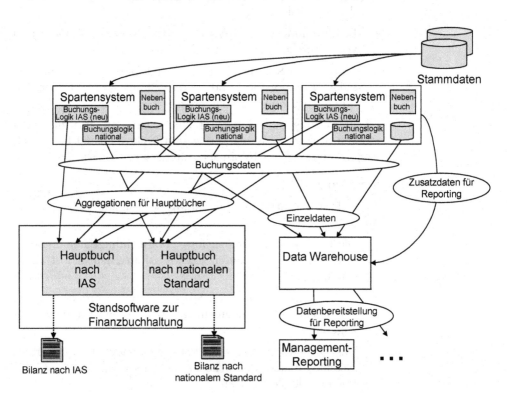

Abbildung 11-2: Entwurf der Anwendungsarchitektur zu Szenario 2

11.2.3   Anpassung der übergreifenden Planung

Zunächst wird eine neue Architekturdomäne definiert. Dazu werden in den IS-Portfolios von Mutter und Tochter diejenigen Kernsysteme identifiziert, die von der Umstellung entlang des Szenario 1 betroffen sind. Die so gewonnene neue Architekturdomäne **„Bilanzierung und Reporting"** umfasst ca. zwanzig Kernsysteme der nationalen Tochter. Hierunter fallen alle Spartensysteme mit Funktionalität zur Hauptbuchhaltung, die neue Standardsoftware zur Hauptbuchhaltung sowie weitere Quellsysteme, z. B. vorhandene Reporting-Datenbanken. Von Seiten der Mutter wird das Konzern-Data-Warehouse in die Architekturdomäne aufgenommen. Die geplante Referenzarchitektur zur Umstellung auf IAS kann somit als Referenzarchitektur der Architekturdomäne „Bilanzierung und Reporting" verstanden werden (s. Abb. 11-3).

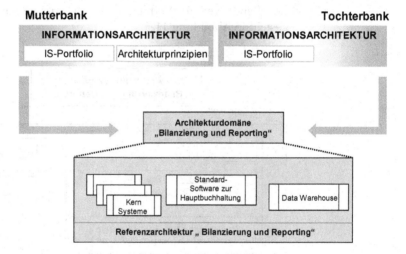

Abbildung 11-3: Entwurf der Architekturdomäne

Diese Referenzarchitektur der Domäne muss auf den in Tabelle 11-2 festgelegten Prinzipien beruhen; hier insbesondere auf

- der Referenzarchitektur und dem Referenzdatenmodell zum Data Warehousing,

- der Referenzarchitektur zur Bilanzierung und

- der Referenzarchitektur für Integrationslösungen.

Neuer Anwen-
dungstyp für die
anzupassenden
Spartensysteme

In der Architekturdomäne wird ein neuer Anwendungstyp definiert. Er wird unter der Bezeichnung **„Kernsystem mit ausgelagerter Logik zur Hauptbuchhaltung"** festgehalten. Wird diesem Anwendungstyp eine Referenzarchitektur zugeordnet, kann diese als Zielarchitektur für die Anpassung der Spartensysteme entlang von Szenario 1 fungieren. Jedes System mit dem Anwendungstyp „Kernsystem mit ausgelagerter Logik zur Hauptbuchhaltung" muss auf der Grundlage der Zielarchitektur für diesen Anwendungstyps umgestellt werden. Diese Zielarchitektur muss auf der Referenzarchitektur der Domäne basieren. Somit ergibt sich die in Abbildung 11-4 dargestellte Verfeinerung der Domäne.

Nach dem Architekturprinzip „Referenzarchitektur zur Bilanzierung" müssen alle Buchungsdaten bereitstellenden oder empfangenden Systeme über die zentrale Komponente „Zentrale Buchungslogik" gekoppelt werden. Für diese zentrale Komponente muss die detaillierte Architektur definiert werden. Es ergibt sich eine weitere Verfeinerung der Architekturdomäne, dargestellt in Abbildung 11-5.

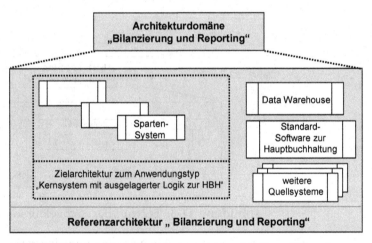

Abbildung 11-4: Verfeinerte Architekturdomäne „Bilanzierung und Reporting"

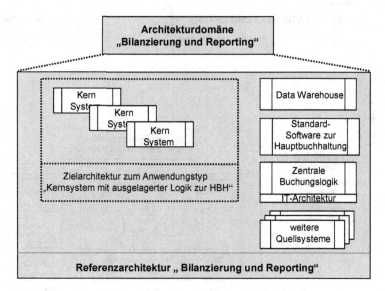

Abbildung 11-5: Weiter verfeinerte Architekturdomäne

Daraus ergibt sich das in Abbildung 11-6 dargestellte Gesamtbild für die Architekturdomäne „Bilanzierung und Reporting".

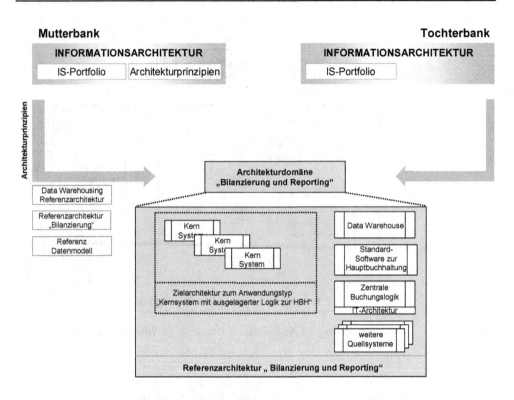

Abbildung 11-6: Planungsmodell für Architekturdomäne „Bilanzierung und Reporting"

11.3   Initialisierung Architekturentwicklung

Auf Grund der großen Zahl beteiligter Systeme und Komponenten muss ein Gesamtplan aus Architekturentwicklungen und Softwareentwicklungen und -anpassungen erstellt werden, der die Einführung der Standardsoftware zusammen mit der Umstellung aller Quellsysteme stufenweise festlegt. Er umfasst folgende Architekturentwicklungen:

1. Entwicklung der Referenzarchitektur der Architekturdomäne

2. Architekturentwicklung für die zentrale Buchungskomponente

3. Entwicklung der Referenzarchitektur zum Anwendungstyp „Kernsystem mit ausgelagerter Logik zur Hauptbuchhaltung" als Zielarchitektur für die Anpassung der Spartensysteme

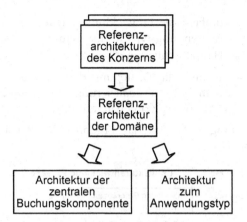

Abbildung 11-7: Abhängigkeit der relevanten IT-Architekturen

Abbildung 11-7 zeigt die Abhängigkeit der in die Einführung des neuen Bilanzierungsverfahrens eingehenden IT-Architekturen.

Die Releaseplanung wird im Workflow *Initialisierung Architekturentwicklung* entworfen. Zu diesem Zwecke werden die Architekturdomäne, die Architekturanforderungen und der Entwurf der Anwendungsarchitektur für Szenario 1 aufgegriffen. Daraus werden zwei Architekturreleases abgeleitet.

- Release 1

  - schafft die architekturbezogenen Grundlagen für die geplanten Systemumstellungen, die Einführung der Standardsoftware und die Entwicklung der zentralen Buchungskomponente;

  - wird <u>vor</u> der Einführung der Standardsoftware, der Ablösung des alten Hauptbuches und den Systemanpassungen gestartet;

  - umfasst die Entwicklung der Referenzarchitektur zur Architekturdomäne;

  - umfasst die Architekturentwicklung zur zentralen Buchungskomponente.

- Release 2

  - wird parallel mit der Anpassung der Spartensysteme erarbeitet;

– umfasst die Entwicklung der Referenzarchitektur für den Anwendungstyp „Kernsystem mit ausgelagerter Logik zur Hauptbuchhaltung"[68];

– umfasst die Festlegung des Entwicklungsprozesses nach dem bei der Realisierung unter Einsatz der definierten EAI-Lösung vorgegangen wird.

Abbildung 11-8 fasst das Ergebnis der Releaseplanung zusammen.

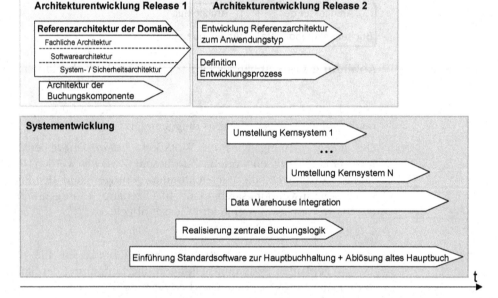

Abbildung 11-8: Releaseplanung für die Architekturdomäne

11.4   Ergebnisse der Architekturentwicklung zu Release 1

In diesem Abschnitt werden ausgewählte Ergebnisse für das erste Architekturrelease dargestellt. Es stehen folgende Ergebnisse im Mittelpunkt:

---

[68] Aus den Kernsystemen muss die Logik zur Hauptbuchhaltung entfernt und durch die zentrale Buchkomponente abgelöst werden. Dazu müssen entsprechende Schnittstellen definiert und realisiert werden.

- Anwendungsarchitektur
  - Beschreibung der Datenflüsse zwischen den beteiligten Systemen
- Fachliche Architektur
  - Definition der Datenarchitektur, d.h. der wichtigen fachlichen Business-Event-Typen und Entity-Typen und ihrer Beziehungen
- Softwarearchitektur
  - Beschreibung der Schnittstellen aller beteiligten Systeme
  - Definition der zentralen Buchungskomponente
  - Kollaboration der Systeme und Komponenten
  - Definition der Infrastrukturdienste und Abbildung auf die System- und Sicherheitsarchitektur
  - Definition des softwaretechnischen Datenmodells
- Systemarchitektur
  - Definition der Einbettung der Domäne in der IT-Basisinfrastruktur
  - Definition der Managementdienste und ihrer Einbettung
  - Abbildung der Softwarearchitektur auf die Systemarchitektur

Ergebnisse dieser Schritte werden nun gruppiert nach den drei Workflows zur Architekturentwicklung dargestellt.

11.4.1   Ergebnisse der Iterationen des *Konzeptionellen Zyklus*

Ausgangspunkt ist der Entwurf der Anwendungsarchitektur aus Abbildung 11-1. Sie wird verfeinert, indem die Grobanalyse der Datenflüsse durchgeführt wird. Zur Strukturierung der Analyse werden mehrere aufeinander aufbauende Datenfluss-Diagramme erstellt, die fachliche Schwerpunkte adressieren und so ein Gesamtbild zum Zusammenspiel der Systeme der Domäne erzeugen. Abbildung 11-9 zeigt einen Ausschnitt des Ergebnisses der Analyse der Datenflüsse.

Dieser Entwurf der Anwendungsarchitektur wird ausgebaut, indem die Datenarchitektur abgeleitet wird und die Softwarearchitektur und die Systemarchitektur entworfen werden.

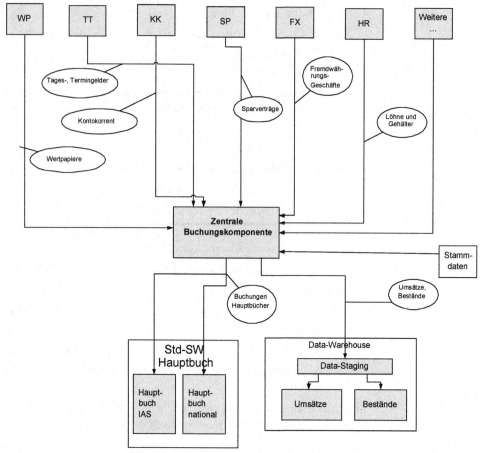

Abbildung 11-9: Entwurf Anwendungsarchitektur – Soll-Daten-
fluss-Diagramm

Entwurf der Softwarearchitektur

Für den Entwurf der Softwarearchitektur werden die wesentlichen Architektursichten definiert. Eine Sicht ist diejenige, die
der Strukturdefinition der zentralisierten Buchungslogik dient.
Beim Entwurf dieser Sicht ergeben sich weitere Teilkomponenten der zentralen Buchungskomponente:

- Die Komponente „Regel-Engine" stellt die fachliche Funktionalität zur Verwaltung und Anwendung der Buchungslogik
  bereit.

- Die Komponente „Integrationsbroker" stellt die lose Kopplung der Quell- und Zielsysteme sicher. Sie realisiert Infrastrukturdienste und basiert auf den Architekturprinzipien
  „Referenzarchitektur für Integrationslösungen" und „Stan-
  dardinfrastruktur für zentrale Integrationslösungen".

Abbildung 11-10 zeigt den Entwurf der Softwarearchitektur
zu dieser Sicht. In ihr wird insbesondere der Forderung nach
Zentralisierung wichtiger Infrastrukturdienste entsprochen.

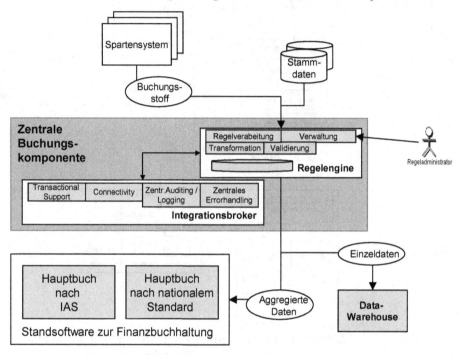

Abbildung 11-10: Entwurf der Softwarearchitektur – Sicht zur
zentralisierten Buchungslogik

11.4.2   Ergebnisse der Iterationen des *Logischen Zyklus*

Die Anwendungsarchitektur wird verfeinert, indem Sichten festgelegt werden, entlang derer die Datenflüsse weiter detailliert
werden. Diese Sichten verfeinern die einzelnen Datenflüsse
qualitativ, indem Merkmale wie Verdichtungsstufen, Buchungsar-
ten, Lieferung per Online/Batch-Verarbeitung, etc. eingebracht
werden. Dazu werden die Sichten zu unterschiedlichen Daten-
bereichen (Beispiel Erträge und Kosten, Stammdaten) mittels

detaillierter Fluss-Diagramme gebildet und so sukzessive die Beschreibung der gesamten Datenflüsse aufgebaut[69]. Abbildung 11-11 zeigt die Ergebnisse der Analyse für die Sicht „Geschäftstransaktionen".

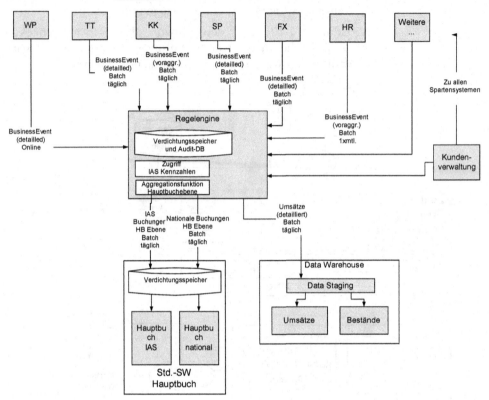

Abbildung 11-11: Verfeinerung Anwendungsarchitektur – Logisches Datenflussdiagramm zur Sicht „Geschäftstransaktionen"

Parallel dazu wird das logische Datenmodell entwickelt. Die Software- und die Systemarchitektur werden verfeinert. Dabei werden Infrastrukturdienste und Managementdienste definiert, priorisiert und abgestimmt. Sie werden auf der physischen Ebene zur

---

[69] Per Layertechnik im Designtool (z. B. MS Visio) können die verschiedenen Merkmale ein- und ausgeblendet werden. Hierbei werden wertvolle Erkenntnisse wie bisher nicht betrachtete Verdichtungsfunktionen, benötigte Zwischenspeicher und Vermischungen von Daten verschiedener Qualitäten gewonnen.

weiteren Verfeinerung der System- und Softwarearchitektur genutzt. Die logische Softwarearchitektur wird auf der Grundlage der zugeordneten Architekturprinzipien (vgl. Tabelle 11-2) definiert.

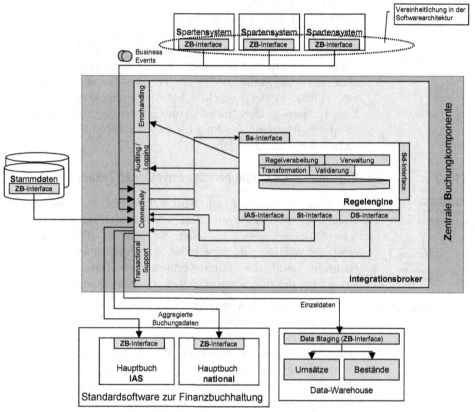

Abbildung 11-12: Logische Softwarearchitektur – Sicht der zentralen Buchungskomponente[70]

In der Schnittstellendefinition der eingebundenen Quell- und Zielsysteme werden Methoden festgelegt, die der Bereitstellung bzw. Verarbeitung von Dateien, Tabellen oder Nachrichten dienen, mit deren Hilfe die Datenflüsse realisiert werden. Bei den Schnittstellen auf Seiten des Integrationsbrokers handelt es sich um Konnektoren (Connectivity), um sicher zu stellen, dass

---

[70] ZB-Interface = Interface zur **Z**entralen **B**uchungskomponente; DS-Interface = Interface zum **D**ata **S**taging, usw..

Quell- und Zielsysteme mit minimalem Aufwand angeschlossen werden können.

Abbildung 11-12 fasst die logische Softwarearchitektur für die zentralisierte Buchungslogik zusammen. In der Dokumentation der Softwarearchitektur ist zu dieser Blaupause beschrieben, welche logische Struktur die Schnittstellen von Quell- und Zielsystemen sowie der Buchungskomponente und ihrer Teilkomponenten besitzen und wie sie auf das logische Datenmodell abgebildet werden. Dabei werden zum Beispiel die Schnittstellen aller Spartensysteme zur zentralen Buchungskomponente vereinheitlicht. In der logischen Softwarearchitektur sind auch die Beziehungen zu den Infrastrukturdiensten beschrieben. Bestandteil der Softwarearchitektur ist ferner die Ableitung des softwaretechnischen Datenmodells.

11.4.3   Ergebnisse der Iterationen des *Physischen Zyklus*

Das logische Datenmodell wird auf technische Datenelemente abgebildet. Aus der Softwarearchitektur werden weitere technische Datenelemente abgeleitet. So können physische Sichten erarbeitet werden, in denen das Zusammenspiel der einzelnen Bausteine und die damit verbundenen Datenflüsse auf der Grundlage der definierten Datenelemente verfeinert wird.

Verlinkung über Designtool

In der Architekturdokumentation wird aus der logischen die physische Ebene aufgebaut, indem pro Datenfluss direkt auf ein Diagramm der physischen Ebene verlinkt wird. Hier werden die Datenflüsse konkret mit Hilfe der Datenelemente dargestellt. Dazu können Templates vorgegeben werden, die Bestandteile eines Datenflusses bei der Integration von Systemen vorgeben[71]. Abbildung 11-13 zeigt einen Ausschnitt der physischen Softwarearchitektur.

Zusätzliche Sichten zur Softwarearchitektur werden entlang ausgewählter Infrastrukturdienste (z. B. Error Handling) erarbeitet.

Abschließend wird in Abbildung 11-14 ein Ausschnitt der physischen Systemarchitektur dargestellt. In ihm ist die Abbildung der Softwarearchitektur auf die IT-Basisinfrastruktur in Form eines Deployment-Diagramms dargestellt.

---

[71]   Name der Datenquelle, Selektionen und Gruppierungen von Daten, Anreicherung mit Stammdaten und Zusatzinformationen, Datenaggregationen etc.

Zentrale Anforderung an die Systemarchitektur ist die Sicherstellung der Verfügbarkeitsanforderungen. Die Ausfallsicherheit wird durch Cold-Stand-By-Lösungen für die wichtigen Server sicher gestellt. Zusätzlich wird ein ausfallsicheres Plattensubsystem eingesetzt.

Um die Verteilung von Client-Software zu vermeiden, wird eine Windows-Terminal-Server-Software eingesetzt, über die die Administratoren und Benutzer auf die Standardsoftware zur Hauptbuchhaltung zugreifen.

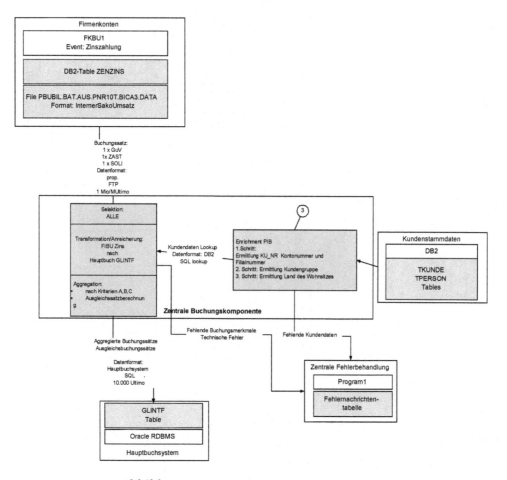

Abbildung 11-13: Ausschnitt zur physische Softwarearchitektur – Datenflüsse

Weiteres Vorgehen

Die Aufgabe des IT-Architekten (auf Projektebene) besteht nun darin, diese Ergebnisse zusammen mit Business-Architekten, System- und Software-Ingenieuren so zu verfeinern und stabilisieren, dass die Softwareentwicklung gemäß der in Abbildung 11-8 zusammengefassten Planung auf einer stabilen Architekturbasis aufgesetzt und parallel das zweite Architekturrelease angegangen werden kann.

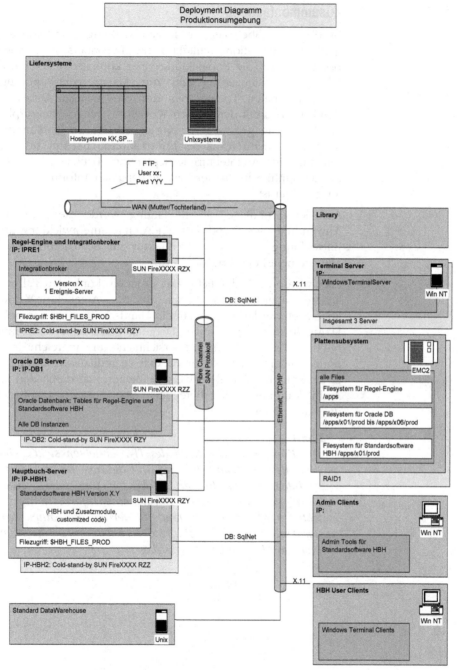

Abbildung 11-14: Deploymentdiagramm als Teil der System-architektur

11.5   Zusammenfassung

In diesem Fallbeispiel wurde die Wirkung einer konzernweit gültigen Informationsarchitektur, hier besonders die Architekturprinzipien, auf die Entwicklung einer komplexen Referenzarchitektur zur Bilanzierung und zum Management-Reporting bei einer nationalen Tochter des Konzerns gezeigt. Dabei wurde deutlich, dass mit den beiden Workflows zur Architekturplanung ein Werkzeug gegeben ist, das es erlaubt, Architekturentwicklungen systematisch mit der Informationsarchitektur zu verknüpfen und eine Architekturreleaseplanung abzuleiten, die konkret auf die Einführung neuer bzw. angepasster Informationssysteme ausgerichtet ist.

Auf der Grundlage dieser Planung wurde die systematische Anwendung der Workflows zur Architekturentwicklung auf die Entwicklung der Referenzarchitektur zur Bilanzierung und zum Management Reporting skizziert.

Hier wurde auch deutlich, dass in jedem konkreten Fall ein adäquates, adaptiertes Vorgehen aus den Architektur-Workflows abgeleitet werden sollte, das die Handschrift eines kompetenten IT-Architekten tragen muss. Derjenige, der diese Rolle innehat, muss in der Lage sein, unübersichtliche, umfangreiche Informationen zu ordnen und Komplexität zu reduzieren. Daraus muss er strukturierte Vorgehensweisen ableiten und damit den an der Architekturentwicklung Beteiligten einen festen roten Faden an die Hand geben.

Fazit

Die Kompetenz der Rolle des IT-Architekten stellt sicher, dass die Architekturplanung und die aus ihr abgeleiteten Architekturentwicklungen erfolgreich umgesetzt werden. Durch den angemessenen Einsatz einer Informationsarchitektur wird die übergreifende Steuerung der Entwicklung der Anwendungslandschaft sichergestellt und so das Alignment von IT und Business verbessert.

12   Fallstudie Strategische IT-Planung

„In government, IT planning is often fragmented and doesn't align with business strategy. Enterprise architecture and IT portfolio management should mutually reinforce one and another and guide investment selection, control and evaluation"

Gartner Group 2006 [Gartner06-2]

Dieses Kapitel beschreibt eine Fallstudie zur strategischen IT-Planung einer internationalen Finanzgruppe. Die Fallstudie basiert auf dem Planungsprozess der SEB Gruppe, dem führenden nordischen, weltweit agierenden Finanzdienstleister, mit Deutschland als einem der Heimatmärkte. Die in diesem Kapitel beschriebenen Vorgehensweisen und Analysen wurden auf die Zielsetzung einer Fallstudie angepasst. Deshalb wird verallgemeinernd von „dem Unternehmen" oder „der Gruppe" gesprochen.

Zunächst wird der Begriff der „Strategischen IT-Planung" definiert. Dann wird ausgehend von der Aufbauorganisation des betrachteten Unternehmens der strategische IT-Planungsansatz beschrieben. Er basiert auf den Schritten des Workflow *Analyse und Planung IS-Portfolio*. Anschließend wird auf die Aufstellung des Soll-IS-Portfolios der Finanzgruppe eingegangen. Als so genanntes „IT-Target" bildet diese Sollbeschreibung die Basis für die Ableitung des 3-Jahres-IT-Plans. Dieser Plan legt die Maßnahmen zur Erreichung des IT-Target fest.

Referenz-architektur der Anwendungs-landschaft der Gruppe

Besondere Bedeutung besitzt in dieser Fallstudie die Referenzarchitektur zur Anwendungslandschaft der Gruppe. Diese Referenzarchitektur übernimmt die Funktion einer Anwendungslandkarte bei der IT-Planung aller strategischen Geschäftseinheiten der Unternehmensgruppe und beim Zuschnitt von Vorhaben und

293

Projekten (Scopedefinition). Sie gruppiert die gesamte Anwendungslandschaft in Anwendungsdomänen und wird daher als Application Domain Map oder IS-Domain Map bezeichnet. Mit Hilfe dieser Anwendungslandkarte werden die Planungen aller strategischen Geschäftseinheiten auf eine gemeinsame Basis gestellt und miteinander verzahnt. Die IS-Domain-Map bildet den Dreh- und Angelpunkt für die Verzahnung der strategischen IT-Planung mit dem konzernweiten IT-Architekturmanagement.

Beim Lesen des Kapitels sollte sich der Leser des idealisierenden Charakters einer Fallstudie bewusst sein. Insbesondere Einflüsse unterschiedlicher Sprachen und Kulturen in einer internationalen Finanzgruppe erzeugen Hürden bei der Durchführung einer länderübergreifenden IT-Planung, die in dieser Studie nicht adressiert werden, für den Erfolg der strategischen Planung aber unbedingt zu berücksichtigen sind.

12.1 Strategische IT-Planung – Definition

"The primary objective of developing an IS strategy is to identify a value-added portfolio of applications that will have a strategic impact on the organization and increase its performance."

[Ward2002]

Strategische IT-Planung

Als **Strategische IT-Planung** wird die systematische Aufstellung eines abgestimmten Plans von Aktivitäten zur Weiterentwicklung der Anwendungslandschaft und der IT-Basisinfrastruktur eines Unternehmens auf der Grundlage der Geschäftsziele und -pläne seiner strategischen Geschäftseinheiten definiert.

Dabei steht die Frage im Vordergrund, welche Leistungsmerkmale die Anwendungslandschaft und die zu Grunde liegende IT-Infrastruktur bereitstellen müssen, um die Weiterentwicklung der Geschäftseinheiten zu unterstützen. Die Weiterentwicklung der IT muss dabei sowohl den aktuellen Zustand der Anwendungslandschaft[72], als auch die Architekturstandards des Unternehmens und die allgemeine Weiterentwicklung der IuK-Technologie berücksichtigen.

12.1.1 Aufgaben der strategischen IT-Planung

Ausgehend von der getroffenen Definition und den Schritten des Workflow *Analyse und Planung IS-Portfolio*[73] umfasst die strategische IT-Planung folgende Aufgaben:

---

[72] vgl. Abschnitt 4.3 IS-Portfoliomanagement, insbesondere Abbildung 4-13
[73] vgl. Abschnitt 7.2

- Beschreibung eines Zielbildes für die Anwendungslandschaft (Soll-IS-Portfolio), das die Geschäftssicht und die IT-Sicht zu einem Zielszenario der Anwendungslandschaft vereint.

  1. Die Geschäftssicht berücksichtigt:

     - die strategische Geschäftsplanung und daraus abgeleitete Business Treiber.

     - die Analyse des geschäftlichen Wertes der aktuellen Anwendungslandschaft (Aufstellung Ist-IS-Portfolio).

     - Trends und Innovationen des Geschäftsfeldes.

  2. Die IT-Sicht ergänzt:

     - die Analyse des technischen Zustandes und des Lebenszyklus der aktuellen Anwendungslandschaft und der zu Grunde liegenden IT-Infrastruktur (Analyse Ist-IS-Portfolio).

     - Architekturprinzipien und darin festgelegte Referenz-IT-Architekturen, Standards, etc.

     - Trends und Entwicklungen in der IuK-Technologie.

- Ableitung einer Mehrjahresplanung zur Überführung der bestehenden Anwendungslandschaft in den im Zielszenario definierten Zustand unter Berücksichtigung definierter Restriktionen aus Ressourcenplanung und Finanzplanung sowie des aktuellen IT-Projektportfolios.

- Definition der „Change-Strategie", d.h. Festlegung der Prinzipien für die Überführung der bestehenden Anwendungslandschaft in den im Zielszenario definierten Zustand

- Festlegung der „Sourcing-Strategie", d.h. wie und von wem sollen Leistungen der Entwicklung, der Wartung und des Betriebs von Informationssystemen für bestimmte Anwendungsdomänen (e.g. für die Anwendungsdomäne „Inlandszahlungsverkehr") erbracht werden?

Abbildung 12-1 fasst dieses Modell der strategischen IT-Planung zusammen.

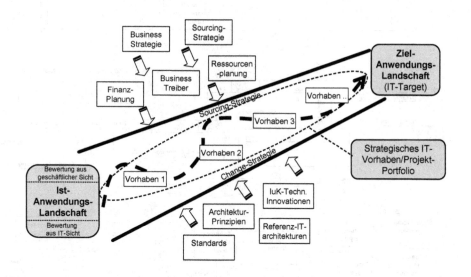

Abbildung 12-1: Modell zur strategischen IT-Planung

Change-Strategie für Kernsysteme

Ein Finanzdienstleister mit einem umfangreichen Portfolio teils historisch gewachsener, teils neuerer Kernsysteme verfolgt bei der Weiterentwicklung seiner Anwendungslandschaft folgende Change-Strategie:

*   Konsolidierung und Restrukturierung vor Austausch von Informationssystemen

*   Schrittweise, projektgetriebene Konsolidierung und Restrukturierung

*   Einsatz des Paradigmas einer Service Orientierten Architektur bei Konsolidierung und Restrukturierung. Dies bedeutet die Kapselung der Kernsysteme hinter einer Fassade aus fachlichen, wohl definierten und konsistenten Funktionen („Services"). Die Nutzung der Kernsysteme erfolgt mittels dieser „Service-Fassade".

Abbildung 12-2 fasst diese Change-Strategie zusammen.

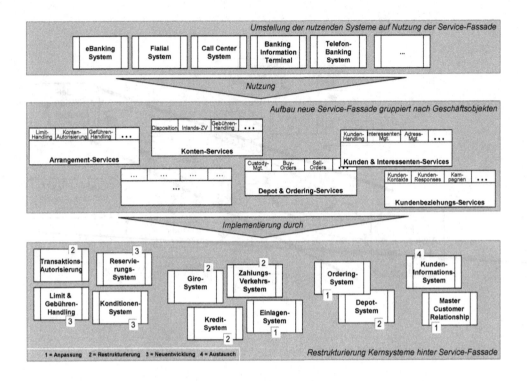

Abbildung 12-2: Change-Strategie eines Finanzdienstleisters

12.2   Planungsmodell der Finanzgruppe

12.2.1   Divisionale Organisation

Die im Fallbeispiel betrachtete Finanzgruppe folgt einer divisionalen Struktur, die über Ländergrenzen hinweg Geschäftseinheiten nach Kundengruppen und Produkten zu Divisionen zusammenfasst. Diese Divisionen orientieren sich an der Geschäftssicht. Die darüber hinaus gehende rechtlich-organisatorische Sicht[74] einschließlich der damit verbundenen Probleme wird im Beispiel nicht betrachtet.

Jede dieser strategischen Geschäftseinheiten (SGE) umfasst eine Organisationseinheit „IT-Strategy & Enterprise Architecture", die die Verantwortung für IT-Projektportfoliomanagement, IT-Architekturmanagement und IS-Portfoliomanagement inne hat. Dies umfasst Durchführung der strategischen IT-Planung.

Abbildung 12-3: Struktur einer Division

Divisionsübergreifende Funktionen wie Risiko-Management, Treasury und Controlling sind in der strategischen Geschäftseinheit „Zentrale Gruppenfunktionen" zusammengefasst.

Eine gruppenweit agierende IT-Dienstleistungsorganisation übernimmt Aufgaben der Systementwicklung, der Weiterentwicklung und Wartung von Informationssystemen sowie des Betriebs von

---

[74] Gesetzliche und aufsichtsrechtliche Vorschriften bedingen zum Beispiel die Zusammenfassung der in einem Land angesiedelten Bestandteile verschiedener global agierender Divisionen zu einer lokal ausgerichteten rechtlichen Einheit.

Informationssystemen und der Betreuung und Weiterentwicklung
der IT-Basisinfrastruktur.

Aufgaben des
Gruppen-CIO

Die gruppenübergreifende Steuerung des IT-Architekturmanagement, des IS-Portfoliomanagement und des IT-Projektfoliomana-
gement und damit auch der strategischen IT-Planung übernimmt
ein Gruppen-CIO (Chief Information Officer).

Abbildung 12-4 fasst die divisionale Struktur zusammen[75].

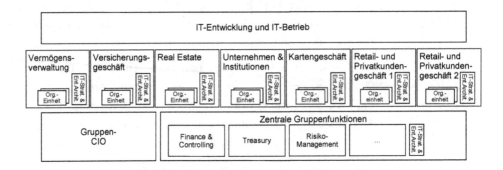

Abbildung 12-4: Divisionale Struktur und IT-Planung

12.2.2   IT-Planungsansatz der Finanzgruppe

Der IT-Planungsprozess der Gruppe basiert auf den in 12.1.1 definierten Schritten. Ausgangspunkt sind die Geschäftsplanungen
der strategischen Geschäftseinheiten. Im Rahmen des jährlichen
Planungsprozesses führt jede dieser Einheiten die in 12.1.1
benannten Schritte durch.

Der Gruppen-CIO definiert die Rahmenbedingungen, Meilensteine und Ergebnistypen des Planungsprozesses und aggregiert das
IT-Target und die 3-Jahres-IT-Planung der Geschäftseinheiten zu
einem gruppenübergreifenden IT-Target und einer Konzern-3-
Jahres-IT-Planung.

---

[75] Die Gruppe umfasst zwei Retail- und Privatkundendivisionen

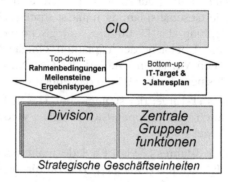

Abbildung 12-5: Rolle des CIO innerhalb des Planungsprozesses

Die 3-Jahres-IT-Planung wird am Ende des jährlichen Planungsprozesses durch den Gruppenvorstand verabschiedet. Abbildung
12-6 fasst den Ablauf der Planung zusammen.

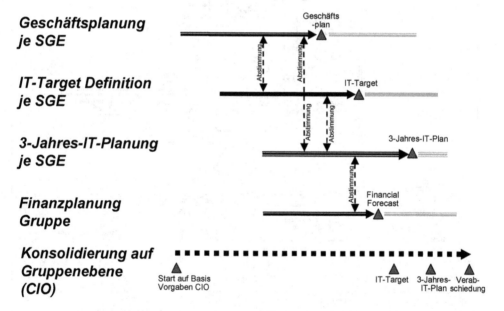

Abbildung 12-6: Ablauf der strategischen IT-Planung

Folgende Ergebnisse liegen nach der Durchführung des jährlichen Planungsprozesses vor.

301

- Die Planung der strategischen Geschäftseinheiten
  Die Geschäftsplanung umfasst strategische Aussagen zur Bedeutung der IT für die strategische Geschäftseinheit sowie eine Übersicht der geplanten obligatorischen und strategischen Vorhaben. Die aus der Geschäftsplanung abgeleiteten Business Treiber bilden das Fundament der IT-Planung.

- Das IT-Target der strategischen Geschäftseinheiten sowie ein durch den Gruppen-CIO erstelltes verdichtendes Gesamt-IT-Target

- Der 3-Jahres-IT-Plan für jede Einheit sowie eine durch den CIO erstellte verdichtete Version für die Gruppe.

Abbildung 12-7 fasst den IT-Planungsansatz der Finanzgruppe zusammen. Top-Down-Sicht und Bottom-up-Sicht sind zu einem integrierten Gesamtansatz vereint.

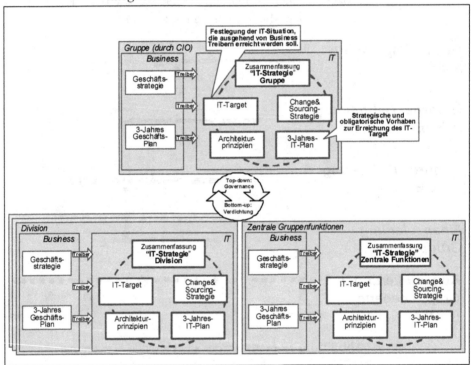

Abbildung 12-7: Strategische IT-Planung einer europäischen Finanzgruppe

12.2.3 **IT-Target und Nutzung einer IS-Domain Map**

Das IT-Target der Finanzgruppe definiert den angestrebten Zielzustand für die Anwendungslandschaft mit einem Horizont von mehreren Jahren. Die Anpassung des IT-Target im Rahmen des jährlichen Planungsprozesses stellt sicher, dass notwendige Anpassungen aufgrund veränderter geschäftlicher und technologischer Rahmenbedingungen einfließen.

Die IT-Planung der Gruppe basiert auf Abstraktionen, die auf der Grundlage einheitlicher Modelle und Ansätze für alle planenden Einheiten nach den Maßgaben des Gruppen-CIO eingesetzt werden. Im Vordergrund steht dabei die Aufstellung des IS-Portfolios, mit dem Ziel die bestehende und die zukünftige IT-Unterstützung für alle strategischen Geschäftseinheiten einheitlich zu beschreiben. Auf diese Weise wird ein Gesamtbild für alle strategischen Geschäfteinheiten effizient und nach einheitlichen Kriterien entwickelt und fortgeschrieben.

Struktur der IS-Domain Map Zu diesem Zweck wird eine IS-Domain Map genutzt. Hier handelt es sich um die funktionale Abstraktion der Anwendungslandschaft. Die Anwendungslandschaft wird in Domänen aufgeteilt und gruppiert. Die Gruppierung erfolgt nach fachlich-funktionaler Sicht in:

1. Domänen, die das Kerngeschäft der Finanzgruppe abdecken. Folgende Gruppen sind definiert:

   - Vertrieb (Distribution)
   - Kunden, Interessenten, Arrangements, Sicherheiten (Business Partner & Arrangement)
   - Verarbeitung (Product Processing)
   - Produktentwicklung (Product Development and Packaging)
   - Strategie und Analyse (Strategy & Analysis)
   - Risiko- und Finanzmanagement (Risk & Financial Management)

2. Domänen, die unterstützende Systeme umfassen. Folgende Gruppen sind definiert:

- Fachlich orientiert (Enterprise Support), z.B. Personalwesen
- Anwendungsorientiert (Application Support), z.B. Workflow- und Dokumenten-Management

*Architektur-
prinzip zur IS-
Domain Map*

Die IS-Domain Map ist als zentrales Architekturprinzip in der Informationsarchitektur der Gruppe verankert. Sie wird gemeinsam durch CIO und die IT-Architekten aus der Einheit „IT-Strategy & Enterprise Architecture" der strategischen Geschäftseinheiten im Rahmen der Vorbereitung der jährlichen IT-Planung definiert bzw. fortgeschrieben.

Abbildung 12-8 zeigt die gruppenweit gültige IS-Domain Map.

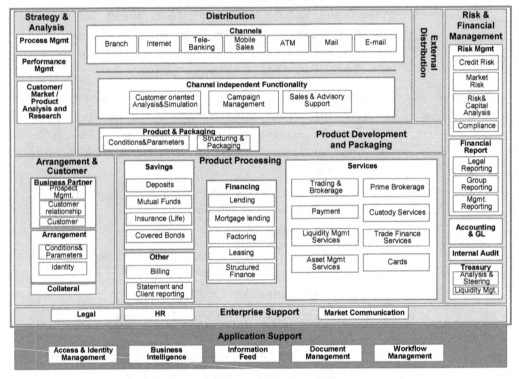

Abbildung 12-8: IS-Domain Map der Finanzgruppe

Mit Hilfe dieser Strukturierung der Anwendungslandschaft wird die Aufstellung des IS-Portfolios für die Gruppe und die strategischen Geschäftseinheiten vereinheitlicht und miteinander verzahnt.

12.2.4   Die Ableitung strategischer Handlungsfelder

> *„Eine erfolgreiche IT-Governance setzt voraus, dass Prozesse für Planung, Entwicklung und IT-Betrieb aufgesetzt werden, die eine Verfügbarkeit dieser Informationen an bestimmten Entscheidungspunkten sicherstellen, also beispielsweise bei der Priorisierung und Budgetierung von Investitionen. Welche IT-Massnahmen unterstützen welche Unternehmensziele? Wie sind sie architektonisch und zeitlich koordinierbar? Passen sie zur Architekturstrategie? ...“*
>
> *alfabet AG 2006 [alfabet06-2]*

Ein zentraler Schritt im Planungsprozess der Gruppe bildet die Ableitung strategischer Handlungsfelder der IT aus der Geschäftsplanung der strategischen Geschäftseinheiten.

Sie werden durch die Analyse der Wirkung der aus der Geschäftsplanung extrahierten Business Treiber definiert. Zur Beschreibung der Wirkung der Business Treiber und die Ableitung der Handlungsfelder wird die IS-Domain Map genutzt. Handlungsfelder werden dabei durch die Zuordnung von Domänen abgegrenzt.

Auf diese Weise werden zum Beispiel die strategischen Handlungsfelder für die Weiterentwicklung der Anwendungslandschaft der Retail- und Privatkunden-Divisionen bestimmt. Dies ist in Abbildung 12-9 für die Business Treiber des Retail- und Privatkundengeschäftes dargestellt.

Das Handlungsfeld 1 (Optimierung Retail-Vertriebsplattform) wird im Folgenden detailliert analysiert.

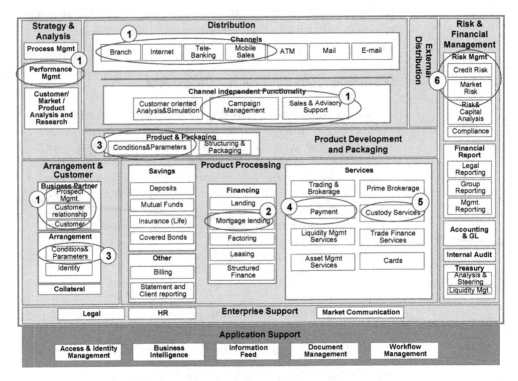

Abbildung 12-9: Fokussierung der Weiterentwicklung der An-
wendungslandschaft im Bereich Retail- und
Privatkundengeschäft (Nummerierung keine
Priorisierung) – Abgrenzung strategischer
Handlungsfelder

Für die ermittelten Handlungsfelder jeder Geschäftseinheit werden für die enthaltenen Domänen folgende Eigenschaften beschrieben (vgl. 12.1.1):

- Wirkung der Business Treiber
- Ist-Analyse
  - Ist-Bebauung mit Informationssystemen und Unterstüt-
    zung der Business Treiber
  - Lebenszyklus und technischer Zustand der Informations-
    systeme

- Soll-Definition
  - Angestrebte Zielsituation einschließlich der Bebauung mit Informationssystemen
  - Zu berücksichtigende Architekturprinzipien und Standards
  - Change-Strategie
  - Sourcing-Strategie

Dieses Vorgehen wird nun am Beispiel des Handlungsfeldes „Optimierung Retail-Vertriebsplattform" für das Retail- und Privatkundengeschäft verdeutlicht.

12.2.4.1   Das Handlungsfeld "Optimierung Retail-Vertriebsplattform"

Die Divisionen des Retail- und Privatkundengeschäftes führen die strategische IT-Planung auf der Basis einer gemeinsamen Geschäftsplanung durch. Ausgangspunkt ist die strategische Ausrichtung des Retail- und Privatkundengeschäftes und die Aufstellung der zugehörigen Business Treiber. Daraus wird das Handlungsfeld „Optimierung Retail-Vertriebsplattform" abgeleitet. Für den zugehörigen Ausschnitt der IS-Domain Map wird dann die Ist-Situation darstellt und die angestrebte Zielsituation beschrieben. Auf die Darstellung geltender Architekturprinzipien und die Ausarbeitung der Change & Sourcing Strategie wird hier verzichtet.

Strategische Ausrichtung und Business Treiber

Das Retail- und Privatkundengeschäft ist im Spannungsfeld zwischen Kundenservice, Produktführerschaft sowie Kostenführerschaft gemäß der Abbildung 12-10 strategisch auf den besten Kundenservice hin ausgerichtet.

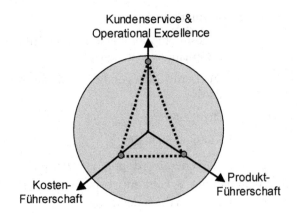

Abbildung 12-10: Strategische Positionierung der Divisionen des Retail- und Privatkundengeschäfts (vgl. [WARD02]).

Aus dieser Positionierung und der abgeleiteten Geschäftsplanung ergeben sich u.a. die Business Treiber „Qualitätssteigerung in der Kundenbetreuung" und „Erhöhung Anzahl Produktvereinbarungen pro Kunde". Diese Business Treiber werden analysiert und die strategischen Anforderungen an die Anwendungslandschaft werden abgeleitet. Tabelle 12-1 zeigt den entsprechenden Ausschnitt aus der Business Treiber Analyse[76].

IS-Bedarf

Unter einem **IS-Bedarf** wird eine aus einem Business Treiber einer strategischen Geschäftseinheit abgeleitete strategische Anforderung an die Informationssystemunterstützung verstanden.

---

[76] Diese Tabelle kann zu einer Balanced Score Card ausgebaut werden. Siehe dazu auch [WARD02].

Tabelle 12-1: Analyse von Business Treibern des Retail- und Privatkundengeschäft

Business Treiber	→Verfeinerung	→Strat. Anforderung an die IS-Landschaft („IS-Bedarf")
• Qualitätssteigerung in der Kundenbetreuung • Erhöhung #Produkt-Vereinbarungen pro Kunde	Hohe Qualität des Kundenservice im Angebots- und Betreuungsprozess	• Einheitlicher Angebots- und Betreuungsprozess über alle Kanäle • Straight thru Processing von Transaktionen im Retail-Geschäft • Bereitstellung Performance Indikatoren für die aktive Steuerung der Qualität des Vertriebs- und Betreuungsprozesses
	Hohe Qualität der Kundeninformation; konsistente Information unabhängig vom gewählten Zugangsweg	• Kanalunabhängige 360-Grad-Sicht auf das Gesamtkunden-Engagement • tagesaktuell
	Einheitliche Sicht auf Kundenkontakte	• Kanalunabhängige 360-Grad-Sicht auf die Kundenkontakthistorie • tagesaktuell
	Kundenangebote werden als individualisiert wahrgenommen	• Separierung Konditionensystem und produktverarbeitende Systeme • CRM-System liefert kundenindividuelle Produktvorschläge

Auf der Basis der durchgeführten Business Treiber Analyse wird u.a. das Handlungsfeld „Optimierung Retail-Vertriebsplattform" in der Domain Map abgegrenzt. Das Handlungsfeld umfasst folgende Domänen.

- Im Bereich der Anwendungsgruppe „Channels" die Domänen „Branch", „Internet-Banking", „Telebanking" und „Mobile Sales"

- Im Bereich der Anwendungsgruppe „Channel independent Functionality" die Domänen „Campaign Management" und „Sales Support"

- Im Bereich der Anwendungsgruppe „Strategy and Analysis" die Domäne „Performance Management"

- Die Anwendungsgruppe „Business Partner"

Der aus dem Business Treiber abgeleitete IS-Bedarf „Separierung Konditionensystem und verarbeitende Systeme" wird nicht im Handlungsfeld „Optimierung Retail-Vertriebsplattform" eingebunden. Dieser IS-Bedarf wird im Handlungsfeld 3 „Flexible Produkt- und Kundenarrangement-Konditionen" (vgl. Abbildung 12-9) adressiert.

Für das Handlungsfeld „Optimierung Retail-Vertriebsplattform" werden die bereits beschriebenen Schritte der Ist-Analyse und Soll-Definition durchgeführt.

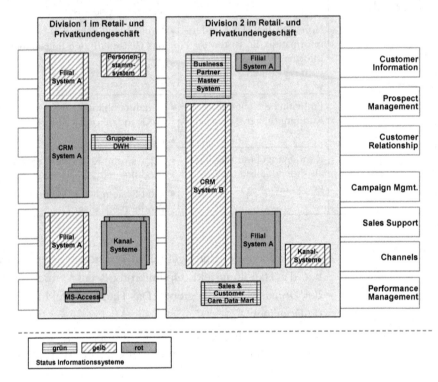

Abbildung 12-11: *Ist-Analyse für das Handlungsfeld „Optimierung Retail-Vertriebsplattform"*

Ist-Analyse für das Handlungsfeld Abbildung 12-11 zeigt das Ergebnis der Ist-Analyse für das Handlungsfeld „Optimierung Retail-Vertriebsplattform" einschließlich einer Übersicht über den Lebenszyklus der enthaltenen Informationssysteme. Bei der Analyse wird die Unterstützung der Business Treiber (d.h. Erfüllung des abgeleiteten IS-Bedarfs), die

Berücksichtigung von Gruppenstandards und Architekturprinzipien sowie die Zukunftsfähigkeit zu Grunde liegender IT-Architekturen und Technologien berücksichtigt. Die Analyse wird mit Hilfe einer Ampelfunktion visualisiert. Die Ampelfunktion zum Status einer Anwendung beruht auf folgender Klassifikation:

- Status „rot"
  Das System hat das Ende des Lebenszyklus erreicht. Innerhalb einer 1-Jahresperspektive sollte ein Vorhaben aufgesetzt werden, um die Anwendung zu erneuern oder zu ersetzen. Es dürfen nur zwingende Wartungsaktivitäten durchgeführt werden.

- Status „gelb"
  Das System erfüllt die Geschäftsanforderungen unzureichend oder wird ohne größere Investition innerhalb der nächsten zwei Jahre das Ende des Lebenszyklus erreichen

- Status „grün"
  Das System erfüllt die geschäftlichen Anforderungen. Knowhow und verwendete Technologien sind unkritisch.

Die Ist-Situation in diesem Handlungsfeld weist für die beiden Divisionen folgende Merkmale auf:

Retail- und Privatkundengeschäft - Division 1

- Das CRM-System befindet sich im Zustand „rot". Es wurde als Komplettlösung eingekauft und über mehrere Jahre weiterentwickelt. Dieses geschlossene Anwendungspaket deckt Funktionen des Interessentenmanagements, des Kundenbeziehungsmanagements und des Kampagnenmanagements ab. Es befindet sich am Ende des Lebenszyklus, da es gering integriert ist und die IS-Bedarfe nicht ausreichend erfüllt.

- Das Kundenbeziehungsmanagement wird durch eine direkt auf dem Data Warehouse der Finanzgruppe aufsetzende Lösung vervollständigt.

- Der Lebenszyklus des Filialsystems der Division steht auf „gelb". Deshalb sollen keine größeren Investitionen mehr getätigt werden. Das System unterstützt im betrachteten Handlungsfeld den Vertriebs- und Betreuungsprozess. Das Filialsystem deckt zudem Teile des Kundenstammdaten- und des Interessentenmanagements ab. Vor Jahren als Client-Server-System mit teilweise dezentralen Datenbeständen konzipiert ist die Unterstützung der Business Treiber heute nur durch

311

zahlreiche wartungsintensive und kostenträchtige Sonderlösungen sicher zu stellen.

- Das Filialsystem wird durch kanalspezifische Lösungen ergänzt. Diese Systeme befinden sich zum großen Teil auf „rot", insbesondere weil die Erfüllung der in Tabelle 12-1 benannten IS-Bedarfe unzureichend ist.

- Das Personenstammdatensystem befindet sich im Zustand gelb. Es ist nicht mit dem Gruppensystem integriert.

- Die Steuerung des Vertriebs- und Betreuungsprozesses wird durch einzelne, nicht integrierte und funktional nicht ausreichende MS-Access-Tools durchgeführt. Der entsprechende IS-Bedarf wird unzureichend erfüllt. Eine neue Lösung besitzt sehr hohe Dringlichkeit.

Retail- und Privatkundengeschäft - Division 2

- Das CRM-System dieser Division wurde ebenfalls als Komplettpaket eingeführt und besitzt eine breite funktionale Ausstattung. Das System unterstützt die heutigen Anforderungen der Division 2 unzureichend und entspricht nicht dem Gruppenstandard. Deshalb sollen derzeit keine größeren Investitionen in die Weiterentwicklung getätigt werden. Das System hat den Status „gelb".

- Das Filialsystem der Division ist funktional ähnlich aufgestellt wie das der Division 1, befindet sich jedoch am Ende des Lebenszyklus, da die zu Grunde liegende Technologie nicht mehr unterstützt wird und das notwendige Knowhow zur Wartung und Weiterentwicklung in Kürze nicht mehr verfügbar sein wird („rot").

- Das Performance Management des Vertriebs- und Betreuungsprozesses wird durch einen dedizierten Data Mart zufrieden stellend unterstützt („grün").

- Die Division setzt das aktuelle Gruppensystem für Kunden- und Interessentenstammdaten ein (Business Partner Master System, „grün").

Soll-Definition für das Handlungsfeld „Optimierung Retail-Vertriebsplattform"

Ausgehend von den Ergebnissen der Ist-Analyse, den aus den Business Treibern abgeleiteten IS-Bedarfe und den geltenden Architekturprinzipien wird für das Retail- und Privatkundengeschäft das Zielbild im Handlungsfeld „Optimierung Retail-Vertriebsplattform" mit einem Zeithorizont von fünf Jahren definiert. Die dabei relevanten Architekturprinzipien beziehen sich insbesondere auf einzusetzende Gruppen-Informationssysteme. Abbildung 12-12 visualisiert die angestrebte Zielsituation.

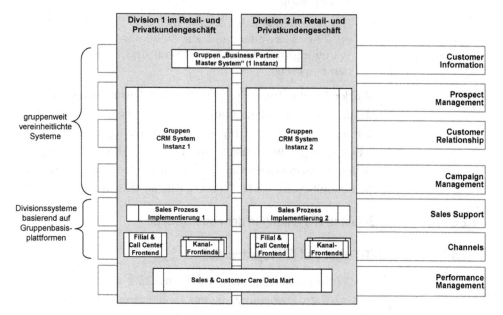

Abbildung 12-12: Konsolidierte Zielsituation für das Handlungsfeld „Optimierung Retail-Vertriebsplattform"

Folgende Eigenschaften prägen die angestrebte Zielsituation.

- Beide Divisionen nutzen für das Management der Kundenstamm- und Interessentendaten das Gruppensystem (Business Partner Master System).

- Der Gruppenstandard für CRM-Systeme wird in beiden Divisionen mit jeweils einer eigenen Installation zur Abdeckung der Domänen Interessentenmanagement, Customer Relationship und Kampagnenmanagement eingesetzt. Kunden- und Interessenteninformationen werden über das Business Partner Master System integriert (real-time).

313

- Beide Divisionen setzen auf die kanalunabhängige Implementierung des Vertriebs- und Betreuungsprozesses und darauf bauende Kanal-Frontend-Anwendungen. Da der Vertriebs- und Betreuungsprozess in beiden Divisionen sehr stark durch Länderspezifika geprägt ist, erfolgt die Implementierung jeweils als Eigenentwicklung. Beide Entwicklungen basieren auf durch die Gruppe vorgegebene IT-Basisplattformen, Referenzsoftwarearchitekturen und Entwicklungsstandards (fest gehalten in entsprechenden Architekturprinzipien).

- Der bestehende Sales & Customer Care Data Mart der Division 2 wird erweitert und zur Steuerung des Vertriebs- und Betreuungsprozesses beider Retail- und Privatkundendivisionen eingesetzt.

Mit der Beschreibung des angestrebten Zielzustandes für „Qualität in der Kundenbetreuung" ist ein Ausschnitt des IT-Target definiert. Analog wird für alle aus den aufgestellten Business Treibern abgeleiteten Handlungsfelder der Sollzustand des betroffenen Ausschnittes der IS-Domain Map erarbeitet. Auf diese Weise ergibt sich das IT-Target der Retail-Divisionen.

12.2.5   3-Jahres-IT-Planung in der Finanzgruppe

12.2.5.1   IT-Target und IT-Projektportfolio

Das IT-Target bildet nach Abbildung 12-1 das Fundament der strategischen IT-Planung, indem es die längerfristig angestrebte Zielsituation für die Entwicklung der Anwendungslandschaft beschreibt. Die Festlegung von Maßnahmen zur Erreichung der Zielsituation in Form von IT-Vorhaben und IT-Projekten ist Aufgabe der 3-Jahres-IT-Planung. Diese Planung wird für jede strategische Geschäftseinheit durchgeführt und mündet im strategischen 3-Jahres-IT-Plan.

Vorhaben und Projekte

Zwei Arten von Maßnahmen werden in der 3-Jahres-IT-Planung unterschieden:

- IT-Vorhaben – Maßnahmen zur Herbeiführung eines bestimmten Zielzustandes. Hierbei handelt es sich um noch nicht detailliert geplante Schritte zur Erreichung des IT-Target.

- IT-Projekte – konkrete, zeitlich befristete Maßnahmen, welche die Erreichung der Ziele eines Vorhabens unterstützen. Ein Vorhaben kann durch ein einzelnes oder mehrere Projekte umgesetzt werden.

Die 3-Jahres-IT-Planung erzeugt einen abgestimmten Plan von Vorhaben und Projekten zur Erreichung der im IT-Target beschriebenen Zielsituation und der dabei wirkenden Investitionsstrategie unter Berücksichtigung des aktuellen IT-Projektportfolios. Auf diese Weise erzeugt die 3-Jahres-IT-Planung in einem gemischten, Top-down- und Bottom-up-Vorgehen die konsolidierte Gesamtsicht der innerhalb des 3-Jahreshorizontes durchzuführenden Maßnahmen unter Berücksichtigung des aktuellen IT-Projektportfolios (vgl. 2.2.3).

Folgende Fragen und Kennzahlen werden im Rahmen der 3-Jahres-IT-Planung adressiert:

aus top-down-Sicht
- Welche IT-Vorhaben sollten durchgeführt werden, um die im IT-Target beschriebene, längerfristig angestrebte Zielsituation zu erreichen (z.B. Abb. 12-12)?

- Welche Rahmenbedingungen sind aufgrund der längerfristigen Finanz- und Ressourcenplanung und den Investitionsstrategien der jeweiligen strategischen Geschäfteinheit und der Gruppe zu berücksichtigen?

- Wie soll sich das Budget für IT-Vorhaben/Projekte und Wartung/Weiterentwicklung von Informationssystemen entwickeln?

- Wie soll sich dabei die Quote von Investitionen in IT-Vorhaben/Projekte auf der einen und Wartung/Weiterentwicklung von Informationssystemen auf der anderen Seite entwickeln?

- Wie soll sich das Budget für den Betrieb der IT-Basisinfrastruktur und der Informationssysteme entwickeln?

- Welchen Anteil am IT-Budget soll der Betrieb im Vergleich zu IT-Vorhaben/Projekten und Wartung/Weiterentwicklung aufweisen?

aus bottom-up-Sicht
- Welche IT-Vorhaben & Projekte sind bereits geplant?
- Welche IT-Projekte laufen bereits?

- Wie ist die Struktur des aktuellen IT-Projektportfolios?

- Welche Finanz- und Ressourcenplanung ist auf Jahressicht gegeben?

Nach der Durchführung der 3-Jahres-IT-Planung ergibt sich auf diese Weise ein konsolidierter und mit den definierten Kennzahlen konformer Maßnahmenplan - detaillierter für die einzelnen strategischen Geschäftseinheiten und verdichtet für die gesamte Finanzgruppe. Abbildung 12-13 fasst dies zusammen.

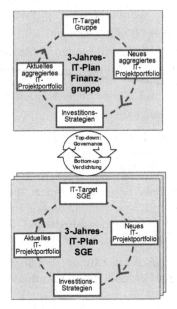

Abbildung 12-13: IT-Projektportfolio und 3-Jahres-IT-Planung

12.2.5.2   Klassifizierung von Vorhaben und Projekten

Um das in der 3-Jahres-IT-Planung aufgestellte IT-Projektportfolio zu strukturieren und die Priorisierung von Vorhaben zu unterstützen, wird in der Finanzgruppe ein Klassifikationsschema eingesetzt. Vorhaben und Projekte werden nach ihrem Stellenwert für die Weiterentwicklung der strategischen Geschäftseinheiten klassifiziert. Die Klassifikation definiert vier Typen:

- Verbesserung der Wettbewerbsposition („business opportunity" – z.B. Einführung eines neuen CRM-Systems)

- Umsetzung gesetzlicher Anforderungen („legal" – z.B. EU-Direktiven)
- Verbesserung der Kosteneffizienz der Anwendungslandschaft („cost efficiency" – z.B. Verlagerung Handelsabwicklung)
- Optimierung der Struktur der Anwendungslandschaft oder der technischen Basis von Informationssystemen („structure" – z.B. Betriebssystemwechsel)

12.2.5.3 3-Jahres-IT-Plan des Retail- und Privatkundengeschäftes

Im Falle der beiden Retail- und Privatkundendivisionen der Gruppe fasst Abbildung 12-14 das Ergebnis der 3-Jahres-IT-Planung zusammen. Die Zusammenfassung basiert auf dem IT-Target des Retail- und Privatkundengeschäftes und gilt für die Jahre 2007-2009. Sie berücksichtigt das aktuelle IT-Projektportfolio und die Restriktionen der Finanz- und Ressourcenplanung. Bei den im Plan dargestellten Maßnahmen handelt es sich in der Regel um die Gruppierung von Einzelmaßnahmen.

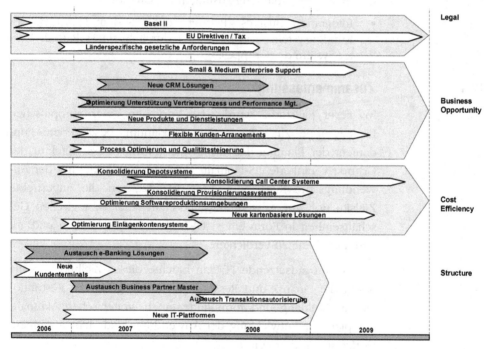

Abbildung 12-14: Strategischer Maßnahmenplan für die Divisionen des Retail- und Privatkundengeschäftes

317

Maßnahmen zur Umsetzung des Handlungsfeldes „Optimierung Retail-Vertriebsplattform" sind in Abbildung 12-14 hervorgehoben. Es handelt sich um folgende Maßnamen:

- Neue CRM Lösungen

    - Einführung Gruppen-CRM-System für Division 1

    - Einführung Gruppen-CRM-System für Division 2

- Optimierung Unterstützung Vertriebsprozess und Performance Management

    - Restrukturierung des Filial-Frontend-Systems für Division 2

    - Restrukturierung des Vertriebsprozesses für Division 1

    - Einführung des Sales and Customer Care Data Mart von Division 2 für Division 1 und Aufbau von Reports zum Performance Management

- Austausch e-Banking Lösungen für Division 1

- Integration Business Partner Master System (Ersetzen des Kundensystems von Division 1 durch Business Partner Master System der Gruppe).

12.3 Zusammenfassung

In dieser Fallstudie wurde das Vorgehen einer europäischen Finanzgruppe zur strategischen IT-Planung beschrieben. Fundament der Planung war die in der Informationsarchitektur der Gruppe verankerte „IS-Domain Map" zur Strukturierung der Anwendungslandschaft. Sie wurde genutzt, um die angestrebte Zielsituation zur Anwendungslandschaft jeder strategischen Geschäftseinheit in Form eines „IT-Target" zu beschreiben und auf Gruppenebene zu verdichten.

Der darauf aufsetzende IT-Plan brachte dieses Zielbild und die durch die Finanz- und Ressourcenplanung gesetzten Restriktionen in Einklang und formulierte einen strategischen Maßnahmenplan zur Entwicklung der Anwendungslandschaft mit einem Horizont von drei Jahren.

Fazit

Die Aufstellung eines IT-Target hängt wesentlich davon ab, dass bei den jeweiligen strategischen Geschäftseinheiten und beim CIO die Kompetenz und Erfahrung vorhanden ist, um die Entwicklung einer historisch gewachsenen, komplexen Anwendungslandschaft zu strukturieren und fortzuschreiben. Dies gehört zu den Kernaufgaben des IT-Architekten auf Unternehmensebene (Enterprise Architect).

Glossar

Administrationsserver

> Instanz eines Application Servers, die zur Administration einer ganzen Gruppe von Application Servern eingesetzt wird

API

> Application Programming Interface – Offen gelegte Schnittstelle zur Nutzung der Funktionalität einer Softwarekomponente, zum Beispiel einer Infrastrukturkomponente

Application Server

> Infrastruktursoftware, die eine Laufzeitumgebung für Anwendungen zur Verfügung stellt. Dazu wird ein Vielzahl von Diensten bereit gestellt. Die J2EE-Spezifikation definiert die Rahmenbedingungen für Java basierte Applikationsserver.

Application Server Cluster

> Gruppe von Application Servern, die gemeinsam Management Dienste wie Failover, Load Balancing realisiert

Authentifizierung

> Identifizierung eines Nutzers gegenüber einer Anwendung

Autorisierung

> Erteilung oder Verweigerung von Rechten an einen Nutzer zum Zugriff auf eine Ressource bzw. zur Durchführung einer bestimmten Aktion

Balanced Scorecard bzw. BSC

> Die Balanced Scorecard (BSC) ist ein Performance-Measurement-Instrument, das eine ganzheitliche und ausgeglichene Betrachtung des Unternehmens aus verschiedenen Dimensionen erlaubt - mit dem Ziel einer klaren strategischen Ausrichtung auf die für sie relevanten Märkte. Im Falle einer auf die Leistung der IT ausgerichteten Balanced Scorecard werden die vier

Dimensionen der Balanced Scorecard auf die Spezifika der IT adaptiert: Die Finanzperspektive versucht neben den Kosten- und Budgetzielen der IT die Frage nach dem Strategiebeitrag der IT abzudecken (bspw. Kosteneffizienz der IT, ROI zur Bemessung des Beitrags von IT- Projekten). Die Kundenperspektive deckt die Wahrnehmung der internen und ggf. auch externen Kunden auf die IT ab (bspw. Zufriedenheit der Anwender mit den Leistungen des IT-Services oder der Entwicklung). Die Prozessperspektive nimmt die IT-Prozesse mit maßgeblichem Verbesserungspotenzial in den Fokus (bspw. Produktivitätskennzahlen des Betriebs oder der Entwicklung, Grad der Standardisierung von Infrastruktur oder Anwendungslandschaft). Die Potenzialperspektive dient zur Beantwortung der Frage, welche Voraussetzungen in der IT geschaffen werden müssen, um zukünftige Herausforderungen bzw. Anforderungen bedienen zu können (bspw. Mitarbeiterkompetenz, wiederverwendbare technologische Basis, Partnerschaft zwischen IT und funktionalem Management, Reifegrad der Applikationslandschaft).

Browser

Programm zur Anzeige von HTML-Seiten und Ausführung von JavaScript und anderen eingebetteten Objekten. Kommuniziert über HTTP mit einem Webserver.

Business Intelligence Instrument

Werkzeuge zur Informationsanalyse und –gewinnung, die zur Lösung geschäftlicher Fragestellungen eingesetzt werden

CICS

Customer Information Control System - OLTP Software der IBM für Mainframe

CMS

Content Management Systeme – Softwarepaket zur Unterstützung der Prozesse zum Management der Inhalte von Portalen, Web-Site, Intranets etc.

Cold Stand by

Bereitstellung weitere Rechner zur Erhöhung der Ausfallsicherheit, die im Falle eines Ausfalls vorhandene Rechner ersetzen

CORBA

Common Object Request Broker Architecture – Programmiersprachen unabhängiges Modell für die Erstellung von Anwendungen auf der Grundlage verteilter Objekte – http://www.omg.org

CRM

Customer Relationsship Management – Prozess zur systematischen Gestaltung beider Sichten der Beziehung zwischen Kunde und Unternehmen auf der Grundlage eines umfassenden Bildes des Kunden

Data Mart

Geschäftsfeld spezifische Teilsicht auf ein Data Warehouse, die aus dem Data Warehouse durch Daten-Extraktion und -Verdichtung abgeleitet wird

Data Warehousing

Unternehmensweit organisierter Prozess zur Erstellung, Nutzung und Pflege eines Data Warehouse

Design Pattern

Erprobte Strukturdefinition miteinander interagierenden Softwarebausteinen zur Lösung eines bestimmten Designproblems

DSS

Decision Support System

DWH

Data Warehouse - geschäftsprozessübergreifend strukturierte, unternehmensweite Informationsbasis zur Unterstützung von Auswertungen und dispositiven Anwendungen einschließlich aller Instrumente zur Erstellung und Bereitstellung der Inhalte

EAI

Enterprise Application Integration – Kürzel unter dem verschiedene Problemstellungen, Lösungsansätze, Werkzeuge und Methoden zur Integration von Anwendungen und Systeme mittels loser Kopplung subsumiert werden

EAM

Enterprise Architecture Management – Kürzel unter dem verschiedene Ansätze zur integrierten und übergreifenden Gestaltung von IT-Architekturmanagement, IS-Portfoliomanagement und ITProjektportfoliomanagement subsumiert werden

EAM Werkzeug

Integriertes Werkzeug zur Unterstützung des EAM

EJB

Enterprise Java Beans - Java basiertes Komponentenmodell der Firma SUN zur Erstellung von unternehmenskritischer Anwendungen mittels schwergewichtiger Komponenten

EJB Container

Teil der J2EE-Spezifikation - Runtime-Umgebung für EJBs

ESB

Enterprise Service Bus – Unternehmensweit ausgelegte Infrastruktur, die die Entwicklung, den Test, das Deployment und den Betrieb von Services (➔ SOA) unterstützt. Besteht aus einer Vielzahl aufeinander abgestimmter Bausteine. Diese bilden zum Einen die Laufzeitumgebung der Services, zum Anderen unterstützen sie die integrierte Erstellung von Services entlang eines auf das SOA-Paradigma (➔ SOA) ausgerichteten Softwareentwicklungsprozesses. Dies umfasst zum Beispiel ein Verzeichnis der Services, die sich in Entwicklung, Test und Produktion befinden (Service Repository) sowie ein Verzeichnis, das zur Laufzeit aus den durch die einen Service nutzenden Anwendung bereitgestellten Daten das aufzurufende technische Modul ermittelt und aufruft Service Directory. Abgrenzung zur ➔ EAI teilweise unscharf.

Fassade

> Single Point of Entry zu einem System oder einer Gruppe von Komponenten. Ein Fassadeobjekt vereinfacht die Schnittstelle der komplexen Komponenten oder Anwendungen nach außen. Alle Zugriffe von außen sind nur Zugriffe über diese Fassade erlaubt.

Framework

> hier: Rahmenwerk für die Programmierung von Anwendungen. Frameworks bieten verschiedene Dienste zur einfacheren Entwicklung komplexer Anwendungen. Es nimmt immer wiederkehrende Aufgaben bei der Programmierung von Anwendungen wahr.

Host

> Zentralrechner, häufig als IBM-Mainframe bezeichnet

HTML

> Hypertext Markup Language - Beschreibungssprache von Webseiten, die in Webbrowsern dargestellt werden http://www.w3.org/MarkUp http://www.w3.org/

http

> Hypertext Transport Protokoll - Dieses zustandslose Protokoll wird hauptsächlich zur Übertragung von Dateien zwischen Webserver und Webbrowser verwendet. http://www.w3.org/Protocols

http-Server

> Server zur Verarbeitung von HTTP-Requests. Hauptaufgabe ist die Auslieferung von statischen HTML und sonstigen Dateien.

IAS

> Internationl Accounting Standard – International definierter Standard zur Bilanzierung

ITIL

> IT Infrastructure Liberary - Framework aus Best Practices, um IT-Prozesse zu definieren und deren Betrieb zu sichern

IuK

> Informations- und Kommunikationstechnologie

Java

Objektorientierte Programmiersprache von SUN Micro-
systems – http://java.sun.com

Java Bean

Java-Klasse, die den Zugriff auf ihre Attribute über fest
vorgegebenen Standardmethoden erlaubt (z.B. Attri-
butname: „name", Methode zum Lesen des Attributes:
getName(); Methode zum Schreiben des Attributes:
setName(...)).

Java Script

In HTML eingebettete Scriptsprache zur clientseitigen
Steuerung. Hiermit kann z.B. die clientseitige Eingabe-
validierung realisiert werden.

JMS

Java Messing Service – Standard API der J2EE Spezifikation zum Zugriff auf Message Orientierte Middel-
ware, z.B. IBM MQSeries

JSP

Java Server Page - Mischung aus HTML- und Javacode.
Wird auf dem Server – im WebContainer ausgeführt.
Wird beim ersten Zugriff in ein Servlet überführt.

J2EE

Java 2 Enterprise Edition – Java basierte Standard
Spezifikation von APIs und Runtime-Umgebungen
für unternehmenskritische Geschäftsanwendungen.
Definiert z.B. den Servlet- und EJB-Container.
http://java.sun.com/j2ee

J2EE

→ Design Pattern, das erprobte Problemlösungen unter
Einsatz von J2EE Technologie beschreibt

J2SE

Java 2 Standard Edition - Grundlegende Java-
Umgebung bestehend aus JRE, APIs und Tools
http://java.sun.com/j2se

Konnektor

> Softwarebaustein zur Anbindung Legacy Anwendung wie SAP; z.B. in eine J2EE Anwendung

LDAP

> Leightweight Directory Access Protocol - Protokoll zum Zugriff auf Namens- und Verzeichnisdienste

Load Balancer

> Infrastrukturkomponente, die vor eine Gruppe von Servern geschalten wird, um eingehende Zugriffe auf die Server zu verteilen. Die Verteilung kann mit verschiedenen Algorithmen gestaltet werden.

Load Balancing

> Mechanismus zur Verteilung der Last auf mehrere Instanzen innerhalb einer Gruppe von Rechnern oder Application Servern

Mainframe   → Host

MOM

> Message oriented middleware – Infrastruktursoftware zum asynchronen Austausch von Nachrichten. Es gibt zwei Kommunikationsarten: Publish/Subscribe und Peer-To-Peer.

MQS

> Message Queueing Series - MOM der Firma IBM

.Net

> Standard der Firma Microsoft zur Entwicklung verteilter Anwendungen

Nutzer und Rechte Server

> Logische Komponente einer Systemarchitektur, die zur Bereitstellung und Verwaltung von Nutzern und ihrer Zugriffsrechte auf Ressourcen genutzt wird. Häufig durch → LDAP-Server implementiert.

ODS

> Operational Data Store - integrierte, geschäftsprozeßunabhängige Datenbank. Der ODS ist auf die Unterstützung eines integrierten, kollektiven Online Processings

und Auswertungen für taktische Entscheidungen ausgerichtet, liefert sehr aktuelle Daten und enthält kaum
Historieninformation. Ein ODS benötigt eine auf OLTP
ausgerichtete Plattform. Die Anforderungen an die Verfügbarkeit sind hoch.

Pattern

Wiederverwendbare Muster bei der Softwareentwicklung. Ein Pattern beschreibt ein wiederkehrendes Problem und stellt eine erprobte Grundlösung zur Verfügung.

Regel-Engine

Softwarekomponente, die Geschäftsregeln interpretiert
und verarbeitet, ohne dass diese in Form von Pro-
grammcode abgelegt werden müssen

RMI

Remote Methode Invocation - Protokoll zum Aufruf
entfernter Objekte in ➔ J2EE

RUP

Rational Unified Process

Servlet

Java-Programm zur Verarbeitung von HTTP-Requests.
Läuft im Servlet-Container

Servlet Container ➔ Web Container

Session Bean

Session orientierte EJB, die Geschäftslogik bereit stellt.
Es gibt zwei Varianten: Stateless und Stateful Session
Beans. Stateless Session Beans speichern zwischen
zwei Aufrufen eines Clients keine Daten. Statefull Ses-
sion Beans können Daten eines Clients zwischen zwei
Aufrufen zwischenspeichern.

Session Failover

Fähigkeit, die Session eines Nutzers im Falle eines Ausfalls innerhalb eines ➔ Application Server Clusters au-
tomatisch auf einem anderen Application Server im
Cluster weiter zu führen

SFA

> Sales Force Automation - unter diesem Kürzel werden alle Anwendungen zusammen gefasst, die Außendienstmitarbeiter bei der Durchführung von Angebots- und Beratungsprozessen unterstützen.

Single Sign On

> Authentifizierung eines Benutzer über verschiedene Anwendungen hinweg mit einem einzigen Login. Der Benutzer meldet sich nur einmal an zentraler Stelle an, und alle angeschlossenen Anwendungen nutzen die einmal getätigte Anmeldung.

Sitzung (Session)

> Eine Session ist eine virtuelle Klammer um mehrere aufeinanderfolgende Zugriffe eines Clients auf einen Server. Damit kann auf dem Server der Zustand der Verbindung und Daten gespeichert werden. Dieses Verfahren wird besonders bei Webapplikationen eingesetzt, da diese auf dem zustandslosen Protokoll HTTP aufsetzen.

SOA

> Service Orientierte Architektur – Paradigma zur Gestaltung von IT-Architekturen von Anwendungen. Es sieht vor, Anwendungen so zu kapseln, dass eine Fassade fachlich aufeinander abgestimmter Softwaremodule (Services) entsteht, die die Komplexität der dahinter liegenden Anwendungen verbirgt. Auf diese Weise sollen aufrufende Anwendungen (sogenannte Service-Consumer) und die hinter der Service Fassade liegenden Anwendungen (sogenannte Service Provider) voneinander entkoppelt werden, um größere Flexibilität zu erreichen. Durch die gleichzeitige Bereitstellung einer Basisinfrastruktur, die Entwicklung, Test, Deployment und Betrieb dieser Services unterstützt (der so genannte Service Bus ➜ ESB) erhofft man sich insgesamt bessere Unterstützung der Anforderungen des Business. Anspruch und Wirklichkeit klaffen häufig auseinander.

SOAP

> Simple Object Access Protokoll - Ein Protokoll für Remote Procedure Call über HTTP. Nachrichten werden in XML „verpackt" und sind damit grundsätzlich von Menschen lesbar. http://www.w3.org/2002/ws

SSL

> Secure Socket Layer

STP

> Streight Thru Processing

UDDI

> Universal Description, Discovery and Integration - Ein Verzeichnisdienst für Web Services, der das internetweite Auffinden von Web-Services ermöglicht http://www.w3.org/2002/ws

UML

> Unified Modeling Language - Standard zur Modellierung von Informationssystemen

URL

> Uniform Resource Locator - Adresse einer Ressource, die über einen http-Server, bereit gestellt wird http://www.w3.org/Addressing

Weblogic

> Führender J2EE-konformer Applikationsserver der Firma BEA

Web-Container

> Teil der J2EE-Spezifikation. Runtime-Umgebung für Servlets und JSPs

Web-Server s. http-Server

Web-Services

> Ansatz zur Bereitstellung von Anwendungsfunktionalität auf der Grundlage einer Service Orientierten Architektur (➜ SOA)über das http-Protokoll unter Nutzung der Standards SOAP, WSDL, UDDI http://www.w3.org/2002/ws

WSDL

> Web Services Description Language - Eine formale Beschreibung von Web-Services, analog dem Konzept der IDL von CORBA – http://www.w3.org/2002/ws

Zustandslose Verbindung (stateless)

> Jeder Zugriff eines Client auf einen Server erfolgt im Rahmen einer Sitzung unabhängig von voran gegangenen Interaktionen. Es gibt somit keine Abhängigkeiten zu einem früheren Zugriff. Zugriffe über Http sind zustandslos. Soll der Zustand behalten werden, sind dazu besondere Mechanismen notwendig.

Literaturverzeichnis

[alfabet06-1]: F. Schiewer, alfabet AG auf: www.alfabet.de

[alfabet06-2]: Dr. U. Kalex, alfabet AG in: Computerwoche. August 2006

[Bass1998]: Len Bass, Paul Clements, Rick Kazman: Software Architecture in Practice. Addison-Wesley 1998

[BECK2005]: Jörg Becker, Martin Kugeler, Michael Rosemann : Prozessmanagement. Ein Leitfaden zur prozessorientierten Organisationsgestaltung. 5. Auflage. Springer 2005

[Cassidy1998]: Anita Cassidy, Keith Guggenberger: A Practical Guide to Information Systems Strategic Planning. CRC Press - St. Lucie Press 1998

[EAM2005]: Lehrstuhl für Software Engineering betrieblicher Informationssysteme: Enterprise Architecture Management Tool Survey. TU München 2005.

[Dob2001]: von Dobschütz, Barth, Jäger-Goy, Kütz, Müller (Hrsg.): IV_Controlling. Gabler 2001

[DpunktOnline2006]: dpunkt Verlag: Praxis der Wirtschaftinformatik, HMD-Glossar, http://hmd.dpunkt.de/glossar. dpunkt Verlag 2006

[Fowler2003]: Martin Fowler: UML konzentriert. 3. Auflage. Addison Wesley. 2004

[Gamma1994]: Erich Gamma, Richard Helm, Ralph Johnson, John Vlissides: Design Patterns, Elements of Reusable Object-Oriented Software. Addison Wesley 1994

[Gartner02]: R. Casonato, Nikos Drakos, Milind Govekar, Massimo Pezzini, Gartner Group: IS Architecture and Web Services: Towards Pervasive Computing, BEA Systems European Road-show, September-Oktober 2002

[Gartner03-1]: Dale Vecchio, Gartner Group 2003: Portfolio Management: Step 1 in Architectural Modernization.

[Gartner03-2]: Dale Vecchio, Gartner Group 2003: Application Portfolio Management for Investment/Efficiency.

[Gartner06-1]:   Brian Burke, Gartner Group 2006: Implement an Effective Assurance Process for Your Enterprise Architecture.

[Gartner06-2]:   David McClure, Gartner Group 2006: Integration Enterprise Architecture and Portfolio Management Processes in Government

[GIGAHoppe-1]:   Jost Hoppermann, Giga Information Group 2002: Application Strategy: Planning for Flexibility

[GIGAHoppe-2]:   Jost Hoppermann, Giga Information Group 2002: Dividing the Architecture Group's Time Between Reactive and Proactive Work

[GIGAHoppe-3]:   Jost Hoppermann, Giga Information Group 2002: Architects Can Provide to Business Strategy

[GTS1997]:   Cap Gemini Ernest and Young: The Integrated Architecture Framework: GTS Technical Infrastructure Architecture: Conceptual Architecture. 1997

[IAF]: Cap Gemini Ernest and Young: The Integrated Architecture Framework

[Inmon1996]:   W.H. Inmon, Claudia Imhoff, Greg Battas: Building the Operational Data Store. John Wiley & Sons 1996

[J2EE01]: Deepak Alur; John Crupi; Dan Malks: Core J2EE Patterns. Prentice Hall 2001

[JUNG2000]: Reinhard Jung, Robert Winter (Hrsg.): Data Warehousing Strategie: Springer 2000

[Keller2002]: Wolfgang Keller: Enterprise Application Integration. dpunkt.verlag 2002

[Kimball]:   Ralph Kimball, Laura Reeves, Margy Ross, Warren Thornthwaite: The Data Warehouse Lifecycle Toolkit. Wiley 1998

[Krcmar]: Krcmar: Informationsmanagement. Springer 1997

[Kruch2000]: Phillippe Kruchten: The Rational Unified Process an Introduction Second Edition. Addison-Wesley 2000

[Krupinski2005]:   Andreas Krupinski: Unternehmens-IT für Banken. Vieweg Verlag 2005

[Leist2002]:   Susanne Leist, Robert Winter (Hrsg.): Retail Banking im Informationszeitalter. Springer 2002

[MORABITO1999]: Joseph Morabito, Ira Sack, Anilkumar: Organization Modeling. Prentice Hall 1999

[META2002-1]: META Group Best-Practice Konferenz, Optimierung der Zukunft – das Projekt-Portfolio. Meta Group 2002

[META2002-2]: The Business of IT Portfolio Management: Balancing Risk, Innovation and ROI, A Meta Group White Paper. META Group 2002

[Niemann2005]: Klaus Niemann: Von der Unternehmensarchitektur zur IT-Governance. Bausteine für ein wirksames IT-Management. Vieweg Verlag 2005

[PW92]: Dewayne E. Perry and Alexander L. Wolf: Foundations for the Study of Software Architecture. ACM SIGSOFT Software Engineering Notes, 17(4):40-52, October 1992. Rational Unified Process®

[RUP02]: Rational Software Corporation: The Rational Unified Process, Version 2002.05.00. Copyright © 1987 – 2001

[RUP_C]: Rational Software Corporation: The Rational Unified Process, Version 2002.05.00. Concepts: Software Architecture. Copyright © 1987 – 2001

[SCHEER]: August-Wilhelm Scheer: ARIS, Vom Geschäftsprozeß zum Anwendungssystem, Springer Verlag 1999

[SCHME2006]: Herrmann J.Schmelzer, Wolfgang Sesselmann: Geschäftsprozessmanagement in der Praxis. 5. Auflage. Hanser Fachbuchverlag 2006

[Starke]: Gernot Starke: Effektive Softwarearchitekturen. Hanser Fachbuchverlag 2005

[VER2000]: Gerhard Versteegen: Projektmanagement mit dem Rational Unified Process. Springer Verlag 2000

[VER2004]: Gerhard Versteegen (Hrsg.), B. Hindel, H. Meier, A. Vlasan: Prozessübergreifendes Projektmanagement. Grundlagen erfolgreicher Projekte. Springer Verlag 2004

[WARD02]: John Ward and Joe Peppard: Strategic Planning for Information Systems. Third Edition. Whiley and Suns. 2002

[WIECZ2004]: Hans W. Wieczorrek: Management von IT-Projekten. Von der Planung zur Realisierung. Springer Verlag. 2004

[WINTER03]:   Hubert Österle und Robert Winter. Business En-
                gineering. Auf dem Weg zum Unternehmen des Informati-
                onszeitalters. 2. Auflage. Springer Verlag. 2003

[WINTER05]:   Joachim Schelp und Robert Winter: Integrati-
                onsmanagement. Planung, Bewertung und Steuerung von
                Applikationslandschaften. Springer Verlag. 2005

[ZUSER2004]:   Wolfgang Zuser: Software Engineering. Mit UML
                und dem Unified Process. 2. Auflage. Pearson Studium.
                2004

Sachwortverzeichnis

.

.Net
  Dotnet · 11

3

3-Jahres-IT-Planung · 314

A

Activity-Diagramme · 9
Alignment von Business und IT
  · 11, 12
Analyse der Anwendungsfälle ·
  195
Analyse des Ist-Zustandes · 114
Anwendungsarchitektur · 19
Anwendungsboard · 119
Anwendungsfälle · 205, 210,
  215, 243, 245, 262
Anwendungslandkarte · 294
Anwendungslandschaft · 12, 13,
  17, 157
Anwendungsstrategie · 27
Anwendungstypen · 49, 52, 81
Application Server · 5
Architektur Workflows · 35, 37,
  87, 99
Architektur, einzigartige · 157
Architektur, fachliche · 21
Architekturanforderung,
  übergreifende · 13, 64
Architekturbasisplanung · 154,
  165

Architekturbaustein · 186, 194,
  196, 213
Architekturbereich · 93
Architekturboard · 93, 120
Architekturdeployment · 215,
  247, 250, 262
Architekturdomäne · 49, 54
Architekturdomäne
  „Bilanzierung und
  Reporting" · 277
Architekturdomänen als
  Kommunikationsschwerpunk
  te · 88
Architekturebene · 93
Architektureinführung · 244,
  253
Architekturentwicklung · 5, 13
Architekturentwurf · 189
Architekturerprobung · 250
Architekturimplementierung ·
  250
Architekturkonfiguration · 49,
  58
Architekturkonfiguration der
  Multikanalarchitektur · 105
Architektur-Outline · 188, 191,
  215, 245, 264, 171
Architekturplanung · 5, 13
Architekturplanung bei der
  Fantasia Versicherung · 82
Architekturplanung,
  übergreifende · 49, 58, 59
Architekturprinzipien · 28, 48,
  58, 64
  Governing Principles · 5
Architekturpyramide · 5, 15
Architekturrelease · 59
Architekturreleaseplanung · 60
Architektursichten · 87, 92, 186

Architekturstabilisierung · 190, 212, 215, 243, 249
  Konsistenz und Validität · 249
  Schwachstellen · 249
Architekturstandards des Unternehmens · 295
Architekturstrategie · 28, 116
Architekturverfeinerung · 242
Architekturziele, übergreifende · 13
Artefakte · 9
ausgewählte Anwendungsfälle · 249

B

B2B-Portal · 5
Back-End-Anbindung · 5
Backend-Systeme · 5
Balancedreieck zur Einführung · 111
Bebauungsplan · 156
Bestandteile von IT-Architekturen · 16
Betriebskonzept · 244
Bilanzierungsverfahren · 267
Blaupausen, Entwicklung von · 91
Board, Vorsitz · 119
Buchungsdaten · 274
Buchungskomponente · 281, 288
Budget für IT-Vorhaben/Projekte · 315
Business Alignment · 4
Business Architekt · 118
Business Architektur · 24
Business Cases · 13, 28, 33, 34, 48, 49, 64
Business Events · 274
Business Funktionen · 24

Business Support Map · 76
Business Treiber · 24, 308

C

Change-Strategie · 296
Core Workflow · 35

D

Data Warehouse · 37
Datenelemente · 288
Datenflussdiagramm · 91, 196, 286
Datenflüsse · 268, 288
Datenmodell, logisches · 286
Definition des Soll-Zustandes · 115
Dekomposition des Systems · 92
Deployment der Architektur eines Online-Banking Systems · 244
Deployment-Diagramm · 232, 288
Design Entscheidungen · 235, 256
Design Pattern · 240, 258
  J2EE- · 257
Designgrundsätze · 235
Designprinzipien · 232
Dienste-Anforderungs-Matrix · 195
Dienste-Komponenten-Matrix · 196
Disziplinen · 35

E

Einbettung der
Architekturgruppe in der
Organisation · 135
Enterprise Architect · 319
Enterprise Architecture · 32
Enterprise Architecture
Management
EAM · 294
Enterprise Information Models ·
47
Entity-Typen · 283
Entwicklung einer
Informationsarchitektur · 154
Entwicklungsframework · 204
Entwurf der
Anwendungsarchitektur · 189
Erfolgsfaktoren des
Architekturmanagements · 89
Erfolgsfaktoren, kritische · 7

F

fachliche Anwendungsfälle ·
191, 193
Fachliche Architektur · 21
fachliche Dienste · 194
Fantasia Versicherung · 7, 8, 9,
39
Festlegung der Systemgrenzen ·
194
Festschreibung der Ziele und
des Scope · 173
Finanzplanung · 315
flexible IT-Architektur · 157
Fokus der
Architekturentwicklung · 93
Framework · 214
Funktionale Anforderungen ·
64

G

Gesamtdesign · 92
Geschäftsprozesse · 17
Geschäftsprozessmanagement ·
62

H

Handshake zwischen IT und
Business · 119
Hauptbuch · 273
Hauptbuchhaltung · 268

I

IAS · 268, 277
IAS-Kennzahlen · 269
Informationsarchitektur · 26, 48
Informationsbedarf · 24
Informationsbedarf in Form
eines Datenmodells · 190
Informationssystem · 17
Informationssystemlandschaft ·
17
Infrastrukturdienst · 97, 194,
204, 285, 286, 288
Infrastrukturentwicklung · 63
Innovationsmanagement,
Prozess des · 63
Integrationsprojekte · 13
Integrationsserver · 5
Integrationsstrategie · 27
Interface-Katalog · 219
Interface-Komponenten-Matrix
· 219
Internetstrategie · 44
Investitionsentscheidungen ·
120
Investitionsgremien · 120
Investitionsquote · 315

IS-Architektur · 32
IS-Bedarf · 308
IS-Domain Map · 294, 302
IS-Landschaft X · 17
IS-Owner · 119
IS-Portfolio
    Ist-Portfolio · 27
    Soll-Portfolio · 27
IS-Portfolio 26
IS-Portfolio, Bereinigung · 270
IS-Portfoliomanagement · 56,
    62
IS-Verantwortlicher · 119
IT-Architekt
    Rolle des Architekten auf
        Projektebene · 33
    Rolle des Architekten auf
        Unternehmensebene · 33
IT-Architekt · 32
IT-Architekt auf Projektebene ·
    118
IT-Architekt auf
    Unternehmensebene · 118
IT-Architektur · 18
IT-Architektur, flexible · 157
IT-Architekturmanagenent
    Prozess · 63
IT-Controller · 118
IT-Controlling · 64
IT-Explorer · 119
IT-Governance · 305
IT-Management · 64
IT-Projektportfolio · 31
IT-Projektportfoliomanagement
    · 63
IT-Target · 293
IT-Vorhaben · 314
IT-Zielszenario · 293

J

J2EE · 11

K

Kasse · 269
Kerngeschäftsprozesse · 17
Kernsysteme · 18
Klassifizierung von Projekten ·
    316
Kollaboration von
    Komponenten und Diensten
    einer
    Anwendungsarchitektur · 213
Kollaborationsdiagramm · 191,
    197
Kollaborationsdiagramme der
    beteiligten
    Architekturbausteine · 219
Komponentendiagramm · 196
Komponentenkatalog · 196
Konsistenz der Architektur ·
    249
Kontext- und
    Komponentendiagramme ·
    95, 213
Kontextdiagramm · 194
Kontokorrent · 269
konzeptionelle Architektur ·
    Siehe konzeptionelle Ebene
konzeptionelle Ebene · 94
Kosteneffizienz der
    Anwendungslandschaft · 317
Kundengesamtsicht · 25

L

Last- und Performance Test ·
    191, 262, 264
Last- und
    Performancetestumgebung ·
    245
Lebenszyklus · 73
Leistungsmerkmale der
    Anwendungslandschaft · 295

Leitfaden zur
Architekturentwicklung · 185
Leitlinien für das Management
von IT-Architekturen · 116
logische Architektur · *Siehe*
logische Ebene
Logische Architektur der SFA
Systeme der Fantasia
Versicherung · 221
logische Ebene · 96
Logische Einheiten zum
Management von IT-
Architekturen · 123
logische Interfaces · 219
logische Schnittstellen · 219

M

Management der IT-
Basisinfrastruktur · 63
Managementdienste · 97, 194,
185, 202, 283, 286
Management-Reporting · 268
Maßnahmen zur Erreichung
des Soll-Zustandes · 116
Modell des
Softwareentwicklungs-
prozesses · 19ff
Modell zur Architekturplanung
· 47
Multikanalangebot · 43, 44
Multikanal-Plattform · 43
Multikanalstrategie · 6, 44, 46,
47
Multikanalstrategie der Fantasia
Versicherung · 88

N

Nicht-funktionale
Anforderungen · 64

Nutzer- und Rechte-Server · 105

O

Organisationsarchitektur · 24

P

physische Ebene · 97
Planungsmodell der
Finanzgruppe · 299
Portfolioanalyse zur
Multikanalstrategie der
Fantasia Versicherung · 80
Process Owner · 119
Projektleiter · 118
Proof of Concept · 215, 243,
245, 249, 253
Prozessarchitektur · 24
Prozesse im Umfeld des IT-
Architekturmanagement · 62

R

Rational Unfied Process · 34
Referenz-
Anwendungsarchitektur · 5
Referenzarchitektur · 50
Referenzsoftwarearchitektur ·
181, 182
Roadmap zur Einführung der
Architekturpyramide · 116
Rotationsprinzip · 129

S

Schnittstellen zwischen
Workflows · 108
Schreibtischtest · 243

Schwachstellen der Architektur · 249

Scopedefinition · 294

Security Ingenieur · 118

Security-Gateway · 105

Service Manager · 118

Serviceprozesse · 17

Servicesysteme · 18

SFA Systeme · 39

   mobile Außendienstsysteme · 39

   Systeme zur Sales Force Automation · 39

Sichtbildung · 15

Sichtbildung im Großen · 93

Sichtbildung im Kleinen · 93

Sichten „im Großen" · 185

Sichten „im Kleinen" · 185

Sichten, Ausrichtung an · 92

Software Ingenieur · 118

Software technischen Eigenschaften der Architekturbausteine · 232

Softwarearchitektur · 21

Softwareentwicklungsprozess · 63

Softwareentwicklungs-umgebung · 20

Softwarekomponente · 186

Soll-IS-Portfolio · 27

Sourcing-Strategie · 296

Sparbuch · 269

Spartensystem · 269

Stabilität der Architekturentwicklung gegen Veränderungen der eingesetzten Technologie · 234

Stakeholder · 64, 112

Stammdaten · 285

Strategische Geschäftseinheit · 299

Strategische Handlungsfelder · 305

Strategische IT-Planung · 295

Supporting Workflow · 35

System Ingenieur · 118

System- und Sicherheitsarchitektur · 21, 217

Systemumgebungen · 202

T

Technologiestrategie · 28

Think big, act schmall · 112

U

übergreifende Architekturanforderungen · 13, 64

übergreifende Architekturplanung · 58, 59

Unified Modeling Language (UML) · 9

Unternehmensarchitektur · 32

Unternehmensstrategie · 13, 23

V

Validierung mittels ausgewählter Anwendungsfälle · 191

Validität der Architektur · 249

Verdichtungsstufen · 274

verfeinerte Informationsflüsse · 219

Verfeinerung der Anwendungsarchitektur · 217

Verfeinerung der fachlichen Architektur · 217

Verfeinerung der
   Softwarearchitektur · 217
Verfeinerung einer
   Kollaboration durch die
   Zuordnung von Interfaces ·
   219
Vorsitz über das Board · 119

W

Wertpapier · 269
Wettbewerbsposition · 316
Workflow · 35
Workflow Konzept · 35

Z

Zentrale Dienste · 194
   Infrastruktur · 194
   Management · 194
Zentralisierung der Logik zur
   Hauptbuchhaltung · 269
Zielpriorisierung als Grundlage
   der Sichtbildung · 170
Zielszenario · 190
Zugangskanal · 43, 72
Zugangszone · 105
Zyklen entlang der
   Architekturebenen · 102